# 国际金融
# 热点问题追踪

陈全功 编著

WUHAN UNIVERSITY PRESS
武汉大学出版社

**图书在版编目(CIP)数据**

国际金融热点问题追踪/陈全功编著.—武汉:武汉大学出版社,
2017.5
ISBN 978-7-307-18721-4

Ⅰ.国… Ⅱ.陈… Ⅲ.国际金融—研究 Ⅳ.F831

中国版本图书馆 CIP 数据核字(2017)第 078515 号

责任编辑:聂勇军    责任校对:李孟潇    整体设计:马 佳

出版发行:**武汉大学出版社**  (430072  武昌  珞珈山)
      (电子邮件:cbs22@whu.edu.cn  网址:www.wdp.com.cn)
印刷:虎彩印艺股份有限公司
开本:720×1000  1/16  印张:19.75  字数:276 千字  插页:1
版次:2017 年 5 月第 1 版  2017 年 5 月第 1 次印刷
ISBN 978-7-307-18721-4  定价:40.00 元

# 目　　录

# 第一章　汇率变动

　　近年来人民币汇率波动成为国际金融市场上的热点话题。2005 年 7 月汇改后至 2014 年 2 月，人民币兑美元汇率呈现单边升值趋势，中间价累计升值 36%，名义和实际有效汇率分别累计升值 32% 和 42%，后两者分别排国际清算银行监测货币的第一位和第二位。如果回顾人民币汇率制度改革历史，人民币汇率波动情况更能带给人们思考：汇率水平究竟是什么决定的？

　　1994 年汇率并轨之前，人民币是一种弱势货币，官方汇率由改革开放初期的 1 美元兑 1.58 元人民币，螺旋式贬值至并轨前夕的 5.80 元人民币。并轨后，人民币汇率开始转强，特别是亚洲金融危机期间中国承诺人民币不贬值，逐步确立了人民币新兴强势货币的国际地位。自 1994 年初并轨到 2013 年底，人民币兑美元汇率中间价累计升值 43%，国际清算银行编制的人民币名义和实际有效汇率，分别累计升值 55% 和 81%。在国际清算银行监测的 61 种货币中，人民币名义和实际有效汇率升幅分别排第四位和第八位。过去 20 年，人民币双边和多边汇率持续坚挺，逐渐形成并强化了市场关于人民币汇率长期升值不可避免的印象①。

　　但自 2014 年以来，人民币汇率开始有所走低，截止到 2016 年 11

---

　　①　管涛：《如何看待当前人民币汇率波动》，《上海证券报》2014 年 5 月 6 日。和讯网 http://forex.hexun.com/2014-05-06/164509802.html。或新浪专栏 ht-tp://finance.sina.com.cn/zl/forex/20140615/214619417090.shtml。

月3日，美元兑人民币中间价为6.7491元，相对于2014年1月13日1美元兑人民币6.0950元，人民币贬值9.7%，引发人们对汇率稳定性的担忧。本章对影响汇率变动及其影响因素予以介绍。

## 第一节　衡量汇率变动的常见指数

在市场经济体系下，一国货币汇率受多种因素的影响而频繁波动。如何衡量和认识货币的真实对外价值？实践中，观察汇率变动情况，一是直接通过对比不同时间段的本国货币与某一外国货币之间兑换比值，即外汇汇率指标来观察；二是通过对比分析反映该货币币值的汇率指数指标情况。汇率指数，是将一种货币价值与其他几种货币价值的比值进行加权平均，它比单一的外汇汇率更加全面、更加稳定，能综合反映该货币与其他几种货币的比值，能从总体上把握该货币的对外价值及其变化情况。

本节介绍国际上有影响力的汇率指数，包括美元指数、人民币汇率指数，以及购买力平价和巨无霸指数。

### 一、美元指数和人民币汇率指数

#### （一）双边汇率指数和多边汇率指数

双边汇率指数，是反映两国货币汇率水平变动情况的一项指标，它是一定时期内该国货币同其他各国货币相互兑换的比率变动情况。也就是确定基期后，计算出该时间段双边汇率的变动比例。

例如，英镑对美元的汇率，1979年1英镑平均兑换2.121美元，1980年平均兑换2.326美元。如果以1979年为基期，该年的汇率指数为100，则1980年美元/英镑的汇率指数为（2.326/2.121）×100＝

109.7，即英镑对美元的汇率平均上升 9.7%；相应地，1980 年英镑/美元的汇率指数为（2.121/2.326）×100＝91.2，即美元对英镑汇率平均下跌 8.8%。

双边汇率指数是研究各种汇率指数的基础。如果用两个以上的双边汇率指数，按照一定权重进行平均，就可以计算出该国货币的多边汇率指数。理论中，又称其为有效汇率指数。

例如，仍以 1979 年为基期，1980 年美元对各货币的双边指数为：美元对英镑的汇率指数为 91.2，美元对日元的汇率指数为 103.5，美元对意大利里拉的汇率指数为 103.1，美元对加拿大元的汇率指数为 100，美元对法国法郎的汇率指数为 99.3，美元对联邦德国马克的汇率指数为 99.2。若选用简单算术平均法计算，则得出美元的多边汇率指数为：

$$（91.2+103.5+103.1+100+99.3+99.2）÷6＝99.4。$$

它表明美元对六种货币汇率的平均变动情况。

多边汇率指数计算中的权重，通常以一国与样本国双边贸易额占该国对所有样本国全部对外贸易额比重为权数。

多边汇率指数（亦即有效汇率指数），是一个非常重要的汇率监测指标，可以反映一国货币汇率在国际贸易中的总体竞争力和总体波动幅度。在一定的前提条件下（Marshall-Lerner 条件），有效汇率指数的变化将对进出口产生影响，进而对总需求中的外部需求发挥调节作用，因而常作为衡量货币政策松紧程度的重要指标之一。与双边汇率指数相比，有效汇率指数更准确地衡量了一国货币汇率的相对价值及其对宏观经济走势的影响。

根据是否反映价格水平的相对变化对一国商品国际竞争力的影响，有效汇率具体又分为名义有效汇率（Nominal Effective Exchange Rate，NEER）和实际有效汇率（Real Effective Exchange Rate，REER）。名义有效汇率是双边汇率加权平均计算得出的指数；实际有效汇率则是在名义有效汇率的基础上，进一步经进出口价格水平调整后计算得出的加权平均汇率指数。

## (二) 实际有效汇率指数 (Real Effective Exchange Rate Index)

IMF (国际货币基金组织) 对实际有效汇率指数的定义为: 实际有效汇率指数是经本国与所选择国家间的相对价格水平或成本指标调整的名义有效汇率, 它是本国价格水平或成本指标与所选择国家价格水平或成本指标加权几何平均的比率与名义有效汇率指数的乘积。实际有效汇率的计算公式为:

$$REER_i = \prod_{j=1} \left[ \frac{P_i \, R_i}{P_j \, R_j} \right]^{W_{ij}}$$

其中 $REER_i$ 代表第 $i$ 个国家的实际有效汇率, $W_{ij}$ 代表第 $i$ 个国家赋予第 $j$ 个国家的竞争力权重, 且 $\sum_{j \neq 1} W_{ij} = 1$, $R_i$、$R_j$ 分别代表第 $i$ 国和第 $j$ 国货币以美元表示的名义汇率, $P_i$、$P_j$ 分别代表第 $i$ 国和第 $j$ 国的消费价格指数。

实际有效汇率指数上升代表本国货币相对价值的上升, 下降表示本币贬值。由于实际有效汇率不仅考虑了一国的主要贸易伙伴国货币的变动, 而且剔除了通货膨胀因素, 能够更加真实地反映一国货币的对外价值。当一国的实际有效汇率下降时, 意味着该国货币的贬值幅度较之其主要贸易伙伴国货币贬值的幅度更大, 该国商品的国际竞争能力相对提高, 有利于出口而不利于进口, 贸易收支容易出现顺差, 反之则相反。

## (三) 美元指数

美元指数 (US Dollar Index, USDX) 是美联储用来衡量美元对一篮子货币的汇率变化程度, 综合反映美元在国际外汇市场的汇率情况的指标。它通过计算美元和对选定的一篮子货币 (6 种外汇) 的综合变化率, 来衡量美元的强弱程度, 从而间接反映美国的出口竞争能力和进口成本的变动情况。它是参照 1973 年 3 月 6 种货币对美元汇率变化的几何平均加权值来计算的, 以 100.00 为基准来衡量其价值。这一指数之所以在 1973 年 3 月创建, 是因为当时外汇市场发生历史性转折, 主要贸易国容许本国货币自由地与另一国货币进行浮动报价（布雷顿森林体系的彻底瓦解）。

美元指数最初由纽约棉花交易所（NYCE）发布。1998 年，纽约棉花交易所和咖啡、糖、可可交易所（Coffee Sugar Cocoa Exchange）合并成立纽约期货交易所（The New York Board of Trade，NYBOT）。2006 年 9 月，纽约期货交易所并入美国洲际交易所（Intercontinental Exchange，ICE），成为其下属的一个部门。目前，美元指数期货在美国洲际交易所交易。该交易所负责发布美元指数及美指期货价格的实时数据。

美元指数的实时数据（即 ICE 美元指数期货所对应的现货价格）由路透社根据构成美元指数的各成分货币的即时汇率每隔约 15 秒更新一次。计算时使用路透社统计的该货币的最高买入价和卖出价的平均值。计算结果传给美国洲际交易所，再由交易所分发给各数据提供商。美元指数的计算公式如下①：

$$USDX = 50.14348112 \times EUR\ USD^{-0.576} \times USD\ JPY^{0.136} \times GBP\ USD^{-0.119} \times USD\ CAD^{0.091} \times USD\ SEK^{0.042} \times USD\ CHF^{0.036}$$

公式中的 50.14348112 是一个常数，这是为使基期指数为 100 而引入的。公式中的指数是各货币的权重，具体为：EUR，57.6%；JPY，13.6%；GBP，11.9%；CAD，9.1%；SEK，4.2%；CHF，3.6%[2]（SEK 是瑞典克朗，瑞典 1995 年加入欧盟，但并非欧元国）。指数有正有负，视美元在汇率标价中的不同地位而进行区别，当美元是基准币时，指数是正的；当美元是标价币时，指数是负的（见图 1-1）。

由于美元是当今所有货币中最强的强势货币，各国的外汇储备中最主要的外汇是美元，在国际市场上，绝大多数商品是以美元标价的。因

---

① 参见美元指数合约 https：//www.theice.com/publicdocs/futures _us/ICE_Dollar_Index_FAQ.pdf，2015-06；或美元指数期货合约 https：//www.theice.com/publicdocs/futures_us/USDX_Futures_Contract.pdf。

② 参见维基百科词条 U.S. Dollar Index，https：//en.wikipedia.org/wiki/U.S._Dollar_Index。

| 货币 | 权重 |
|------|------|
| 欧元（EUR） | 0.576 |
| 日元（JPY） | 0.136 |
| 英镑（GBP） | 0.119 |
| 加元（CAD） | 0.091 |
| 瑞典克朗（SEK） | 0.042 |
| 瑞士法郎（CHF） | 0.036 |

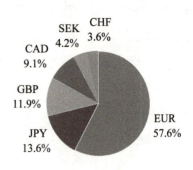

图 1-1　美元指数中各货币所占权重

此，美元的动向和涨跌是所有交易者最关心的事项。这时就需要一个反映美元在外汇市场上整体强弱的指标，即美元指数①。它自 1973 年创建以来，成为衡量各国货币强弱变化的一个标准。美元指数以 100 点为强弱分界线。美元指数上涨，说明美元与其他货币的比价上涨，也就是说美元升值。

美元指数的变动走势牵动世界各国政府的目光。从历史上看，美元指数变动与金融大事件的发生紧密相连（见图 1-2），是金融市场变化的一张晴雨表。例如，1973 年 7 月美元指数见低点 90.53 点后走强，石油危机于此年爆发；1978 年 8 月美元指数跌破 1973 年低位，直至历史最低点 82 点，并开始在低位徘徊，此时美国经济陷入衰退；1985 年 2 月美元指数见历史最高点 164.72 点，拉美债务危机严重；1992 年 9 月美元指数创出历史新低点 78.33 点，美伊战争发生……研究和分析美元指数走势，是国际金融学领域重要内容之一。

## （四）人民币汇率指数

为更加全面地反映我国货币的价值变化，中国外汇交易中心

---

① 参见智库百科词条"美元指数"，http：//wiki.mbalib.com/wiki/%E7%BE%8E%E5%85%83%E6%8C%87%E6%95%B0。

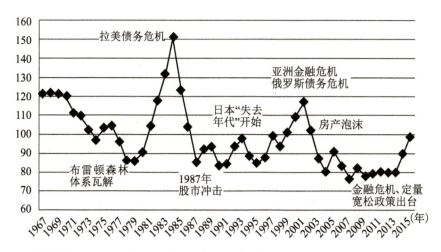

数据来源：http：//www.thebalance.com/u-s-dollar-index-historical-data-3306249

图 1-2　美元指数和主要金融事件

（CFETS）于 2015 年 12 月 11 日首次发布由 CFETS、参考 BIS（国际清算银行）计算、参照 SDR（特别提款权）计算的三个人民币汇率指数，开启人民币汇率观察的新窗口。长期以来，市场观察人民币汇率的视角主要是看人民币对美元的双边汇率，由于汇率浮动旨在调节多个贸易伙伴的贸易和投资，因此仅观察人民币对美元双边汇率并不能全面反映贸易品的国际比价。也就是说，人民币汇率不应仅以美元为参考，也要参考一篮子货币。人民币汇率指数的定期公布，对推动社会观察人民币汇率视角的转变具有重要意义，将有助于引导市场改变过去主要关注人民币对美元双边汇率的习惯，逐渐把参考一篮子货币计算的有效汇率作为人民币汇率水平的主要参照系，有利于保持人民币汇率在合理均衡水平上的基本稳定。

1. CFETS 人民币汇率指数

CFETS 人民币汇率指数是参考 CFETS 货币篮子，具体包括中国外汇交易中心挂牌的各人民币对外汇交易币种，主要包括美元、日元、欧元等 13 种样本货币，样本货币权重采用考虑转口贸易因素的贸易权重法计算而得；其中，权重最高的货币依次为美元、欧元、日元、港币和英镑。样本货币取价是当日人民币外汇汇率中间价和交易参考价。指数基期是 2014 年 12 月 31 日，基期指数为 100 点（见表 1-1）。

表 1-1　　　　　　　　　**CFETS 人民币汇率指数的权重**

| 币种 | 权重 | 币种 | 权重 | 币种 | 权重 |
|---|---|---|---|---|---|
| USD/CNY | 0.2640 | AUD/CNY | 0.0627 | CNY/MYR | 0.0467 |
| EUR/CNY | 0.2139 | NZD/CNY | 0.0065 | CNY/RUB | 0.0436 |
| JPY/CNY | 0.1468 | SGD/CNY | 0.0382 | CNY/THB | 0.0333 |
| HKD/CNY | 0.0655 | CHF/CNY | 0.0151 | | |
| GBP/CNY | 0.0386 | CAD/CNY | 0.0253 | | |

2. 参考 BIS 货币篮子计算的人民币汇率指数

参考 BIS 货币篮子计算的人民币汇率指数主要参考 BIS 货币篮子 (40 种)，样本货币权重采用 BIS 货币篮子权重。对于中国外汇交易中心挂牌交易人民币外汇币种，样本货币取价是当日人民币外汇汇率中间价和交易参考价，对于非中国外汇交易中心挂牌交易人民币外汇币种，样本货币取价是根据当日人民币对美元汇率中间价和该币种对美元汇率套算形成。指数基期是 2014 年 12 月 31 日，基期指数是 100 点（见表 1-2）。

表 1-2　　　**参考 BIS 货币篮子计算的人民币汇率指数权重**

| 币种 | 权重 | 币种 | 权重 | 币种 | 权重 |
|---|---|---|---|---|---|
| USD/CNY | 0.1780 | CNY/MYR | 0.0220 | CNY/ILS | 0.0040 |
| EUR/CNY | 0.1870 | CNY/RUB | 0.0180 | CNY/INR | 0.0220 |
| JPY/CNY | 0.1410 | CNY/THB | 0.0210 | CNY/KRW | 0.0850 |
| HKD/CNY | 0.0080 | CNY/AED | 0.0070 | CNY/MXN | 0.0230 |
| GBP/CNY | 0.0290 | CNY/ARS | 0.0040 | CNY/NOK | 0.0040 |
| AUD/CNY | 0.0150 | CNY/BGN | 0.0010 | CNY/PEN | 0.0030 |

| 币种 | 权重 | 币种 | 权重 | 币种 | 权重 |
|---|---|---|---|---|---|
| NZD/CNY | 0.0020 | CNY/BRL | 0.0140 | CNY/PHP | 0.0070 |
| SGD/CNY | 0.0270 | CNY/CLP | 0.0090 | CNY/PLN | 0.0090 |
| CHF/CNY | 0.0140 | CNY/COP | 0.0030 | CNY/RON | 0.0020 |
| CAD/CNY | 0.0210 | CNY/CZK | 0.0070 | CNY/SAR | 0.0100 |
| | | CNY/DKK | 0.0040 | CNY/SEK | 0.0080 |
| | | CNY/DZD | 0.0010 | CNY/TRY | 0.0080 |
| | | CNY/HRK | 0.0010 | CNY/TWD | 0.0560 |
| | | CNY/HUF | 0.0040 | CNY/VEF | 0.0020 |
| | | CNY/IDR | 0.0130 | CNY/ZAR | 0.0060 |

3. 参考 SDR 货币篮子计算的人民币汇率指数

参考 SDR 货币篮子计算的人民币汇率指数主要参考 SDR 货币篮子，样本货币权重由各样本货币在 SDR 货币篮子的相对权重计算而得。样本货币取价是当日人民币外汇汇率中间价。指数基期是 2014 年 12 月 31 日，基期指数是 100 点（见表 1-3）。

表 1-3　**参考 SDR 货币篮子计算的人民币汇率指数的权重**

| 币种 | 权重 |
|---|---|
| USD/CNY | 0.4190 |
| EUR/CNY | 0.3740 |
| JPY/CNY | 0.0940 |
| GBP/CNY | 0.1130 |

三种计算出来的人民币汇率指数，本质上就是人民币有效汇率，它是根据贸易权重计算的人民币相对于一篮子货币的汇率指数。它可以反映中国进行进出口贸易时，与其他国家商品价格进行对比时的汇率情况。简单地讲，如果人民币有效汇率低，则中国商品相对其他国家商品

价格下降,因此有利于中国增加出口,减少进口,净出口增加,GDP增加;相反,人民币有效汇率高,则导致出口减少,进口增加,净出口减少,GDP减少(见表1-4)。

表1-4　　　　　　　　人民币汇率指数计算方法及变动幅度

| | | CFETS | 参照 BIS 计算 | 参照 SDR 计算 |
|---|---|---|---|---|
| 货币篮子 | | 与人民币直接交易的 13 种货币 | BIS 货币篮子(40 种货币) | SDR 货币篮子(4 种货币) |
| 计算依据 | | 中间价 | 中间价或通过美元折算的中间价 | 中间价 |
| 权重 | 权重计算方法 | 考虑转口贸易因素的贸易权重法 | 双重权重法:进出口权重加权,其中进口权重直接按进口量分配,出口权重需经第三方竞争力调整 | 2011—2015 年 SDR 货币篮子权重 |
| | 美元权重 | 26.40% | 17.80% | 41.90% |
| | 欧元权重 | 21.39% | 18.70% | 37.40% |
| | 日元权重 | 14.68% | 14.10% | 9.40% |
| | 英镑权重 | 3.68% | 2.90% | 11.30% |
| | 四个发达国家权重 | 66.33% | 53.50% | 100.00% |
| 汇率变化 | 2014.12.31—2016.11.18 | 100.00~94.54 | 100.00~95.89 | 100~95.33 |

资料来源:网易财经:《关于人民币汇率指数你需要知道的一切》,http://money.163.com/15/1215/07/BAS1B34M00251LBO.html。人民币汇率指数数据来自:中国外汇交易中心网站 http://www.chinamoney.com.cn/fe/Channel/16384256。

国际清算银行(BIS)有宽口径和窄口径两种测算的有效汇率指

数，分别对应全球 61 个经济体、27 个经济体的名义和实际有效汇率指数，其货币篮子、权重分配按宽窄两个口径进行，最近的权重分配基于 2011—2013 年贸易量，方法为进出口双重权重法，指数基期为 2010 年①。按照 BIS 测算，人民币名义有效汇率指数 2011—2015 年依次为 100.2、105.9、111.9、114.7、126.3，2016 年第 2 季度末为 120.6，2016 年 11 月 15 日为 117.71；实际有效汇率指数 2011—2015 年依次为 102.5、108.7、115.6、118.3、130.1，2016 年第 2 季度末为 124.8，2016 年 11 月 15 日为 117.71②。BIS 测算结果是人民币汇率价值相对于 2010 年在升值，与中国人民银行公布结果并不相同。

国际货币基金组织（IMF）也对一些国家的名义有效汇率和实际有效汇率指数进行测算，并定期公布一些成员国的有效汇率的结果。IMF 从 1980 年开始公布人民币有效汇率指数，其计算方法是选取 16 个样本国家或地区，它们分别是中国香港、日本、美国、德国、中国台湾、法国、意大利、英国、加拿大、韩国、荷兰、比利时、新加坡、澳大利亚、瑞士和西班牙。最近以 2010 年为基期，2011—2015 年人民币名义有效汇率指数分别为 100.13、105.12、110.68、114.10、124.96，2016 年 9 月为 113.77；人民币实际有效汇率指数分别为 102.69、108.44、115.30、118.99、131.63，2016 年 9 月为 121.24③。两个指标均显示相对于 2010 年人民币汇率处于升值趋势。

研究者喜欢使用实际有效汇率这一指标，这是因为：一是由于名义汇率的变动并不一定引起实际汇率的同方向变动，而实际汇率变动才是引起经济变量的主要原因。二是均衡汇率是一种政策目标的真实有效汇率，它只能采取估算的形式得到，数据较难获得，且获得的途径不一

---

① Marc Klau and San Sau Fung：The new BIS effective exchange rate indices，BIS 网站 http：//www.bis.org/publ/qtrpdf/r_qt0603e.pdf，2006-03-06。

② 数据来源 BIS 网站：http：//www.bis.org/statistics/eer.htm。

③ 数据来自 IMF 网站：International Financial Statistics（IFS），Exchange Rates Indicator，http：//data.imf.org/? sk＝5DABAFF2-C5AD-4D27-A175-1253419C02D1。

样，数据也是不一致的。相反，实际有效汇率的数据来源更多，如 BIS 和 IMF 均有数据库，也更为可靠，具有一定的权威性。因此，采用人民币对主要国家货币加权实际汇率数据，更能综合反映人民币汇率的波动，更为准确地分析人民币对外价值。

## 二、购买力平价和巨无霸指数

### （一）购买力平价（Purchasing Power Parity，PPP）

一些学者认为，一国货币对外价值是其购买力的反映，因此提出用购买力平价来衡量真实汇率水平。购买力平价是指两种货币之间的汇率决定于它们单位货币购买力之间的比例。它最早由瑞典经济学家古斯塔夫·卡塞尔（Gustav Cassel）于 1922 年提出，他主张把 1914 年以后的消费者物价指数累计增长率作为基数，计算在维持购买力相同的前提下的最佳汇率水平，通常表现为两个或两个以上国家的货币对同一商品和服务所具有的购买力之间的比率。例如，要购买相同数量和质量的一揽子商品，在中国要用 70 元人民币，而在美国则用 10 美元，对于这一揽子商品来说，人民币对美元的购买力平价是 7：1，即表示对这一揽子商品，7 元人民币的购买力相当于 1 美元的购买力。

从购买力平价计算来看，其实质上是一个特殊的空间价格指数，所以又称购买力平价指数。它常被认为是反映一国货币真实对外价值的指标。世界银行定期公布各国货币购买力。例如，2011 年人民币汇率 1 美元 = 6.461 元人民币，转换成购买力平价 1 美元 = 3.506 美元①。

与比较某一国家两个时期价格水平的居民消费价格指数（CPI）不

_____

① The World Bnk: Purchasing Power Parities and the Real Size of World Economies (A Comprehensive Report of the 2011 International Comparison Program), 2014-06-20, http://siteresources.worldbank.org/ICPEXT/Resources/ICP-2011-report.pdf.

同，购买力平价比较的是国家之间的价格水平。购买力平价指数是以各国与基准国物价的加权平均价之比表示，其决定因素在于两国间货币购买力的比，即一定量的一国通货，赋予其持有人与一定量的他国通货相等的购买力。某国的购买力平价指数上升，表示其物价的平均上涨幅度比基准国高，基准国的价格竞争力提升。

1968 年联合国统计委员会组织（UNSC）设立国际比较项目（International Comparison Program，ICP），后在 1993 年移交世界银行管理。ICP 的核心目的是通过考察各国货币的实际购买力，利用购买力平价作为货币转换因子以消除各国价格因素的影响，用统一的货币单位衡量各国经济总量，从而进行国家间经济总量的比较。ICP 规定用购买力平价与汇率之比，即价格水平指数（Price Level Indexes，PLIs）反映各国或地区国内价格水平与基准国价格水平的差异[1]。如果价格水平指数大于100，表示国内价格水平要高于基准国价格水平；小于 100，表示国内价格水平要低于基准国价格水平。例如，2011 年人民币购买力平价为3.51，相当于当年汇率（6.46）的 54.33%，这说明中国国内价格水平远远低于美国价格水平，人民币实际购买力强于名义汇率[2]。按照 ICP 公布的数据，人民币价格水平指数 1990 年为 32.27，2000 年为 32.74，2010 年为 48.87，2015 年为 55.66[3]。

针对 2014 年 2 月以来人民币汇率不断贬值情形，一些分析人士认为，中长期来看人民币仍将重回升势，其依据就是购买力平价理论。因为从中长期来看，决定汇率走势的根本因素仍是货币的购买力，购买力平价是评判货币价值及汇率的最直接、最根本的方法，体现了货币最根

① 资料参见世界银行（International Comparison Program）网页，http：//siteresources. worldbank. org/ICPEXT/Resources/ICP_2011. html。
② 谢长、常坤：《关于世界银行更新中国购买力平价结果的研究》，《东北财经大学学报》2015 年第 9 期，第 38~44 页。
③ 数据资料来自 World Bank：International Comparison Program database，http：//data. worldbank. org/indicator/PA. NUS. PPPC. RF。

本的职能，即价值尺度和交换职能。当然，狭义的购买力平价（仅考虑普通商品和服务）在国际资本流动日益频繁并逐步占据主导地位的情况下，已不能全面反映汇率因素。因此，用纳入投资品（房地产、金融资产等）全面估值的广义货币购买力平价体系，应是分析中长期汇率趋势的基础。如果通过对世界银行主导的 ICP 项目测算的购买力平价汇率分析，以及考虑中美两国投资品（主要为房产）的估值，PPP 汇率与人民币实际汇率不断趋近是长期主导因素。这意味着 5~10 年内，购买力平价因素将起主导作用，人民币兑美元汇率将迈入 5~6 区间[1]。

购买力平价常被用来认识一国真实国内生产总值（GDP）的一个调整指标。例如，世界银行的报告认为，以 2011 年人民币购买力平价（1 美元 = 3.506 美元）计算，2011 年中国 GDP 为 13.5 万亿美元，全球 GDP 总量为 90.6 万亿美元，中国占全球经济规模的 14.9%，相当于美国的 87%，居世界第二位。但中国政府对世界银行的计算结果持保留态度，认为 ICP 的购买力平价计算方法低估了中国物价水平，很多价格未在购买力平价计算中反映出来，带来人民币购买力平价被高估，从而高估了中国 GDP 规模[2]。

购买力平价理论及其指数应用遭到一些经济学家和政府的批评。批评者认为，假定所有国家的商品价格相等是错误的。不同国家的人对于同一种商品的估价是不同的。例如一种在甲国是奢侈品的商品，在另一个国家可能只是一般日用品，而购买力平价不管这种情况。多数数据来源都不提供计算购买力平价所用的商品，所以在统计学上具有欺骗性——例如可以通过精心地选择所用的商品来获得对某国有利或者不利

---

① 黄剑辉、应习文、刘杰：《购买力平价将是人民币汇率长期主导因素》，《上海证券报》2016 年 8 月 11 日，第 2 版。
② 任笑元：《购买力平价法高估中国 GDP 规模》，《北京青年报》2014 年 5 月 7 日，第 2 版。

的结果①。

### （二）巨无霸指数（Big Mac index）

巨无霸指数是《经济学人》杂志于 1986 年 9 月推出的一个非正式衡量两种货币间购买力平价的经济指数，用以测量两种货币的汇率理论上是否合理。该指数以麦当劳餐厅售卖的一款汉堡——巨无霸为名。此后，《经济学人》每年更新该指数数据。该指数在英语国家里衍生了 Burgernomics（汉堡包经济）一词。2004 年 1 月，《经济学人》还推出了 Tall latte index（中杯鲜奶咖啡指数）。类似的，2007 年澳大利亚银行推出 iPod index（iPod 指数），彭博社还引入 Billy index（比利指数），使得这些"巨无霸指数"成为国际上衡量货币价值的另类指标。

两国的巨无霸的购买力平价汇率计算方法，是以一个国家的巨无霸以当地货币的价格，除以另一个国家的巨无霸以当地货币的价格。该商数用来跟实际汇率比较，如果商数比实际汇率低，就表示第一国货币的汇价被低估了；相反，如果商数比汇率高，则第一国货币的汇价被高估了。

例如，2008 年 7 月一个巨无霸在美国的售价为＄3.57，在英国的售价为￡2.29，这就意味着购买力平价汇率是 1 英镑＝1.56 美元（3.57÷2.29＝1.56）。与实际即期汇率（￡1＝＄2.00）比较，得到（2.00-1.56）/1.56＝28%，表示以两国巨无霸的售价而言，英镑相对于美元被高估了 28%②。

巨无霸指数的测量方法是假定购买力平价理论成立。购买力平价理论的前提是两种货币的汇率会自然调整至同一水平，使一篮子货物在该

--------

① 杨海洋：《购买力平价历史与理论综述》，中国经济网综合，2011 年 5 月 27 日，http：//intl.ce.cn/zhuanti/data/gpq/data/201105/27/t20110527＿22446694.shtml。

② 维基百科词条：Big Mac Index，https：//en.wikipedia.org/wiki/Big_Mac_Index。

两种货币的售价相同（一价定律）。在巨无霸指数中，一篮子货品就是
一个在麦当劳连锁快餐店里售卖的巨无霸汉堡包。《经济学人》之所以
选择巨无霸汉堡包，是因为它在多个国家均有供应，而且在各地的制作
规格基本相同，这一指数可以简便且相对比较准确地反映各地货币的实
际购买力。

《经济学人》通过对巨无霸指数与购买力平价数据比较，评估一国
货币汇率的高估或低估情况。例如，2013 年一个巨无霸在中国售价
15.4 元，按照当时汇率（1 美元 = 6.32 元人民币），该巨无霸相当于
2.44 美元，而当时以美元衡量的人民币购买力平价汇率为 1 美元 = 2.44
元人民币，因此认为人民币相对于美元低估了 41.9%①。

《经济学人》报告中关于近年人民币购买力情况见表 1-5。

表 1-5 　　　　　人民币巨无霸指数衡量币值情况②

| 年份 | 当地价 | 美元汇率 | 折合美元价 | 美元购买力<br>（Dollar PPP） | 相对于美元高估<br>或低估 |
|------|--------|----------|------------|------------------------------|--------------------------|
| 2012 | 15.65 | 6.39 | 2.45 | 3.62 | −43.39 |
| 2013 | 16.0 | 6.13 | 2.61 | 3.51 | −42.76 |
| 2014 | 16.6 | 6.05 | 2.74 | 3.59 | −40.68 |
| 2015 | 17.2 | 6.21 | 2.77 | 3.59 | −42.19 |

《经济学人》巨无霸指数显示，几乎所有新兴市场国家的货币都在
一定程度上被低估，货币被高估的则大多是欧盟的边缘国家，比如冰
岛、挪威和瑞士。《经济学人》的汉堡包指数虽然得出人民币仍需大幅
升值的结论，但他们同时也表示，其实这个指数用来对比经济发展阶段

---

① Purchasing Power Parity 101——A Beginner's Guide, http：//bigmacin-dex. org/。

② 数据来源：根据巨无霸指数网站（The Big Mac Index）年度数据整理，ht-tp：//bigmacindex. org/category/yearly-report。

相同的国家时，更能说明问题。在美国这样的发达国家，低收入家庭可能会一周几次在麦当劳进餐，但在中国和一些亚洲国家，低收入者可能从来就不会去吃巨无霸。

用巨无霸汉堡测量购买力平价是有其限制的。比方说，当地税收、商业竞争力及汉堡包材料的进口税可能无法代表该国的整体经济状况。在许多国家，像在麦当劳这样的国际快餐店进餐要比在当地餐馆贵，而且不同国家对巨无霸的需求也不一样。尽管如此，"巨无霸指数"仍广为经济学家所引述。

同时，用汉堡包来判定汇率具有相当大的局限性。因为汉堡包是贸易商品（exchanged goods）。比起非贸易商品而言（例如房子之类），在发展中国家贸易商品的发展要快得多，所以用汉堡包来衡量发展中国家与发达国家之间的汇率水平，显然失之偏颇。另外，即使不考虑发展中国家与发达国家的发展差异，由于不同国家之间消费者对待商品的偏好是不一致的，这也会导致价格的"虚假"。对于非完全浮动汇率的国家，这种指数也是偏离实际均衡的。

# 第二节　影响一国汇率变动的主要因素

汇率是两种货币之间的兑换比率，也即一个国家的货币对另一国货币的价值。作为货币的价格，它是影响一国内外部经济均衡的关键变量，一国外汇行市的升降，对进出口贸易和经济结构、生产布局等都会产生影响。同时汇率也是各个国家为了达到其政治目的的金融手段。长期以来，影响汇率的因素一直是国际金融领域研究的重要命题。在当前经济全球化的大背景下，汇率的变动对一个国家社会经济生活的影响极大，汇率的形成机制和影响因素也日趋错综复杂，有着不同的说法和不同的理论支持。

影响一国货币汇率变动的因素，从理论上看主要分长期因素和短期因素两大类。

## 一、影响汇率变动的长期因素

从理论逻辑看，外汇市场上的价格（汇率）是由本币与外币之间的供求状况所决定的，归根到底是外汇的供给与需求状况决定的。外汇供给与需求状况可以在经常项目和资本项目之中得到反映。图 1-3 简要概括了影响经常项目和资本项目的重要因素，它们是影响汇率变动的深层次因素。

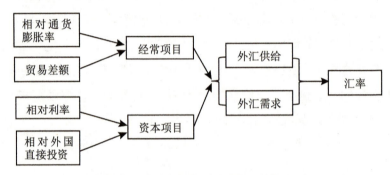

图 1-3　影响汇率变动因素的理论逻辑

长期因素是指从长远角度和较长周期看影响汇率变动的因素，是一些基本面因素。基本经济因素有：经济增长率、国际收支及外汇储备、通货膨胀率。

### （一）经济增长和经济实力（经济增长率）

从长期看，经常项目和资本项目是一国经济增长和发展的主要内容，它们变动背后的决定因素是一国经济发展和实力状况，它是决定汇率长期变化的根本因素。反映经济增长和经济实力的指标通常有国内生产总值（GDP）或国民收入、经济增长率（GDP 增速）。

巴拉萨—萨缪尔森效应（Balassa-Samuelson Hypothesis，BSH）是国际经济理论界关于汇率影响因素最有影响力的一种理论。该理论认为：一个国家如果经济增长率越高，那么人们的工资实际增长率必然会越高，在固定汇率的情况下，将引起物价总水平的上升。而如果稳定了国内的物价，就必然会引起实际汇率的上升。

在其他条件不变的情况下，如果一国经济增长是由国内需求增加引起，则：经济增长——进口增加——贸易收支逆差——该国货币汇率下降。

如果一国经济增长是由该国劳动生产率提高所引起，则：经济增长——生产成本下降——产品价格下降，质量提高——进口相应增加，出口增加更快——该国货币汇率上升。

一国经济增长或经济发展，其经济实力也不断上升。因此，从概括性角度来说，经济实力会影响汇率的长期走势：

经济实力增强——市场信心增强——币值上升——本币汇率上升（外汇汇率下跌）。

经济实力减弱——市场信心不足——币值下降——本币汇率下跌（外汇汇率上升）。

## （二）国际收支及外汇储备

市场经济体制下，汇率这一特殊价格是由对两个国家的货币供应量决定的。货币的供求，来源于两国间的国际收支活动。图 1-3 中的经常项目和资本项目是国际收支的具体反映，因此可以概括为一国国际收支状况是影响其货币汇率的直接性因素。

关于国际收支对汇率的作用早在 19 世纪 60 年代，英国人葛逊通过"国际借贷说"做出了详细的阐述，之后的"资产组合说"也有所提及。国际收支状况反映了一个国家的货币收入总额与支付给其他国家的货币总额的对比，能够反映该国对外汇的供求关系，包括贸易收支、服务收支和资本流动等若干项目。

国际收支状况是一国对外经济活动的综合反映，它对汇率的影响非常直接、迅速、明显。在国际收支各项目中，对汇率变动影响最大的是贸易项目和资本项目。贸易项目的顺差或逆差和资本项目的顺差或逆差直接影响货币汇率的上升或下降。

国际贸易是影响外汇汇率十分重要的因素，从一国对外贸易状况对汇率造成的影响出发，可以看出国际收支状况直接影响汇率的变动。当一国出口大于进口而产生贸易顺差时，一国国际收支就会出现顺差，就会引起外国对该国货币需求的增加与外汇供给的增加，从而导致该国货币汇率上升；相反，当一国进口大于出口而产生贸易逆差时，国际收支出现逆差，对该国货币需求就会减少，该国外汇就会减少，从而导致该国货币汇率下降，该国货币贬值。

出口大于进口——国际收支顺差——资金流入——国际市场对该国货币需求增加——外汇汇率下降、本币汇率上升。

出口小于进口——国际收支逆差——资金流出——国际市场对该国货币需求下降——外汇汇率上升、本币汇率下降。

例如，美元汇率自 20 世纪 90 年代中期开始下跌的一个重要原因，就是美国的贸易逆差日益严重；相反，近年来中国由于大量的贸易顺差，国际收支情况较好，人民币对外汇率呈不断上升的趋势。

同样，当一国资本项目有大量逆差，国际收支的其他项目又不足以弥补时，该国国际收支会出现逆差，从而引起本国货币对外汇率下跌。

外汇储备是一国国际收支状况的一种结果性反映。也就是说，外汇储备主要是通过国际收支活动得到的。在"藏汇于国"情形下，国际收支顺差通过官方所持有的外汇储备得以反映出来。因为官方外汇储备既是应付外部债务的一种资产，也是调节汇率的重要资产。一国外汇储备的多少反映了该国干预外汇市场和稳定汇率的能力。如果一国外汇储备增加，外汇市场对本币的信心增加，会促使本币升值；反之，外汇储备减少，则会影响外汇市场对该国货币稳定的信心，从而引发该国货币贬值。

### （三）通货膨胀率

通货膨胀影响本币的价值和购买力，是影响汇率变动最重要的长期因素之一。它对汇率的影响一般要经过一段时间才能显现出来。20世纪70年代后，随着浮动汇率取代了固定汇率，通货膨胀对汇率变动的影响变得更为重要。

在纸币流通的条件下，两国货币之间的比率，从根本上说是由各自所代表的价值量的对比关系决定的。一国货币的对内价值是通过国内的一般物价水平反映出来的，该国发生通货膨胀即意味着国内物价上涨，物价是一国货币价值在商品市场的体现，通货膨胀也就意味着该国货币代表的价值量下降。在国内外商品市场紧密联系的情况下，由于通货膨胀，国内物价上涨，一般会引起出口商品的减少和进口商品的增加，从而对外汇市场的供求关系发生影响，导致该国汇率变动。同时，一国货币对内价值的下降必定影响其对外价值，削弱该国货币在国际市场上的信用地位，而且人们会因通货膨胀而预期该国货币的汇率将趋于疲软，选择把手中持有的该国货币转化为其他货币，从而导致该国汇率下跌。

一般而言，通货膨胀会导致该国货币汇率下跌，通货膨胀的缓解会使汇率上浮。它影响汇率的传导机制包括：

第一，若一国通货膨胀率高于他国，该国出口竞争力减弱，而外国商品在该国市场上的竞争力增强；这会引起该国贸易收支逆差，造成外汇供求缺口，从而导致本币汇率下降。

第二，通货膨胀会使一国实际利率下降，推动资本外逃，引起资本项目逆差和本币汇率下降。

第三，由于通货膨胀是一个持续的物价上涨过程，人们的通货膨胀预期会演变成本币汇率下降预期。在这种预期心理下，本币在国际市场上的信用地位下降。为了避免本币贬值可能带来的损失，人们会在外汇市场上抛售本币抢购外汇。而这种投机行为会引起本币汇率的进一步下降。

需要说明的是这里的通货膨胀率是与外国的通货膨胀率相比较的，且持续的通货膨胀导致其对汇率的影响是长期缓慢的，影响的大小取决于本国物价与国际贸易市场物价的变化同步性大小和本国出口、进口商品的弹性大小。一般来说，当一国的通货膨胀率高于另一国的通货膨胀率，则该国货币实际所代表的价值相对另一国货币在减少，该国货币汇率就会下降；反之，则会上升。

## 二、影响汇率变动的短期因素

短期因素主要是一些宏观经济政策性因素，从较短时间内引起资金跨境流动。短期因素对汇率变动起作用，其前提之一是该国允许资金自由跨国流动。

### （一）政府宏观经济政策

宏观经济政策指的是一国为实现充分就业、价格稳定、经济增长和国际收支平衡等目标而实施的经济政策，主要包括财政政策和货币政策。这些政策通过对产出、就业、通货膨胀等经济因素的影响，进而对汇率产生直接或间接影响。因为这两大政策的间接影响，有些学者把它们认为是一种影响汇率变动的长期因素。

如果一国出现财政赤字，政府为弥补财政赤字会实行紧缩性的财政政策。紧缩性的财政政策可以通过减少政府开支、增加税收或两者并用的方式来实现。政府公共支出的减少会通过乘数效应带来多倍的国民收入的减少，进而会减少进口需求，促使外汇需求减少，外汇汇率下跌，本国货币升值。政府如果采取提高税率来增加财政收入，则会通过两种渠道影响汇率：一方面，税率提高会降低个人的可支配收入，使个人消费需求减少；另一方面，提高税率会增加企业的投资成本，使企业投资需求减少，进而导致进口减少，从而导致本币汇率上升。相反，如果一国实行扩张性的财政政策，则最终会促使本币贬值（图1-4）。

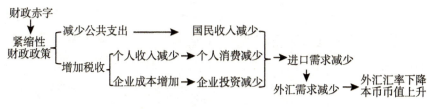

图 1-4　财政政策影响汇率变动的基本机制

　　当然，扩张性或紧缩性的财政政策并不必然导致货币的贬值或升值，还要分析国家的宏观经济形势以及采取的具体措施的影响。

　　货币政策也是影响汇率的重要因素。货币政策对汇率的影响主要是通过货币供应量的变动和利率的变动来实现的。如果一国政府实行扩张性的货币政策，增加货币供应量，降低利率，则该国货币的汇率将下跌。这是因为增加货币供应量将使国内物价水平上升，降低利率则使资本流出增加，资本流入减少，这两种情况都会引起本币对外比价的降低。反之，紧缩性的货币政策则会导致本币对外比价的提高。

　　一般认为，如果货币政策措施为改变货币供应量，进而影响经济增长，最终影响汇率，是一个较长时间的过程，可以说是长期因素；如果货币政策措施为改变利率，进而影响资本流动，最终影响汇率，这一过程则相对较为迅速，可以说是短期因素。

　　财政和货币政策的影响机制如下：

　　宽松财政、货币政策：财政收支逆差——货币供应量增加——通货膨胀加剧——本币对内贬值——对外贬值——外汇汇率上升——本币汇率下跌。

　　紧缩财政、货币政策：财政收支盈余——货币供应量减少——通货膨胀减轻——本币对内升值——对外升值——外汇汇率下跌——本币汇率上升。

　　中央银行干预政策也是影响汇率变动的重要因素。目前，各国政府为保持汇率稳定以及经济的健康发展，都会对外汇市场进行直接干预。政府干预汇率的直接形式是通过中央银行在外汇市场上买卖外汇，改变外汇供求关系，从而在短期影响外汇汇率或本币汇率。间接形式是指政府通过调整其他指标，如进出口、利率等来间接影响汇率变化。

中央银行的干预必定可以改变市场的走势，但情形是十分短暂的，货币价格的长期性趋势始终反映其经济的表现，这种干预并不能从根本上改变汇率的长期趋势。中央银行的干预行动只是希望市场汇价的变化更有秩序，或希望汇价水平可以稳定下来，并不是企图要扭转市场形势的。

政府政策目的一般是为了稳定本币汇率，避免汇率波动加大国际贸易和国际金融活动中的风险，抑制外汇投机行为；也可能是为了使汇率有利于本国的经济发展或有助于实现政府的某项战略目标。其效力不仅取决于该国央行政策、态度、外汇储备，而且还取决于周边国家的政治、经济关系等宏观经济状况。

### （二）利率

一国的利率水平对外汇汇率有着非常重要的影响。利率是货币的价格，是投资成本和投资收益的决定因素，利率的高低影响着一国资金的流动。在国际资本流动规模巨大且日益频繁的当今世界，利率差异对汇率变动的影响比过去更为重要。在一个国家里，信贷紧缩时，利率上升；信贷松动时，利率下降。而在国际上，利率的差异会引起资金在各国移动，资本一般总是从利率低的国家流向利率高的国家。这样，如果一国的利率水平高于其他国家，就会吸引追求较高利息收入的大量资本流入，本国资本流出减少，资本账户收支得到改善，同时国际市场上会抢购这种货币，本国货币升值，引起汇率上升；反之，如果一国的利率水平低于其他国家，则会造成资本大量流出，外国资本流入减少，恶化资本账户收支，同时国际市场上会抛售这种货币，引起汇率下跌。利率提高或降低的幅度越大，对本币汇率的影响也就越大。

可以说，利率作为一国借贷状况的基本反映，直接对国际间的资本流动产生影响，对汇率波动起决定性作用。而且，利率的影响比较迅速，是最重要的短期因素。它影响汇率的传导机制如下（以一国利率上升为例）：

第一，在其他条件不变的前提下，利率上升会吸引资本流入，在外汇市场上形成对该国货币的需求，推动高利率货币的汇率上升。当代的国际金融市场上存在大量国际游资，它们对利率的变动极为敏感，所以从短期来看，诱发国际资本流动是利率影响汇率的主要途径。

第二，利率上升意味着信用紧缩，这会抑制该国的通货膨胀，在一定时期可以通过刺激出口和约束进口来推动该国货币汇率上升。

第三，利率上升会抑制该国总需求，特别是严重依赖于贷款的那一部分投资需求和消费需求，这会进一步限制进口并从而有助于该国货币汇率上升。

反之，利率下降，资本流入减少，对该国货币的需求减少，而对外汇的需求增加，外汇供应相对减少，导致外汇汇率上升，该国汇率下降。

但是这种影响的传导机制的前提就是该国拥有发达的金融市场，以及开放条件下的资本项目的开放。

### (三) 外汇投机

外汇投机是指在汇率预期基础上，以赚取汇率变动差额为目的并承担外汇风险的外汇交易行为。这种投机行为将影响短期汇率走势，加剧汇率波动幅度，使得金融危机提前到来。在当代国际金融市场上，存在着规模庞大的国际游资。其中，一部分国际游资隶属于国际垄断资本集团，它们在外汇市场上，并非是单纯的市场价格信号接收者，而往往充当价格制定者的角色。例如，1997 年 7 月爆发的泰国货币危机固然有多种原因，外汇投机者的恶性炒作无疑起到火上加油的作用。

投机资本涌入——外汇供应增加——外汇汇率下跌。

投机资本外逃——外汇供应减少——外汇汇率上升。

### (四) 心理预期

人们对各种价格信号的心理预期都会影响汇率，这一因素在国际金融市场上表现得尤为突出。汇兑心理学认为外汇汇率是外汇供求双方对货币主观心理评价的集中体现。评价高，信心强，则货币升值。这一理论在解释无数短线或极短线的汇率波动上起到了至关重要的作用。

人们看好某国前景（经济状况、收支状况、通货膨胀、利率）——买进大量该国货币——汇率上升；

反之，看淡即预期该国汇率下降——可能在外汇市场抛售——助长该国货币贬值压力。

在一般情况下，人们的心理预期是上述基本因素在人们头脑中的反映。但是，人们的心理可能伴随着多种其他因素，如各种投机因素、谣言、迷信等。一些事件一旦对人们的汇率预期产生普遍影响，就会引起投机活动而可能掀起外汇市场的轩然大波，造成汇率的大起大落，对汇率产生重大作用。

### 三、影响汇率变动的其他因素

一国及国际间的政治局势的变化，也会对外汇市场产生影响，一般包括国际上政治重大事件（如 9·11 事件）、政治冲突、军事冲突、选举和政权更迭等，这些政治因素对汇率的影响有时很大，但影响时限一般都很短。这是由于资本首先具有追求安全的特性，因此，政治及突发性因素对外汇市场的影响是直接和迅速的，包括政局的稳定性、政策的连续性、政府的外交政策以及战争、经济制裁、自然灾害（如 20 世纪 90 年代日本大地震）及石油市场的变动等。但是，因其突发性和临时性，使得市场难以预测，容易对市场构成冲击波，一旦市场对消息做出反应并将其消化后，原有因素的影响力就将大为削弱。

政治因素对外汇汇率走势的影响很大。政治因素一般来得很突然，很难预测。西方国家选举和政权更迭、政变或战争、政府官员丑闻或下台以及罢工等重大政治事件和重大政策改变，都会影响国际经济交易和资本流动，从而引起汇率变化。当一个国家或地区政权更迭时，新政府可能更换当地的交易货币单位，令该种货币大幅贬值甚至沦为废纸。当一个国家发生政变或爆发战争的时候，该国的货币就会呈现不稳定而汇率下跌。政府的改选更替、财政部长或中央银行行长易人也会给外汇市场的预期心理带来不同程度的影响，从而引起汇率变动。通常，一国的政治形势越稳定，该国的货币汇率越稳定。

总之，影响汇率的因素是多种多样的，各个因素的关系错综复杂，有时各种因素会合在一起同时发生作用，有时个别因素起作用，有时各因素的作用会相互抵消，有时某一因素起主要作用，另一因素起次要作用，也有时某一因素突然被另一因素所代替。因此，只有对各种因素进行综合全面的考察，对具体情况作具体分析，才能对汇率变动的分析做出较为正确的结论。

## 第三节　人民币汇率变动及其内外价值一致性问题

观察人民币汇率变动情况主要有两个指标，一是人民币兑美元汇率，二是人民币汇率指数。由于人民币汇率指数于 2015 年 12 月推出，仅能反映 2016 年变动情况。习惯上，通过人民币兑美元汇率变动情况分析其对外价值问题。

## 一、近年人民币汇率变动情况

自 2005 年人民币汇率形成机制改革以来，人民币汇率总体上经历单边升值——单边贬值两个大的阶段。

### （一）人民币汇率升值阶段（2005 年 7 月—2014 年 2 月）

2005 年 7 月 21 日，中国人民银行发布公告决定，即日起美元兑人民币交易价格调整为 1 美元兑 8.11 元人民币，人民币小幅升值 2%，开始实行以市场供求为基础、参考一篮子货币进行调节、有管理的浮动汇率制度。这一公告表明，外汇市场上人民币汇率变动主要由外汇供求关系得以决定。图 1-5 显示了近年来人民币对美元的汇率变动情况。

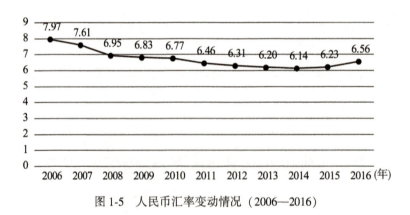

图 1-5　人民币汇率变动情况（2006—2016）

从图 1-5 看到，2006 年至 2014 年人民币汇率处于升值趋势（直接标价法下数值下降）。其中，2006—2008 年是较大幅度升值阶段，2009—2012 年是相对稳定升值阶段。2006—2013 年的八年间，人民币升值幅度达 22.96%。

关于这一阶段人民币不断升值的原因，国内外很多学者进行过探讨。归纳起来，有以下原因：

1. 经济实力增强是人民币升值的根本原因

汇率变动是一个复杂的问题，所受变动因素较多，但从国际经验来看，一国的崛起必然伴随该国货币汇率的增值，如德、日两国；货币的升值反过来又可以快速提高其国际地位。根据"巴拉萨—萨缪尔森效应"，凡是经历高速经济增长的国家，其内部实际汇率和外部实际汇率都将面临中长期的升值。

具体来说，国家经济实力增强通过两种途径影响汇率变动，一是供给角度：经济实力增强→劳动生产率增长→产量增加→出口增加→国际市场对该国货币需求增加，本币供不应求→贸易顺差→该国货币升值；二是从需求角度：经济持续发展→GDP 增加→ 国民收入增加→国内总需求上升 →带动消费和投资以及进口增长→对外汇需求上升，外币供不应求→外币升值、本币贬值。由于我国是典型的以出口为导向的国家，经济快速增长使得出口大于进口，使得人民币在国际外汇市场上供不应求而升值。

改革开放以来，我国经济一直保持着高速增长，是一个经济快速崛起的发展中大国，特别是自 2001 年加入 WTO 之后，之后几年 GDP 年均增长速度都在 10% 以上，使得我国经济实力得到快速提升，为人民币升值奠定了坚实基础。图 1-6 显示了 2000 年以来我国经济增长速度的变化情况。

2. 国际收支"双顺差"为人民币升值提供市场基础

国际收支主要由经常账户和资本账户组成，其中经常账户反映一国商品和服务的贸易状况，资本账户反映一国金融或实物资产交易及资本流入流出状况。若一国出口 > 进口，出现经常项目顺差，会导致国际收支顺差，本币在国际市场上需求 > 供给，促使本币升值；同理，一国资本流入 > 流出，导致资本账户出现顺差，也会带来国际收支顺差，促使本币升值。

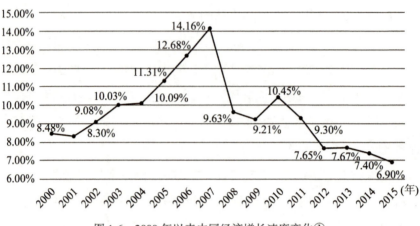

图 1-6　2000 年以来中国经济增长速度变化①

我国实行有管理的浮动汇率制度，使得国际收支状况直接影响到我国汇率。近年来，我国国际收支持续"双顺差"，尤其是自 2003 年以来，"双顺差"规模不断扩大。一方面，我国长久以来实行"奖出限进"的外贸政策，以鼓励出口创汇的方式来促进国内经济持续发展，使贸易顺差逐步扩大。近年来，虽然我国不断调整贸易政策，试图平衡贸易收支，但是由于我国仍存在着生产资料、劳动力价格低廉且丰富的优势，贸易顺差仍不断积累。另一方面，我国经济快速发展，投资环境较好，加之一系列吸引外资优惠政策，使资本不断流入，导致资本账户也出现顺差。图 1-7 显示，自 1994 年我国出现"双顺差"，这种现象一直持续到 2013 年，且顺差差额较大；其中经常账户顺差扩大约 8.6 倍，资本账户顺差扩大约 62.9 倍，在这一形势下人民币实际累计升值 22.1%。

中国国际收支持续"双顺差"的一个结果是积累了巨额外汇储

①　资料来源：根据中华人民共和国国家统计局（http：//www.stats.gov.cn/）公布的数据整理。

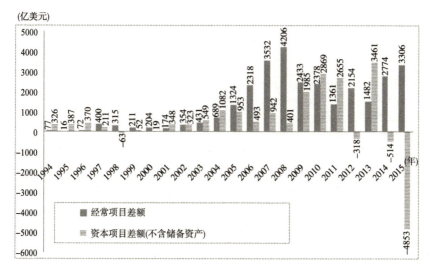

图 1-7　中国 1994—2015 年国际收支状况①

备，为人民币汇率升值提供了市场基础。因为随着外汇储备的迅速增长，必然导致外汇市场上可供给外汇资源增多，外汇供大于求，将导致外币贬值、本币升值。图 1-8 显示出我国 1994 年以来的外汇储备增长情况。

如图 1-8 所示，1994 年我国外汇储备仅 516.2 亿美元，1996 年突破 1000 亿美元，2003 年之后更是接近于线性增长，2006 年 10 月突破 1 万亿美元，2014 年外汇储备超过 3.9 万亿美元，是世界上外汇储备最多的国家，一定程度上反响了我国外汇市场上外汇供给充足，为人民币升值提供了市场基础。

理论上，一国外汇储备量反映了该国干预外汇市场和维持汇价稳定的能力大小。中央政府一方面可以通过外汇储备调节国内外汇市场上外汇供求状况，另一方面可以借助外汇储备调节国际收支平衡，因此外汇

① 数据来源：国家外汇管理局网站 http：//www.safe.gov.cn/wps/portal/sy/tjsj_szphb。

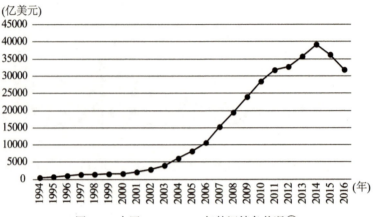

图 1-8　中国 1994—2016 年外汇储备状况①

储备的多少对该国货币稳定起主要作用。但并不意味着一国的外汇储备越多越好，外汇储备的增加意味着本国实物资源的流出，过度追求高额的外汇储备不利于经济内外协调发展；同时，持续双顺差带来外汇储备不断增长，一定程度上推动了人民币的升值。有鉴于此，我国政府开始有计划调减国家外汇储备资产，舒缓人民币币值上升压力。2015 年开始，我国外汇储备有所下降，到 2016 年 10 月下降到 31206.55 亿美元，一定程度上缓解人民币对外升值压力。

3. 国内相对较高利率推动了人民币升值趋势

资本在国际间的流动也影响着汇率变动，而一国利率水平高低决定了资本流动方向，一般地，资本总是流向于利率水平高的国家或地区以便获取高额收益，这使得外汇市场对利率较高国家或地区的货币需求增加，导致该国货币币值上升。2007 年以来，美、日、欧盟一直保持着低利率，而我国为缓解通货膨胀压力，实施紧缩性货币政策，多次上调了存款基准利率，导致本外币利差扩大，也增加了人民币升值压力。国

---

① 数据来源：国家外汇管理局网站 http://www.safe.gov.cn/wps/portal/sy/tjsj_lnwhcb。

际游资受高利率的吸引不断流入我国，通过储蓄和投资的方式从侧面增加了我国的货币供给，推动人民币升值。

4. 全球流动性资金过剩和美元贬值加剧人民币升值

国际经济的宏观背景是人民币升值的重要因素。2002 年以来，世界主要国家的货币普遍开始对美元升值。美国实施了量化宽松（Quan-titative Easing，QE）的货币政策，实行零利率或者接近零利率政策，并通过购买国债等中长期债券的方式增加基础货币的供给，从而向市场投入大量的流动资金。QE 政策使得美元在世界范围内的贬值造成了包含人民币在内的世界各国货币的相对升值。

量化宽松政策本质上是一种货币冲击，导致美元大量流入市场，造成全球范围内的美元泛滥，最直接的影响是使美元大幅贬值，自然也会导致包括人民币在内的货币升值。齐晓楠等（2013）和白玥明（2015）研究发现，2010 年 11 月美国开始实施的第二轮量化宽松政策（QE2）加剧了人民币的升值压力①。

也有一些观点认为，国际政治因素特别是美国政治因素是人民币升值的一个原因。但学术界对人民币升值是否受到美国政治压力影响存在争议，例如李子联（2011）认为美国在人民币升值的进程中发挥着主导作用，其参、众两院针对人民币汇率而提出的议案是人民币升值的直接导火线；包括利益集团、选举周期和政党派系等因素在内的国际政治力量确实促进了人民币汇率的升值，同时也加快了人民币升值的进程②。而刘涛和周继忠（2011）则通过"分类事件研究法"考察2005—2010 年美国政治压力是否推动了人民币升值，结果显示，美国

---

① 齐晓楠等：《美联储量化宽松政策对中国经济和人民币汇率的影响》，《管理评论》2013 年第 5 期，第 3~10 页。白玥明：《人民币汇率变动与国际货币政策信号冲击——来自美、欧、日、英量化宽松政策的证据》，《经济科学》2015 年第 6 期，第 51~64 页。

② 李子联：《政治与汇率：人民币升值的政治经济学分析》，《世界经济与政治》2011 年第 9 期，第 136~154 页。

施压事件总体上对于人民币升值的影响并不显著①。

总体上，人民币汇率在 2005—2013 年底持续升值趋势，主要还是国内经济发展和政策原因。由于我国经济持续高速发展，国际收支双顺差以及巨额的外汇储备，再加之宏观货币政策与国际上的差异，造成市场上对人民币升值的预期增强；同时，长期持续的单边升值使得人民币升值预期进一步强化，人民币升值压力持续加大。

### （二）人民币汇率持续贬值阶段（2014 年 2 月—2016 年 12 月）

2014 年 1 月底，人民币汇率结束了自 2005 年以来连续八年对美元的升值，开始持续贬值，人民币对外购买力下降。

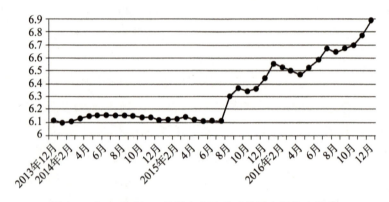

图 1-9　自 2013 年 12 月以来人民币对美元中间价走势②

图 1-9 显示，人民币对美元汇价在 2014 年 1 月至 2015 年 7 月处于小幅贬值状态，2015 年 8 月后贬值幅度加快，到 2016 年 12 月 1 日贬至 1 美元兑 6.8958 元人民币，贬值幅度近 13%。国内外对人民币持续贬

---

① 刘涛、周继忠：《外部压力是否推动了人民币升值？——基于 2005—2010 年美国施压事件效果的考察》，《金融研究》2011 年第 11 期，第 32~46 页。

② 资料来源：数据来自国家外汇管理局网站 http：//www. safe. gov. cn/wps/portal/sy/tjsj_hlzjj_inquire。

值非常关注，甚至一些媒体称为"暴跌"。但何志成（2016）在《人民币改变世界》一书中提出了质疑，认为这种程度的降幅不能称为"暴跌"，按照国际市场标准，这只相当于"正常调整"（全球主要货币一年的波动率都会大于 6.6%，更何况新兴市场经济国家货币）。但为什么全世界尤其是中国资本市场反响巨大，认为它是"暴跌"呢？这是由于人民币汇率八年来一直在升值，期间几乎没有调整，更没有急跌、暴跌，习惯了人民币升值趋势的国际市场包括中国资本市场，一下子受到了惊吓①。

中国政府认为，近期人民币对美元有所贬值，但幅度相对大多数非美货币还是比较小的。自 2016 年 10 月以来发达经济体货币中，日元、欧元、瑞士法郎对美元分别贬值 10.5%、5.8% 和 4.2%；新兴市场货币中，马来西亚林吉特、韩元、墨西哥比索对美元分别贬值 7.2%、6.5% 和 6.1%，而人民币对美元只贬值了 3.5%，只有美元指数升幅的一半。由于人民币对美元贬值幅度较小，10 月以来人民币相对一些主要货币是显著升值的。例如，在 SDR 构成货币中，人民币对日元升值 7.5%、对欧元升值 2.5%、对英镑升值 0.5%；在亚洲新兴市场货币中，人民币对马来西亚林吉特、韩元、新加坡元分别升值 4.1%、3.3% 和 1.2%。而且，从长周期看，人民币也表现出稳中有升的态势，过去 5 年 CFETS 人民币汇率指数、参考 BIS 货币篮子和 SDR 货币篮子的人民币汇率指数以及对美元汇率分别升值 10.9%、11%、4.4% 和 8.8%，过去 10 年分别升值 28.3%、33.4%、28.4% 和 11.9%，人民币在全球货币体系中仍表现出稳定强势货币特征②。

为何包括人民币在内世界主要经济体货币汇率呈现贬值、美元上涨

---

① 何志成：《人民币改变世界：中国国家金融战略路线图解读》，贵阳：贵州人民出版社 2016 年版，第 51 页。

② 新华社：《人民币在全球货币体系中仍表现出稳定强势——央行副行长易纲就近期人民币汇率走势答记者问》，2016 年 11 月 27 日，新华网 http://news.xinhuanet.com/fortune/2016-11/27/c_1119999251.htm。

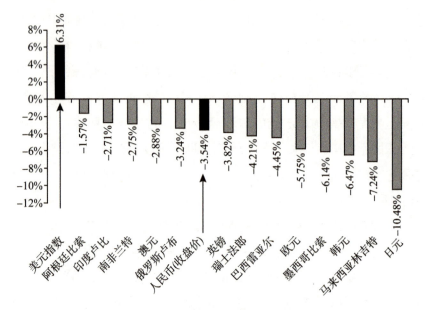

图 1-10　2016 年 10—11 月世界主要经济体货币汇率走势

较快，中国政府解释为这是因为美国经济增长加快、通胀预期上升、美联储加息步伐可能明显加快等美国国内因素造成的。而人民币汇率对美元波动有所加大，主要是特朗普当选美国总统、美联储加息预期突然增强、英国"脱欧"等外部因素所驱动。这些因素对世界各国而言都有些意外，资金回流美国推动美元指数迅速上涨、美国三大股指再创新高，全球货币普遍对美元贬值，有的跌幅还比较大①。

关于 2014 年以来人民币汇率持续贬值的原因，市场和学术界有多种看法。例如，海通证券首席经济学家李迅雷（2016）认为，人民币汇率贬值是由于中国货币发行过多造成的②。李稻葵（2016）总结目

---

① 新华社：《人民币在全球货币体系中仍表现出稳定强势——央行副行长易纲就近期人民币汇率走势答记者问》，2016 年 11 月 27 日，新华网 http：//news. xinhuanet. com/fortune/2016-11/27/c_1119999251. htm。

② 李迅雷：《人民币贬值原因可能并没你想的那么复杂》，2016 年 11 月 25 日，新浪财经 http：//finance. sina. com. cn/china/gncj/2016-11-25/doc-ifxyawmm3419668. shtml。

前市场上认为人民币汇率贬值的原因：一是美元加息风声趋紧，二是中国外贸面临出口减少压力，三是中国企业"走出去"速度加快带来外汇需求上升，四是国内房地产出现新一轮泡沫性上涨趋势，五是中国金融资产的整体回报率不高因此资金外流。但他认为这五个方面原因不足以解释人民币汇率 2016 年短期内大幅贬值，他认为目前市场已经形成一种贬值预期，将会出现自我实现循环——贬值预期导致真实的资金流出，资金流出又强化了外汇市场人民币的贬值预期，以此循环往复；如果市场预期人民币汇率稳定，则资本市场的跨境流动就会相对平稳，外汇市场就不会承压，汇率得到稳定。因此，只要有任何汇率预期上的风吹草动，这些人民币流动性都会迅速转为跨境资本流动的压力①。

赵硕刚（2016）认为，人民币贬值压力主要来自贬值预期推动的资本外流，而贬值预期则来自中美两国货币政策走向分化导致的利差收窄。因为按照利率平价理论，内外利差变化引发的跨境资本流动是导致一国货币汇率波动的重要因素。目前，一方面由于我国经济步入"新常态"，经济增速放缓，通胀走低，央行为稳增长不断放松货币政策，2015 年 5 次降息后基准利率水平已处于历史低位；另一方面，随着美国经济复苏之势渐趋稳固，就业市场不断改善，美联储逐步推进货币政策正常化进程，2015 年底宣布了 2008 年以来的首次加息，造成中美利差存在，引发资金外流，从而导致人民币汇率贬值②。

范德胜（2016）认为，近期人民币贬值的原因：一是美国收紧货币政策预期，出现美元升值预期，推高美元对人民币行情；二是中国央行通过购买外汇主动干预引导人民币贬值；三是国外金融机构集中对中

---

① 李稻葵：《人民币不会也不该大幅贬值：管理预期与降低货币存量是关键》，新财富杂志（ID：new fortune）公众号，2016 年 11 月 2 日，http：//www. xcf. cn/tt2/201611/t20161102_777515. htm。

② 赵硕刚：《人民币贬值动因分析及政策建议》，《国际金融》2016 年第 3 期，第 31~34 页。

国经济增速预期进行下调，从而导致人民币汇率贬值压力出现①。国家外汇管理局国际收支司副司长、中国金融四十人论坛高级研究员管涛（2016）指出，当前的人民币贬值预期，有国内经济偏弱、国际美元走强等基本面的原因，也有对新汇率管理体制不适应方面原因。特别是2015年8月11日中国人民银行宣布完善人民币兑美元汇率中间价报价机制（市场称为"8·11 汇改"），不论市场还是政府，在思想和措施上都对此准备不足，造成市场预期波动加大②。

一些学者也与管涛持相同观点，认为"8·11 汇改"③ 与人民币汇率贬值有一定关系。例如复旦大学的吴秀波教授（2016）认为，"8·11 汇改"确定的"上日收盘汇率"决定今日汇率中间价的市场化做法过于超前，央行无法对汇率的形成进行合理的指导；而且，为减少在岸交易价（CNY）与离岸交易价（CNH）价差，一味通过调节 CNY 以追随 CNH，就像追逐自己的影子一样，永远不可能达到目标。"上日收盘汇率"是参考收盘价的浮动汇率机制，一旦美元走强、资本持续外流，人民币汇率就会持续贬值④。

学者们认为，单纯依照"上日收盘汇率"决定中间价的做法存在明显缺陷，它削弱了监管机构对人民币汇率的影响力，导致了2015年末汇率预期失稳，并在汇市中一度引发了危险的异常波动⑤。2016年2

---

① 范德胜：《近期人民币贬值的原因、经贸影响及对策分析》，《国际贸易》2016年第1期，第55~58页。

② 管涛：《走出人民币汇率单边贬值预期的"泥潭"》，《国际金融》2016年第3期，第3~8页。

③ 主要内容包括两个部分：其一，做市商主要参照上一交易日收盘价向中国外汇交易中心提供中间价报价；其二，央行将当日中间价一次性贬值约2%，以缩小在岸交易价（CNY）与离岸交易价（CNH）价差。

④ 吴秀波：《人民币汇率中间价市场化改革的成效及挑战——写在"8·11 汇改"一周年之际》，《价格理论与实践》2016年第8期，第47~52页。

⑤ 吴秀波：《人民币汇率中间价市场化改革的成效及挑战——写在"8·11 汇改"一周年之际》，《价格理论与实践》2016年第8期，第47~52页。

月，在央行与 14 家报价商深入充分沟通的基础上，推出"收盘汇率 +
一篮子货币汇率变化"的现行人民币兑美元汇率中间价定价机制，即
做市商在进行人民币对美元汇率中间价报价时，需要考虑"收盘汇率"
和"一篮子货币汇率变化"两个组成部分。

　　但是，肖立晟（2016）认为，"收盘价+篮子货币"并没有解决过
去中间价定价机制中的核心矛盾——外汇市场出清问题。外汇市场无法
出清的原因缘于资本管制和价格管理。如图 1-11，当前资本管制政策不
允许一部分有购汇意愿的机构和投资者购买外汇，减少了外汇需求，外
汇需求曲线从 D 下移到 D'。同时，央行运用篮子货币缓解人民币汇率
贬值幅度，将美元价格定在投资者心理价位之下，最终导致外汇市场美
元处于供不应求的状态。

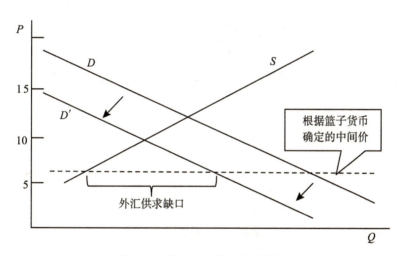

图 1-11　外汇市场供求关系变化

　　面对没有出清的外汇市场，篮子货币陷入易贬难升的困境。从每日
市场交易的收盘价与开盘价的比较可以看出来，无论是弱势美元还是强
势美元，人民币收盘价一般都会高于开盘价。在没有出清的外汇市场

上，人民币汇率与篮子货币指数相互作用螺旋贬值①。这就是为什么 2016 年人民币汇率加速贬值的原因。

总之，2014 年以来人民币汇率持续贬值的基本面原因是中国经济增速持续下滑较大，从 2011 年以前年平均超过 9% 的增速下降到 6%~7% 的"新常态"（参见图 1-6），使得市场上对中国经济增长信心有所下降，资金外流寻找更高投资回报率，导致外汇需求增加，人民币贬值成为市场必然结果。一旦中国经济增速回升，以及市场对中国经济"新常态"适应性加强，人民币汇率会止贬回升。从技术角度看，人民币汇率形成机制的变革，扩大日浮动幅度等措施，以及中国对资本市场的开放，将导致资金流动加速，外汇汇率和人民币汇率的波动将更为频繁。

## 二、人民币汇率变动带来的影响

人民币汇率的升值和贬值对于中国广大居民和企业单位都会产生一定的影响。

### （一）人民币汇率升值的影响

人民币汇率升值有积极正面影响，也有负面影响。

#### 1. 可以提升中国国际地位

通俗地理解，人民币汇率升值可以提高中国的国际地位，提高国外对人民币的信任度，改善吸引外资的环境。一个国家币值的变化与该国综合国力强弱有着很直接的关系，人民币的升值在一定范围内反映了中国综合国力的增强，作为一种坚挺的货币将进一步影响其在周边地区以及全球的流通，最终成为国际化货币。人民币升值在一定范围内反映出

---

① 肖立晟：《为什么人民币货币篮子会陷入持续贬值的困境?》，2016 年 7 月 6 日，中国金融信息网 http：//rmb.xinhua08.com/a/20160706/1648733.shtml。

中国综合国力的增强。

2. 可以刺激进口改善贸易条件

人民币汇率升值可以刺激进口，大大改善我国贸易条件。随着我国在 20 世纪 90 年代以来贸易顺差持续扩大，我国贸易条件一度恶化，根据调查，我国进口商品价格与出口商品价格比值正在上升，一些国民福利正在向外流失。人民币汇率升值会对进口产品价格产生影响，尤其会降低原材料和高级材料、设备的价格，使得一些依赖进口原材料的厂商的成本有所下降，利于这些企业引进技术、不断创新产品。

3. 可以优化我国对外贸易的商品结构

从产业结构来说，我国大多出口一些附加值较低、技术含量较低的商品，不仅浪费资源还会带来巨大的环境污染。而人民币汇率升值会迫使这类厂商退出或者积极提高生产技术，增加产品附加值和技术含量，促进产业结构提升。

在产业结构调整转化中，人民币汇率将扮演重要角色。一方面，人民币汇率升值将会引起国内激烈竞争，能够加快企业走向世界的步伐，不断向国际优等企业看齐，实现可持续发展。另一方面，人民币汇率升值可以吸引外商在华投资。升值后可以让在华外资企业的利润增加，从而提高来中国投资的信心[1]。

4. 难以缓解就业压力

一般来说，汇率越不稳定越容易影响就业水平的提高。国外很多学者分析得出，汇率波动和就业之间是一种负相关关系。一个国家的货币贬值，能够引起国内就业的提高；而一个国家货币的升值，将不利于该国的就业形势。Goldberg 曾对美国制造业进行过分析，发现美元升值后将导致美国制造业就业水平和工资水平的下降；反之美元一旦贬值，就业形势就会一片大好，而且工资水平也有不同程度的提高。汇率上下波动，将会导致贸易部门和非贸易部门劳动力的重新分配，贬值能够促进

---

[1]　荣添：《货币的真相》，北京：时事出版社 2016 年版，第 160~163 页。

就业，并且可以吸引非贸易部门的劳动，而升值则会在一定程度上减少就业人数。

国内诸多学者在对人民币的汇率进行研究后，也有过相似的结论：人民币汇率和就业之间有着负相关关系。曾有一些专家研究后发现，假如设定劳动力的供给不变，从长期来看，人民币汇率升值将减少就业，汇率贬值将增加就业。

我国正处于社会主义初级阶段，经济发展较为缓慢，整体经济也比较落后，人民币汇率升值直接打击出口，出口商品成本增加，出口企业为维持一定利润便抬高价格使得出口商品的国际竞争力减小，最终将导致外汇赤字增加，进而影响就业，企业对劳动力需求减少，甚至会引起社会问题。另外，人民币升值会导致中国非贸易品（主要是土地和劳动等生产要素）价格上升，将大大减弱国内需求，对就业市场带来极大负面影响。

人民币汇率升值使得大量进口商品涌入中国市场，进口替代品市场将会遭受挤压，甚至会影响到国内其他市场份额，也就是说，国内很多企业将会被迫重组，从而使得很多人失业。

从短期效果来看，人民币的升值最先对第二产业有影响，接下来是第三产业。因为第三产业主要是旅游、运输、金融等服务行业，容易受到贸易部门的影响，影响具有滞后性。

从人民币汇率和三大产业之间的协调关系来看，币值低估有利于促进就业，这样农村中的剩余劳动力就可以转移到第二产业中，从而降低第一产业的比重，提升第二产业的比重，反之亦然。一些专家指出，人民币的升值对汇率的影响主要是第二产业，相对来说对第一产业和第三产业较小，但是从长期来看，这种变动会促进就业结构的变动。

5. 导致居民财富变化，影响理财行为

居民生活中，人民币汇率升值这件事情好像和老百姓没有多大关系，但其实并不是这样。从短期来看，人民币升值后，老百姓的钱更值钱了，无论是境外旅游还是出国留学都能得到更多实惠，但从根本来说，这并不是一件好事。从宏观经济角度来看，人民币升值后，外商会减少在华投资，国外旅客来中国旅游和消费的量也会有所减少，而进口商品则会大量涌入中国，迫使国内一些企业做出调整，很多人也许会因此失业，也有一些人的收入明显减少……

一方面，人民币升值会带来输入性通货膨胀，这就加剧了国内国民的财富缩水，物价不断上涨，就像一把利剑，工资跑不赢 CPI。另一方面，一些定居国外的华人，如果准备回国就会遭受财富大量缩水的窘境。

另一方面，老百姓相关资产有所上涨。人民币升值除对老百姓海外求学、境外旅游有影响之外，还会对老百姓的金融资产及商品价格（如房产）有所影响，会出现不同程度的上涨。人民币汇率升值可以提高国内金融资产的相对市场价格，从而对金融市场的结构进行调整，当其他条件没有变化时，上述因素会让人民币拥有者获得较大的财富效应。

同时，人民币汇率升值可以引起国内资产价格的上涨。现在很多国家都看好人民币汇率升值的潜力，但因为人民币存款的利息较低，如果仅仅是将外汇换成人民币，在通货膨胀的影响下，其实是没有利润的。假如将其换成房地产等投资效益就会好很多。国际热钱源源不断流向中国，不断炒作中国的房地产，短时期内中国的房价升得很高，但是一旦外资撤离，中国的房地产泡沫就会破碎，这对中国的打击实际上是很严重的，即便是"有房一族"也会被房产套牢。所以在人民币升值的大背景下，最好的选择就是直接买入房产或者购买相关股票，这样自己的资产才可能有所提高。

人民币汇率升值对外汇理财也将造成影响，低风险外汇理财产品的投资价值完全取决于投资者对人民币的预期。按照 2010 年 6 月各家银行发布的数据，1 年期美元稳健收益型理财产品预期收益率为 2.7% 左右，1 年期欧元稳健收益型理财产品预期收益率为 1.3% 左右，1 年期澳大利亚元稳健收益型理财产品预期收益率为 5.4% 左右。假如投资者预计一年内人民币升值将在3%~5%之间，说明除了澳元这种高息货币的理财产品之外，美元和欧元等外币理财产品很难赢得人民币的升值，所以这种投资就没有多大意义了。

如果老百姓对外汇理财产品的投资收益率抱有很高的期望，人民币汇率预期升值5%，预期收益率增加，很多商业银行因此面临很大的产品压力。人民币理财产品和货币市场基金等稳健型理财产品将会受到越来越多人的青睐。商业银行自然也会推出更多的人民币理财产品，会增加稳健型产品的投放，从而满足市场要求。一些外汇交易业务是可以规避人民币升值风险的，比如交通银行的"满金宝"，只需将人民币存入到该行保证金账户中就可以操作外汇交易，这样做，本金不会因人民币汇率升值而遭受损失。

## （二）人民币汇率贬值的影响

人民币汇率贬值，对中国经济和居民生活也产生积极和消极两个方面的影响。

### 1. 改变进出口状况，对经济增长和发展有一定刺激作用

一般认为，本国货币汇率贬值将有利于本国商品出口，减少外国商品的进口。这是因为本国货币贬值后，商品价格相对降低，出口商品具有竞争力，将扩大出口，促进贸易收支改善。

目前阶段，人民币汇率贬值能否促进产品出口，在学界和政府层面还存在争论。例如范德胜（2016）认为，我国是出口导向型经济，对外出口在我国经济增长中占有重要的地位，由于自2014年第4季度起，我国出口增长降幅明显，甚至出现了负增长的情况，因此，人民币贬值将有助于缓解我国经济下行压力，拉动出口，促进经济增长。特别是人民币贬值可以给我国企业创造机会，使其优化出口产品结构，发展高效率、低污染、高科技含量的新产品，提高应对汇率风险的能力。同时，人民币贬值使得人民币对外购买力减弱，使得进口产品成本提高，需要花费更多钱来购买进口产品，这为我国民族产业发展带来机会，拉动民

族产业的发展①。

　　但中国社会科学院世界经济与政治研究所的刘建和苏庆义（2016）认为，虽然人民币贬值会通过降低出口商品的价格，在一定程度上促进出口，但实际上贬值发挥的作用十分有限。人民币汇率此番贬值已经受到了国际社会关于中国政府操纵汇率的质疑。在全球主要经济体尚未完全走出危机阴影的背景下，很可能会导致中国贸易伙伴国的贸易保护主义抬头，加剧与中国的贸易摩擦，反而会对中国的出口造成冲击，从而不利于自身出口。同时，人民币的贬值还会提升依赖原材料、高端设备和技术进口的技术密集型企业的成本，不利于自身产业结构的调整，从而制约贸易结构的优化。微观层面上，人民币汇率下跌还将导致美元债务持有企业的债务负担加重，盈利大幅度被侵蚀。企业的海外融资成本和汇率风险也将大幅增加，海外融资难度加大，企业的发展空间受到挤压②。

　　中国政府也明确指出，中国政府根本无意通过货币贬值来推动出口。在全球经济复苏乏力、货币政策环境日趋复杂的背景下，保持人民币汇率的基本稳定将有利于促进外贸的发展③。

　　2. 不利于人民币国际化

　　人民币国际化是进入 21 世纪后中国政府追求的目标之一。但是，人民币汇率持续贬值将对人民币国际化进程带来不利影响。周宇（2016）通过观察国际货币地位的历史变迁发现，一种货币在升值期间其国际化的程度会明显上升，在贬值期间其国际化程度会明显下降，而在汇率相对稳定时期其国际化程度会处于相对稳定状态。图 1-12 简要

　　①　范德胜：《近期人民币贬值的原因、经贸影响及对策分析》，《国际贸易》2016 年第 1 期，第 55~58 页。
　　②　刘建、苏庆义：《人民币贬值并非中国为提振出口而进行的汇率操纵》，2016 年 11 月 18 日，中国社会科学院世界经济与政治研究所网站 http：//iwep. cssn. cn/xscg/xscg_sp/201611/t20161123_3287701. shtml。
　　③　商务部：《中国政府无意通过货币贬值来推动出口》，2016 年 11 月 10 日，中国新闻网 http：//www. chinanews. com/cj/2016/11-10/8059145. shtml。

说明了汇率变动和汇率政策对一国商品出口及本币国际化的影响路径。

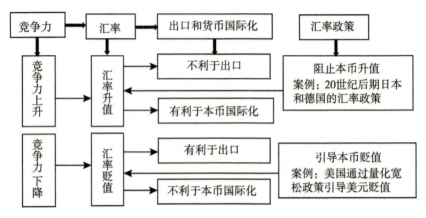

图 1-12 汇率变动、汇率政策与出口及本币国际化的关系

　　汇率贬值对于人民币国际化和国际地位均会产生负面影响。具体表现是，人民币汇率贬值对一直维持快速发展的香港离岸人民币存款业务和离岸人民币点心债券业务都出现了下降趋势，负面影响较为显著，明显妨碍人民币发挥国际价值贮藏手段的职能。相关数据表明，起步于2004 年的香港离岸人民币存款一直快速上升，但是进入 2015 年后，受人民币汇率贬值影响，该业务在经历了 10 多年高速增长后首次出现下降，与 2014 年峰值相比，金额下降了 1525 亿元，降幅为 15%[1]；2016年 6 月相较于上年底下降 16.4%[2]。起步于 2007 年的香港离岸人民币点心债券的发行额也明显下降，且其下降幅度要远远大于离岸人民币存款，2015 年骤然从上年 2053 亿元下降到 1071 亿元，降幅接近 50%[3]。

---

　　[1]　周宇：《论汇率贬值对人民币国际化的影响——基于主要国际货币比较的分析》，《世界经济研究》2016 年第 4 期，第 3~11 页。
　　[2]　香港金融管理局数据库，http：//www. hkma. gov. hk/eng/market-data-and-statistics/。
　　[3]　香港金融管理局数据库，http：//www. hkma. gov. hk/eng/market-data-and-statistics/。

### 3. 人民币汇率贬值影响居民生活

汇率贬值从直接和间接两个方面影响居民生活。从直接方面看，人民币汇率贬值将对国内居民海外购物、海外旅游、留学等用汇行为产生负面影响，贬值意味着将花费更多。从间接方面看，人民币汇率贬值将诱发央行的市场干预，比如通过购买外汇而投放的基础货币增多，将导致国内物价上扬，对居民生活产生一定影响。

此外，人民币汇率贬值对进口企业产生负面影响，一些进口依存度较高的行业，如石油、天然气开采、钢铁、石化、航空、电力设备等，由于国际能源和原材料不断上涨而增加进口成本，从而影响下游相关产品的价格。对于出口企业来说，人民币汇率贬值将缓和外部竞争压力，一段时间后可以促进出口，但是由于中国正进行经济产业结构性调整，出口企业因货币贬值导致获利空间有限；同时，利用汇率贬值促进出口的策略也会遭到国际上的压力，增加国际贸易摩擦的频率，也有可能引发周边国家竞争性贬值行为。从微观层次看，人民币汇率贬值将进一步导致资金外流，使得依靠大量资金投资的相关资产价格和行业下跌，例如国内 A 股倾向性下跌，以及房价、地价、收藏品等资产价格下跌，冲击国内房地产和银行行业[1]。

### 三、人民币内外价值一致性问题

面对人民币对外价值（汇率）的波动变化，广大居民感受并不太深。但人民币对内价值（国内物价）的变动，给居民生活带来切身感受。自 2000 年以来国内物价持续上升，广大居民感觉"钱不值钱"了，与人民币汇率升值成为相反的态势。为什么人民币内外价值不一致？人民币能否更加稳定呢？

---

[1]　廖松涛：《人民币汇率贬值原因、负面影响及对策》，《中国经贸》2014 年第 14 期，第 136~137 页。

### （一）人民币国内贬值态势

进入 21 世纪以来，人民币表现出一个特殊状况：在国内市场中人民币持续贬值，而在国际市场上却不断升值，这种"内贬外升"情形被学界称为"人民币汇率悖论"。

根据卡塞尔的货币购买力平价理论，纸币制度下两种货币之间的汇率是由两种货币的购买力决定的，两币汇率的变化反映着两国在同一时期的物价指数的比较。如果一国通货膨胀率高，则其货币汇率下降，该国货币贬值；也就是说，通货膨胀率与汇率变动是相反的。但是，我国通货膨胀和汇率关系与传统的汇率决定理论所描述的情况相反，在人民币不断小幅升值同时，国内物价指数也呈上涨趋势，形成人民币对外升值和对内贬值并存的价值背离，这一与购买力平价理论相矛盾的现象就是"人民币汇率悖论"。

它主要表现在：一方面自 2005 年人民币汇率形成机制改革到 2014 年 1 月，人民币步入升值趋势，到 2007 年人民币对美元升值幅度超过 6%，2008 年至 2016 年则持续维持在"6 时代"。另一方面，国内通货膨胀压力凸显，粮价、房价、股价快速上涨，人民币在国内按购买力计算①的价值下降。

对比 2006 年以来人民币在国内购买力和对外购买力，可以发现：2006—2008 年 2 月，人民币国内购买力持续下降，对内贬值；2009 年 10 月至 2011 年 7 月，人民币国内价值持续贬值；2011 年 8 月以后基本上保持比较稳定态势，但总体上仍然低于 1，可以说处于贬值状态。而从人民币对外价值即汇率变化趋势看，2006—2014 年 1 月基本上为升值趋势。纵观人民币十多年内外价值变化，总体上符合"内贬外升"态势（图 1-13）。

---

① 货币国内购买力是按照物价的倒数指标来衡量，图 1-13 是用（1/CPI）× 100 的公式简要计算得出国内购买力，国外购买力则用人民币兑美元的间接标价法得到。图中国内购买力处于 1 以下表示对内贬值。

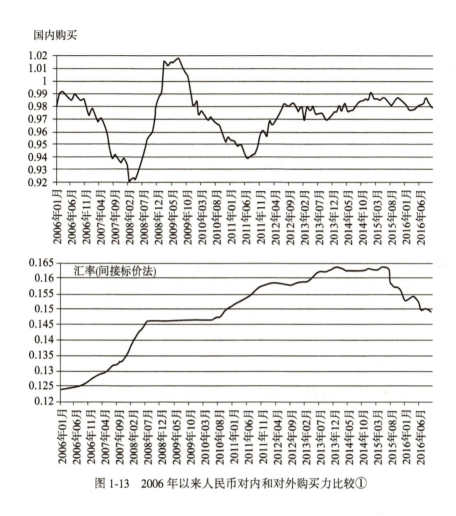

图 1-13　2006 年以来人民币对内和对外购买力比较①

## （二）人民币对内贬值的原因

人民币为什么对内贬值问题，实际上是关于国内为什么发生通货膨胀或者物价稳定的问题。主要有三个方面原因：

---

① 　数据来源：国家统计局数据库 http：//www. stats. gov. cn/tjsj/；国家外汇管理局数据库 http：//www. safe. gov. cn/。

一是 2008 年金融危机导致全球性通货膨胀，进而输入到国内，导致人民币对内贬值。

2008 年世界性金融危机过后，很多国家的通货膨胀率都在上升，全球经济的一体化使得通货膨胀效应在不同国家之间传导开来，中国也未能有效避免。具体表现为消费品价格指数（CPI）持续上涨，由 2006 年的 1.467% 上升到 2011 年的 5.417%，这是导致人民币对内贬值的主要因素之一。与人民生活息息相关的各种物品价格（食品、原材料等）的上涨带动下游产品价格的上扬，最终导致全国 CPI 的增长。图 1-14 显示，金融危机期间我国食品烟酒类居民消费价格指数持续上涨，2008 年 2 月，高达 123.3；其后有所回落，在 2011 年重新高扬，直至 2012 年 5 月后回落。从 2009 年最低点与 2008 年和 2011 年最高点来看，食品类 CPI 的变化值为几十倍。物价指数的上升，实际也就说明人民币对内在贬值。

二是国际能源及全球大宗商品价格不断上涨抬高消费价格，造成人民币不值钱。

首先，在国际能源市场，受能源危机和中东动乱局势影响，近年石油价格持续走高，在我国逐步向工业化国家转变的过渡阶段，石油作为一种基础能源产品，它的价格上涨必然会带动生产成本的上升，推动国内物价水平的上涨。其次，金融危机时期，美国输入型通货膨胀使得国内美元货币购买力下跌，驱使大量流动资金从资本市场向全球大宗商品市场转移，使大宗商品价格受到美元持续贬值、欧洲国家低利率政策和投机资本流动的影响，一直呈现上升趋势。由于我国在国际商品市场上缺乏定价权，所以在某种程度上只能被动地接受国际通货膨胀，国内物价也随之上涨，人民币对内贬值。同时，国际市场上粮食价格大幅上涨，推动国内粮食价格上涨，以粮食为原料的其他农副产品的价格也不断上涨，且通货膨胀又在不同部门之间传递，水、电、煤等与人民生活

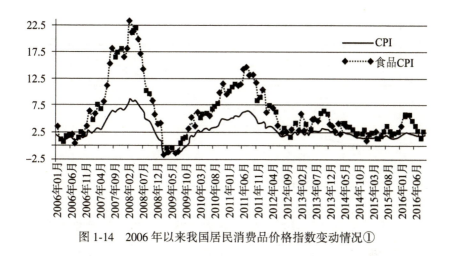

图 1-14　2006 年以来我国居民消费品价格指数变动情况①

息息相关的能源价格也纷纷上涨。

三是受到货币供需影响，人民币供应量过大造成对内贬值。

2008 年金融危机后，为了保持经济平稳增长，避免人民币汇率快速升值，央行采用宽松的货币政策和扩大基础货币发行量，吸纳货币市场上多余的外汇资金。一方面，大量信贷投放使得货币供应量一直保持较高速度增长，远高于实体经济增长速度，助推包括房地产价格在内的资产价格上扬，形成货币对内贬值压力；另一方面，国际收支持续双顺差导致我国外汇储备大增，外汇储备作为一种金融资产，与高通胀之间存在着正相关性，其增加必定继续扩大基础货币的投放，形成外汇占款，使得货币供应量过快增长，加剧通货膨胀压力（图 1-15）。

然而一些人士认为，人民币发行速度过快、增长过猛这个原因只是表象的。人民币对内贬值根本原因则在于经济发展的理念出现了问题。因为从 2005 年到 2013 年，特别是 2008 年以来，由于一味强调投资对经济的拉动作用，使固定资产投资对人民币的需求过猛，不仅造成人民

① 数据来源：国家统计局数据库 http：//www.stats.gov.cn/tjsj/。

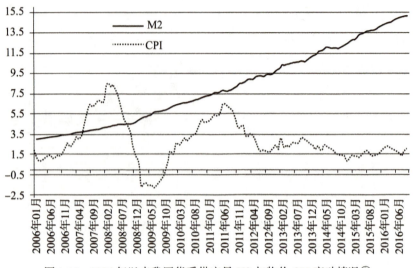

图 1-15　2006 年以来我国货币供应量 M2 与物价 CPI 变动情况①

币大量超发，也使得人民币与同一商品的比价出现了巨大变化，商品对应的人民币数量大增，从而出现价格过快上涨、人民币购买力大幅下降的对内贬值现象。相反，如果这一时期的经济发展理念是正确处理好投资与消费的关系，对固定资产投资有所控制，居民的消费需求有所提升，使消费对经济的拉动作用提高，那么人们对人民币的需求就会大大减少。因为，消费与投资相比，占用的人民币资金要少得多，而且消费市场越旺，人民币的周转次数就越高，对人民币的需求也越少，造成人民币贬值②。

　　总之，人民币对内贬值受到国内宏观经济发展、产品生产周期、居民消费习惯和结构变化、央行货币政策，以及国际价格变动等多种因素的影响，是一个国内国外联动的结果。而人民币对外升值主要体现在外

──────────

① 数据来源：国家统计局数据库 http：//www. stats. gov. cn/tjsj/。

② 谭浩俊：《如何看待人民币对内贬值对外升值?》，《北京青年报》2013 年11 月 5 日，第 2 版。

汇市场方面，也受国内宏观经济增长、汇率政策，以及国际投资环境的综合影响。货币的内外价值，既有联系也有区别，有些人把货币对内贬值和对外升值混为一谈。需要明确的是，反映国内购买力下降的对内贬值，这是货币的自我比较；而人民币对外升值、人民币对美元贬值是作为一个汇率概念，是不同货币间的相互比较。人们谈论人民币价值内外一致性，实际上反映出市场对人民币币值稳定的期望。货币内外价值一致，将随着国家经济开放程度的加深，内外经济紧密相连，以及外汇市场的成熟而逐步靠拢。

# 第二章　汇率制度的选择

汇率制度的选择问题，历来在国际上都争论激烈，选择何种汇率制度不单单是一个国家的问题，通常会通过政治、经济等因素传导给其他国家。因此，汇率制度的选择常常引起国际上的高度重视。从概念上说，汇率制度是关于一国货币与其他国家货币比价的决定基础、变动方式等一系列的制度规定。汇率制度的构成主要包括：确定合理的汇率水平的依据、汇率波动的界限、维持汇率水平所采取的措施、必要时对汇率水平做出调整的手段和途径。在汇率制度选择的问题上，杰弗里·弗兰克尔（Jeffrey A. Frankel, 1999）曾经指出，没有任何一种汇率制度是完美的，不存在任何的不足和风险，也没有任何一种制度适合所有国家和所有时期①。一种汇率制度的选择受到该国的宏观经济、国际环境等众多因素的影响。本章主要讨论一国政府选择某种汇率制度的依据是什么？人民币汇率制度又经历了怎样的改革历程？

## 第一节　国际上关于汇率制度的分类

汇率制度分类是研究汇率制度优劣性和汇率制度选择的基础，同

---

① Jeffrey A. Frankel. No single currency regime is right for all countries or at all time. NBER Working Paper, 1999（13）。

时，对汇率制度与宏观经济关系的考察，首要也在于对汇率制度如何分类。由于不同的分类可能会有不同的结论，从而导致汇率制度的选择成为宏观经济领域最具有争议性的问题。

## 一、传统的固定与浮动"两分法"

传统的汇率制度分类是两分法：固定汇率和浮动汇率（或弹性汇率），这也是最简单的汇率制度分类方法。这是由于在布雷顿森林体系早期，成员国很难找到一个与其国际收支均衡相一致的平价，以及伴随货币危机而来的对平价的重新调整，人们由此开始了对固定汇率和浮动汇率的持久争论。

### （一）固定汇率制度

固定汇率制度（fixed exchange rate system）是指以本位货币本身或法定含金量为确定汇率的基准，汇率比较稳定的一种汇率制度。在不同的货币制度下固定汇率制度的特点各不相同。例如，金本位制度下的固定汇率制度就是一种以美元为中心的钉住型的汇率制度，其特点为：

（1）黄金成为两国汇率决定的实在的物质基础；（2）汇率仅在铸币平价的上下各6‰左右波动，幅度很小；（3）汇率的稳定是自动而非依赖人为的措施来维持。

布雷顿森林体系下的固定汇率制度基本内容有两个：（1）实行"双挂钩"，即美元与黄金挂钩，其他各国货币与美元挂钩；（2）在"双挂钩"的基础上，《国际货币基金协定》规定，各国货币对美元的汇率一般只能在汇率平价±1%的范围内波动，各国必须同 IMF 合作，并采取适当的措施保证汇率的波动不超过该界限。由于这种汇率制度实行"双挂钩"，波幅很小，且可适当调整，因此该制度就是以美元为中心的固定汇率制，或可调整的钉住型汇率制度。其特点为：（1）汇率的决定基础是黄金平价，但货币的发行与黄金无关；（2）波动幅度小，但仍超过了黄金输送点所规定的上下限；（3）汇率不具备自动稳定机制，汇率的波动与波幅需要人为的政策来维持；（4）央行通过间接手段而非直接管制方式来稳定汇率；（5）只要有必要，汇率平价和汇率波动的界限可以改变，但变动幅度有限。

布雷顿森林体系下的固定汇率制度（可调整的钉住型汇率制度）在历史上所起作用巨大。总体上看，它在注重协调、监督各国的对外经济，特别是汇率政策以及国际收支的调节，避免出现类似1930年代的贬值"竞赛"，对战后各国经济增长与稳定等方面起了积极的作用。但另一方面，它也存在缺陷：（1）汇率变动因缺乏弹性，其对国际收支的调节力度相当有限；（2）引起破坏性投机；（3）美国不堪重负，"双挂钩"基础受到冲击。

### （二）浮动汇率制度

浮动汇率制度（floating exchange rate system）是指一国不规定本币与外币的黄金平价和汇率上下波动的界限，货币当局也不再承担维持汇率波动界限的义务，汇率随外汇市场供求关系变化而自由上下浮动的一种汇率制度。该制度在历史上早就存在过，但真正流行是1972年以美元为中心的固定汇率制崩溃之后。实行浮动汇率制度的国家大都是世界主要工业国，如美国、英国、德国、日本等。在实行浮动汇率制度后，各国原规定的货币法定含金量或与其他国家订立纸币的黄金平价，就不起任何作用了，因此，国家汇率体系趋向复杂化、市场化。

在浮动汇率制度下，各国不再规定汇率上下波动的幅度，央行也不再承担维持波动上下限的义务，各国汇率是根据外汇市场中的外汇供求状况，自行浮动和调整的结果。同时，一国国际收支状况所引起的外汇供求变化是影响汇率变化的主要因素。国际收支顺差的国家，外汇供给增加 → 外国货币价格下跌、外汇汇率下浮；国际收支逆差的国家，对外汇的需求增加 → 外国货币价格上涨、外汇汇率上浮。汇率上下波动是外汇市场的正常现象，一国货币汇率上浮则货币升值，反之则贬值。

一些国家认为，浮动汇率制是对固定汇率制的进步。随着全球国际货币制度的不断改革，国际货币基金组织签订的《牙买加协定》于 1978 年 4 月 1 日正式生效，承认各成员国实行所谓"有管理的浮动汇率制"。由于新的汇率协议使各国在汇率制度的选择上具有很强的自由度，所以现在各国实行的汇率制度多种多样，有单独浮动、钉住浮动、弹性浮动、联合浮动等。很多学者将这些浮动制均归为浮动汇率制度，以便与钉住类的固定汇率制区别开来。

## 二、IMF 对成员国汇率制度的分类

在布雷顿森林体系时代，国际货币基金组织（IMF）把汇率制度简单分为钉住和其他类；在布雷顿森林体系崩溃以后，IMF 则不断细化汇率分类制度。IMF 原来对各成员国汇率制度的分类，主要依据的是各成员国所公开宣称的汇率制度，但纯粹依赖各成员国所宣称的汇率制度的分类，具有事实做法和官方宣称经常不符的局限性。

### （一）八类汇率制度

IMF 在 1997 年和 1999 年分别对基于官方宣称的汇率制度分类方法进行了修正，其 1999 年的分类是：（1）无独立法定货币的汇率安排，主要有美元化和货币联盟；（2）货币局制度；（3）传统的钉住汇率制度；（4）有波幅的钉住汇率制度；（5）爬行钉住汇率制度；（6）有波幅的爬行钉住汇率制度；（7）管理浮动；（8）完全浮动。

这一分类方案的基础是汇率弹性的程度，以及各种正式的与非正式的对汇率变化路径的承诺。IMF 认为，不同汇率制度的划分还有助于评价汇率制度选择对于货币政策独立性程度的判断。该分类体系通过展示各成员国在不同货币政策框架下的汇率制度安排以及使用这两个分类标准，从而使得分类方案更具透明性，以此表明不同的汇率制度可以和同

一货币政策框架相容。

据此，IMF 对其分类做了较小调整，例如其 2009 年的分类是：（1）无独立法定货币的汇率安排，主要有美元化和货币联盟；（2）货币局安排；（3）其他传统的固定钉住安排；（4）水平带内钉住；（5）爬行钉住；（6）爬行带内浮动；（7）不事先公布干预方式的管理浮动制；（8）独立浮动。

IMF 对八类汇率制度的界定如下①：

（1）放弃独立法定货币的汇率制度（Exchange arrangements with no separate legal tender），即一国不发行自己的货币，而是使用他国货币作为本国唯一法定货币（如美元化）；或者一个货币联盟中各成员国使用共同的法定货币。采用这种汇率体制，意味着该国货币当局完全失去货币政策的自主权。

（2）货币局制度（Currency board arrangements），即货币当局做出明确的、法律上的承诺，以一固定汇率在本国（或地区）货币与指定外币间进行兑换，并且对货币发行当局确保其法定义务的履行施加限制。它通常要求国内的货币发行必须以一定（通常是百分之百）的该外国货币作为储备金，并且在货币运行中始终满足这一要求，此时货币当局已经没有传统的中央银行功能，货币发行取决于用作储备金的外币数量多少，而不是国内实际经济运行状况。

（3）其他传统的固定钉住汇率制度（Other conventional fixed peg arrangements），即将货币以一固定汇率钉住某一外国货币或一篮子货币，其汇率可以在±1%的狭窄区间内波动。货币当局要通过直接或间接干预方法来维持固定平价，在这种汇率制度下的货币政策比前两类要大，货币当局也可以调整汇率水平，尽管不是经常性的。

（4）水平波幅内的钉住汇率制度（Pegged exchange rates with hori-

---

① IMF：Classification of Exchange Rate Arrangements and Monetary Frameworks，http：//www. imf. org/external/np/mfd/er/index. asp。

zontal bands），它的货币币值波动幅度宽于±1%区间，它包括当今欧洲货币体系下汇率机制 ERM（Exchange Rate Mechanism）中的国家的汇率安排。

（5）爬行钉住制度（Crawling pegs），货币当局可以不时地对汇率进行小幅调整，或者参照已选定的多个指标进行小幅调整，调整的区间可以设定为通货水平波动后的比例，也可以是事先宣布的高于或低于通货水平波动的固定比例。

（6）爬行波幅汇率制度（Exchange rates within crawling bands），即一国货币汇率保持在围绕中心汇率宽于±1%区间内波动，该中心汇率会以固定的、事先宣布的值，或者参照多指标不时地进行调整。

（7）不事先宣布汇率轨迹的管理浮动汇率制度（Managed floating with no predetermined path for exchange rate），该国货币当局试图在外汇市场进行积极干预以影响汇率，但不事先承诺或宣布汇率轨迹或目标。

（8）独立浮动汇率制度（Independent floating），货币汇率由市场决定，货币当局偶尔进行外汇市场干预，以缓和汇率波动或者防止不适当的波动（Undue fluctuations），而不是设定汇率水平。

### （二）2012 年新分类

2012 年，IMF 对成员国的汇率制度分类重新进行修订，将上述（4）"水平波幅内的钉住"修改为"稳定安排"（Stabilized arrangements），将上述（6）"爬行波幅"修改为"类爬行安排"（Crawl-like arrangement）和"波幅带内钉住"（Pegged exchange rate within horizontal bands），同时增加了一个"其他的有管理安排"（Other managed arrangement），这样就有 10 类制度。IMF 关于汇率制度年度报告中对成员国事实上的汇率安排（De Facto Classification of Exchange Rate Arrangements）进行过具体统计，表 2-1 显示了近年的变化情况。

**表 2-1**

**IMF 对成员国事实上的汇率制度分类①**

| 汇率制度 | 1998 | 2000 | 2003 | 2004 | 2005 | 2006 | 2009 | 新的汇率制度 | 2012/4/30 | 2014/4/30 |
|---|---|---|---|---|---|---|---|---|---|---|
| 放弃独立法定货币 | 37 | 38 | 41 | 41 | 41 | 41 | 10 | 无独立法定货币(No separate legal tender) | 13 | 13 |
| 货币局 | 8 | 8 | 7 | 7 | 7 | 7 | 13 | 货币局(Currency board) | 12 | 12 |
| 其他传统的固定钉住 | 39 | 44 | 41 | 41 | 45 | 52 | 68 | 传统钉住(Conventional peg) | 43 | 44 |
| 水平波幅内的钉住 | 12 | 7 | 4 | 5 | 6 | 6 | 3 | 稳定安排(Stabilized arrangement) | 16 | 21 |
| 爬行钉住 | 6 | 5 | 5 | 6 | 5 | 5 | 8 | 爬行钉住(Crawling peg) | 3 | 2 |
| 爬行波幅 | 10 | 6 | 5 | 1 | 5 | 5 | 2 | 类爬行安排(Crawl-like arrangement) | 12 | 15 |
| | | | | | | | | 波幅带内钉住(Pegged exchange rate within horizontal bands) | 1 | 1 |
| | | | | | | | | 其他的有管理安排(Other managed arrangement) | 24 | 18 |
| 管理浮动 | 26 | 32 | 50 | 51 | 53 | 51 | 44 | 浮动(Floating) | 35 | 36 |
| 独立浮动 | 47 | 46 | 34 | 35 | 30 | 25 | 40 | 自由浮动(Free floating) | 31 | 29 |
| 总计 | 185 | 186 | 187 | 187 | 187 | 187 | 188 | | 190 | 191 |

① 资料来源：根据 IMF 汇率制度年度报告（The Annual Report on Exchange Arrangements and Exchange Restrictions, AREAER）整理。

IMF 将以上汇率制度分为四大类：硬钉住（Hard pegs）、软钉住（Soft pegs）、浮动制（Floating regimes）和其他类（Residual）。表 2-2 对各类进行了汇总。

表 2-2 **IMF 对成员国汇率制度的分类**

| 种类 | 类型 |
| --- | --- |
| 硬钉住（Hard pegs） | 无独立法定货币 No separate legal tender<br>货币局 Currency board |
| 软钉住（Soft pegs） | 传统钉住 Conventional peg<br>稳定安排 Stabilized arrangement<br>爬行钉住 Crawling peg<br>类爬行安排 Crawl-like arrangement<br>波幅带内钉住 Pegged exchange rate within horizontal bands |
| 浮动制（Floating regimes） | 浮动 Floating<br>自由浮动 Free floating |
| 其他类（Residual） | 其他的有管理安排（Other managed arrangement） |

### 三、国际学术界对汇率制度的分类

学术界对汇率制度分类有多种，主要用于研究一国汇率制度演变之用，可作为评判一国是否操纵汇率的一个参考依据。

#### （一）Frankel 的三分法

杰弗里·弗兰克尔（Jeffrey A. Frankel，1999）认为，汇率制度是一个连续统一体，由最具刚性的到最具弹性的汇率安排依次是：货币联盟（包括美元化）、货币局、"真实固定"的汇率、可调整的钉住、爬行钉住、一篮子钉住、目标区或目标带、管理浮动和自由浮动①。随后，Frankel（2003）又对汇率制度分类作了调整和细化，按照通常"三分法"，由最具弹性的到最具刚性的汇率安排依次是：（1）浮动，包括自由浮动和管理浮动两类；（2）中间制度，包括目标区或目标带（细分为 Bergsten-Williamson 目标区和 Krugmen-ERM 目标区两种）、爬行钉住（细分为指数化的钉住和预先声明的爬行）、一篮子钉住和可调整的钉住四类；（3）严格固定，包括货币局、美元化（或欧元化）和货币联盟三类②。

Frankel 认为，中间制度和浮动的分界线在于中央银行的外汇干预是否有一个明确的目标。中央银行虽然偶尔干预外汇市场，但并没有声明任何目标的国家应当归类为浮动。严格固定和中间制度的分界线在于对固定汇率是否有一个制度性承诺；若有的话，就是严格固定。但是，Frankel 的分类只是对 IMF 分类的一种修正和理论描述，并没有自己分类的详细标准，更没有据此对各国的汇率制度进行具体分类。按照Frankel 的看法，"中间汇率制度消失论"（或"中空论"）和世界上的货币会越来越少的观点是完全站不住脚的。Frankel 认为，世界"货币池"类似于马尔可夫静态平衡过程，独立的货币总是会被创造、消失或在汇率制度之间转换，但池子里的货币大体保持稳定③。

## （二）Levy-Yeyati 和 Sturzenegger 的分类（LY-S 分类）

Levy-Yeyafi 和 Sturzenegger（2003）的分类是基于事实上的分类，它与 IMF 早期基于各国所公开宣称的法定上的分类不同。三个分类变

① Jeffrey A. Frankel. No single currency regime is right for all countries or at all time. NBER Working Paper, 1999（7338）.

② Jeffrey A. Frankel. Experiences of and lessons from exchange rate regimes in emerging economics. NBER Working Paper, 2003（10032）.

③ 胡列曲：《汇率制度分类述评》，《当代财经》2007 年第 11 期，第 123～128 页。

量是：（1）名义汇率的变动率；（2）汇率变化的变动率；（3）国际储备的变动率。分类的依据是：在固定汇率制下，国际储备应该有较大变化，以减少名义汇率的变动性；而弹性汇率制则以名义汇率的持续变动和相对稳定的国际储备为特征。因此，这三个变量的组合足以决定各个国家的汇率制度归属。LY-S 分类使用聚类分析方法，计算了 1974—2000 年向 IMF 报告的所有 183 个国家的数据，因此避免了研究者选取分类变量时的随意性。LY-S 分类有两个：一个是四分法，即浮动、肮脏浮动、爬行钉住和钉住；另一个是三分法，即浮动汇率、中间汇率和硬钉住。

LY-S 分类研究发现了三个事实：

一是在布雷顿森林体系崩溃后的 20 年间，固定汇率制的数量确实在下降；但在 20 世纪 90 年代，相比较 IMF 的分类而言，固定汇率制却相对稳定。LY-S 把这一现象称为"隐蔽钉住"（Jidden pegs）或"害怕钉住"。在 LY-S 的研究中，公开报告中采取中间汇率制度或弹性汇率制度而实际上采取钉住汇率制度的国家比例，已从 20 世纪 80 年代的 15% 上升至 90 年代的 40%。但"害怕浮动"和"隐蔽钉住"是不同的，前者是指想要浮动，但为了通货膨胀目标制和金融稳定性而将浮动限制在一定范围内；后者是指想要钉住，但为了使投机性冲击的成本更高而允许一定程度的汇率波动。许多使用汇率作为名义锚的国家，特别是小型开放经济体，为了避免投机性冲击所带来的汇率制度的脆弱性，倾向于回避对汇率水平的公开承诺。

二是传统的或爬行的钉住等中间汇率变得越来越少，从而证实了"中空论"或"两极论"的存在。但是，"中空论"对于非新兴市场非工业化国家而言是不成立的。

三是"事实"上的浮动，其汇率的变化率很小。那些宣称浮动的国家，为了稳定汇率而经常性地使用很多的干预措施，从而证实了"害怕浮动"的存在，而且"害怕浮动"早在 20 世纪 70 年代初期就已是普遍现象。

研究还发现，工业化国家更倾向于使用浮动汇率制，而非工业化国家更倾向于使用中间和固定汇率制，并且总的来说支持了"两极论"的观点。

### （三）Reinhart 和 Rogoff 的分类（RR 分类）

无论是基于法定的汇率制度分类还是基于事实的汇率制度分类，其都是仅仅依赖于官方汇率的分类。Reinhart 和 Rogoff（2004）使用了1946—2001 年 153 个国家由市场决定的平行汇率的月度数据（以五年为计算期限），对汇率制度进行了分类①。RR 分类把这种分类命名为自然分类，把汇率制度划分为 14 种类型（如果把超级浮动作为一种独立的类别，则有 15 种），同时把这 14 种类型再归纳为五大类，这样就可与 IMF 的分类作比较。

### （四）Dubas、Lee 和 Mark 的分类（DLM 分类）

DLM 分类是基于有效汇率的事实上的分类。Dubas、Lee 和 Mark（2005）将有效汇率的变动率作为分类的决定因素，不同于以往文献强调相对于锚定货币的双边汇率变化。他们提出了三个理由：（1）一些保持硬钉住的国家，其有效汇率比双边汇率更不稳定，例如阿根廷；（2）那些与锚定货币国双边贸易额较小的国家，双边货币汇率的变动是无关紧要的；（3）在各国中央银行日益分散它们的主要以美元标价的储备资产时（例如韩国），评价汇率稳定性的多边方法是有用的②。

DLM 分类按逐渐增强的汇率稳定性将汇率制度分为六种：独立浮动、管理浮动、按照既定指标的调整、合作安排、有限弹性、货币钉

---

① Reinhart Carmen M. , Kenneth S. Rogoff. The modern history of exchange rate arrangements: a reinterpretation. Quarterly Journal of Economics, 2004 (119): 1- 48.

② Dubas Justin M. , Byung- Joo Lee, Nelson C. Mark. Effective exchange rate classifications and growth. NBER Working Paper, 2005 (11272).

住。如果按照通常的三分法，第一和第二种属于浮动汇率，第三和第四种属于中间汇率，第五和第六种则属于固定汇率。按照这一分类，不同组别的分类结果显示：非工业化国家采用的汇率制度中，比率较高的是有限弹性和合作安排；而工业化国家则是合作安排和有限弹性；没有发生危机的汇率制度中，有限弹性和合作安排的比率较高；而在独立浮动和管理浮动下，危机发生的比率较高①。

（五）Courdert 和 Dubert 的分类（CD 分类）

Courdert 和 Dubert（2003）的分类发展了事实分类方法，提出了区分事实汇率制度的统计方法，并将汇率制度分为浮动、管理浮动、爬行钉住和钉住四种类型。如果按照三分法，中间汇率制度包括管理浮动和爬行钉住②。

（六）Ghosh、Guide、Ostry 和 Wolf 的分类（GGOW 分类）

Ghosh 等人（1997，2002）认为，事实分类和法定分类各有优缺点，他们采用基于 IMF 各成员国中央银行所公开宣称的法定分类，将其分为两类：一种是三分法，即钉住汇率制、中间汇率制和浮动汇率制；另一种是更加细致的九分法，即钉住汇率制包括钉住单一货币、钉住 SDR、其他公开的一篮子钉住和秘密的一篮子钉住，中间汇率制包括货币合作体系、无分类的浮动和预定范围内的浮动，浮动汇率制包括无预定范围内的浮动和纯粹浮动。

此外，国际学术界对汇率制度进行了多种分类，表 2-3 归纳了学者们的主要分类结果。

---

① 胡列曲：《汇率制度分类述评》，《当代财经》2007 年第 11 期，第 123~128 页。

② Coudert Virginie, Marc Dubert. Does exchange rate regime explain differences in economic results for Asian countries? CEPII Working Paper, 2003（5）.

表 2-3 不同学者对事实上汇率制度分类①

| 研究者 | 时间 | 汇率制度类别 |
|---|---|---|
| Frankel | 2003 | 三类 9 种：浮动类（自由浮动，管理浮动），中间制度类（目标区/目标带，爬行钉住，一篮子钉住，可调整的钉住），严格固定类（货币局，美元化，货币联盟） |
| Levy-Yeyati 和 Sturzenegger | 2003，2005 | 三类 4/5 种：固定类（固定汇率），中间类（爬行钉住，肮脏浮动），浮动类（浮动），其他 |
| Reinhart 和 Rogoff | 2004 | 五类 14 种：钉住类（没有独立法定的通货，事先宣布的钉住或货币局安排，事先宣布的幅度小于或等于±2%的水平带，事实上的钉住），有限弹性类（事先宣布的爬行钉住，事先宣布的幅度小于或等于±2%爬行带，事实上的爬行钉住，事实上的幅度小于或等于±2%爬行带，事先宣布的幅度大于或等于±2%的爬行带），有管理的浮动类（事实上的幅度小于或等于±5%的爬行带，幅度小于或等于±2%的非爬行带，管理浮动），自由浮动类（自由浮动），自由落体（包括超级浮动） |
| Dubas 等人 | 2005 | 6 种：货币钉住，有限弹性，合作安排，按照既定指标的调整，管理浮动，独立浮动 |
| Courdert 和 Dubert | 2003 | 4 种：浮动，管理浮动，爬行钉住，钉住 |
| Kuttner 和 Posen | 2001 | 4 种：货币局，硬钉住，目标区/爬行，浮动 |
| Ghosh 等人 | 1997，2002 | 10 种：货币联盟，美元化，货币局，钉住单一货币，钉住篮子，合作性制度，爬行钉住，目标区和目标带，管理浮动，浮动 |

---

① 资料来源：根据陈三毛（2007）、胡列曲（2007）、黄薇和任若恩（2010）等文献整理。

续表

| 研究者 | 时间 | 汇率制度类别 |
|---|---|---|
| Nitithanprapas 和 Willet | 2002 | 5种：硬固定，窄幅粘性钉住，爬行带/钉住，高度管理的浮动，轻微管理的浮动 |
| Bubula 和 Ötker-Robe | 2002 | 13种：以另一国货币作为法定通货，货币联盟，货币局，传统的钉住单一货币，传统的钉住篮子货币，在水平带内钉住，前向的爬行钉住，前行的爬行带，后向的爬行钉住，后向的爬行带，严格管理的浮动，不事先宣布的其他管理浮动，独立浮动 |

　　总之，汇率制度分类是一个棘手的问题，目前还没有形成一个被广泛接受的客观性标准和分类方法。大体上汇率制度分类为两大类：一类是依据一国中央银行公开宣称的汇率制度得到的法定汇率制度分类；另一种则是建立在反映一国实际行使的汇率制度愿望上的事实汇率制度分类。未来的发展方向是，各种分类方法既需要取长补短，又取决于汇率决定理论的进一步发展。

## 第二节　各国选择汇率制度的依据

　　随着经济全球化的深化，对外开放成为发展经济的现实选择和重要手段，汇率制度和管理变得更为重要。适合本国国情的汇率制度有助于经济发展，反之，不当的汇率制度往往使发展受阻甚至中断。而且，汇率制度选择还反映了一国经济发展和对外开放模式。但是，正如一些经济学者指出的："没有任何汇率制度适合于所有国家，也没有任何汇率制度适合于所有时期，没有任何最好的汇率制度。"① 一国或地区选择何种汇率制度，既有历史原因，也有现实经济社会各方面原因；既有国内宏观经济基本面原因，也有国际经济环境原因。国际社会将其称为经济论、依附论，以及政治论。

## 一、三类理论观点

经济论认为，一个国家如何选择汇率制度主要取决于经济方面的因素，包括经济规模、经济开放程度、相对通货膨胀率、进出口商品结构和地域分布、国内金融市场发达程度及其与国际金融市场一体化程度等。

依附论认为，一国国家的汇率制度选择的核心问题是采取哪种货币作为钉住货币，它取决于其对外经济、政治关系的集中程度，换句话说，取决于其对外政治、经济以及军事依附程度。在政治、经济和军事上比较依附美国的国家应该选择美元作为钉住货币，而与法国有比较密切关系的国家则应该选择法郎作为钉住货币。如果同时与几个发达国家的关系都比较密切，则应该选择一揽子货币作为其钉住的货币锚②。

政治论认为，一国选择汇率制度主要考虑国内外政治因素。国外政治因素主要指国际货币体系的影响，由于布雷顿森林体系瓦解后各国可自由选择不同的汇率制度，因此从国际政治角度难以解释不同国家的选择行为；政治论主要考虑国内政治因素对汇率选择的影响，这些政治因素包括：利益集团、政治党派、民主制度、选举制度和政治不稳定性

---

① 黄先禄：《汇率理论发展与实践研究》，北京：人民出版社 2011 年版，第 197~203 页。丁志杰：《中等收入国家如何选择汇率制度？》，2016-06-11，和讯网 http：//news. hexun. com/2016-06-11/184329803. html。唐建华：《汇率制度选择：理论争论、发展趋势及其经济绩效比较》，《金融研究》2003 年第 3 期，第 71~79 页。

② 蒋锋：《汇率制度的选择》，《金融研究》2001 年第 5 期，第 49~56 页。

等。具体影响主要表现在①：

（1）利益集团作为一国政治制度的基本要素，对汇率制度选择的影响基于利益集团的不同利益诉求。利益集团是根据该利益集团业务所涉及的国际或国内经济活动的程度而言的，国际贸易商与投资者和出口竞争商品生产商这两大利益集团由于大部分的经济活动是面向国际市场的，汇率的变动会给投资和贸易活动带来很大的风险，因此，他们更关心汇率的稳定性，在固定和浮动汇率制度之间表现为对固定汇率制度的偏好。与之相反，非贸易类产品和服务的生产商和进口竞争商品生产商这两大利益集团则更关注国内宏观经济条件，因而更加偏好国家政策制定的自主权，而这种自主权在浮动汇率制度下才能实现。

（2）利益集团对政府政策影响程度的大小，主要取决于一国的决策模式，而决策模式则主要取决于一国的民主化程度。民主化程度不仅界定了该国政治制度的性质，而且从总体上影响了汇率制度的基本取向。一般地，民主国家更多地采用浮动汇率制度，以便利用货币政策调节国内经济，相机抉择以满足政治经济需要。

（3）在不同的民主国家，政党制度与选举方式是不同的。政党制度与选举方式紧密结合，构成了一国政治制度的主体，对一国汇率制度的选择具有十分重要的意义。目前学界没有一个明确的统一意见认为选举制度和汇率制度的选择存在明确的关系。一部分观点认为，在多数代表制选举制度下，政策制定者在国内货币政策的实施上不愿冒被"捆住手脚"的风险，因此倾向于选择浮动汇率制。而在比例代表制下，政策制定者不需要过多依赖货币政策这一工具，因而选择何种汇率制度取决于各政党的讨价还价结果，通常是愿意以放弃对货币政策的自主权为代价实行固定汇率制度。也有一些观点认为，与多数代表制相比，比

① 邝梅、王杭：《影响汇率制度选择的政治因素》，《国际金融研究》2007年第10期，第26~33页。
刘晓辉：《汇率制度选择的新政治经济学研究综述》，《世界经济》2013年第2期，第137~160页。

例代表制下的政策制定者更倾向于选择浮动汇率制度。

（4）政局不稳定性可能对汇率制度选择有一定影响。这些不稳定性是包括罢工、暴动、暴力事件和种族分裂的程度等，以及政府频繁变更。一般认为，政局越不稳定，当局越倾向于采用硬钉住汇率制度，以此来提高政府政策的公信力。

## 二、选择汇率制度的重要依据

就现代社会主流看法，经济因素是一国选择汇率制度的重要因素。这些经济因素包括：经济规模的大小、经济和金融的发展程度、外贸依存度、利率市场化程度、通货膨胀率协调能力、国内货币供应量大小、政府的汇率政策偏好等。为简便分析，下面将汇率制度归为两大类，即固定和浮动汇率制，分别说明几个重要经济因素与汇率制度选择的关系。

### （一）经济规模的大小

一般来说，一国经济规模越大，越倾向于采用浮动汇率制；反之，经济规模越小，越倾向于采用固定汇率制。这是因为大国经济较为独立，可以在"不可能三角"（货币政策独立性、资本流动和汇率稳定性三个目标不可同时实现）中选择固定汇率目标，以保证资本流动和货币独立。而经济规模小的国家，一方面经济结构较为单一，无论消费品还是投资品，均需要依靠进口，进口需求的价格弹性较小，出口多为初级产品，供给的价格弹性也较小，换句话说，进出口要求价格稳定（汇率相对稳定）；另一方面，由于经济规模小，其保护内外部平衡的能力和抗冲击能力较弱，一旦汇率浮动将导致国内外经济容易出现问题。

表2-4显示世界前20位经济体中，除中国、俄罗斯、瑞士和沙特外基本上都是选择浮动汇率制度，汇率制度与经济规模大小有较强的相关关系。

表 2-4　　　　　　世界经济规模前 20 位国家的汇率制度①

| 排名 | 国家或地区 | GDP<br>(亿美元) | 外贸量<br>(亿美元) | 外贸依存<br>度（%） | 汇率制度安排 |
|------|-----------|----------------|--------------------|---------------------|--------------|
| 1 | 美国 | 179469.96 | 38128.59 | 21.2 | Free floating |
| **2** | **中国** | **108664.44** | **39569** | **36.4** | **Crawl-like management** |
| 3 | 日本 | 41232.57 | 12734.32 | 30.9 | Free floating |
| 4 | 德国 | 33557.72 | 23794.93 | 70.9 | Free floating |
| 5 | 英国 | 28487.55 | 10862.51 | 38.1 | Free floating |
| 6 | 法国 | 24216.82 | 10785.58 | 44.5 | Free floating |
| 7 | 印度 | 20735.42 | 6591.23 | 31.8 | Floating |
| 8 | 意大利 | 18147.62 | 8679.98 | 47.8 | Free floating |
| 9 | 巴西 | 17747.24 | 3699.32 | 20.8 | Floating |
| 10 | 加拿大 | 15505.36 | 8448.46 | 54.5 | Free floating |
| 11 | 韩国 | 13778.73 | 9632.54 | 69.0 | Floating |
| 12 | 澳大利亚 | 13395.39 | 3968.64 | 29.6 | Free floating |
| **13** | **俄罗斯** | **13260.15** | **5344.36** | **40.3** | **Other managed arrangement** |
| 14 | 西班牙 | 11990.57 | 5911.26 | 49.3 | Free floating |
| 15 | 墨西哥 | 11443.31 | 7860.52 | 68.7 | Free floating |
| 16 | 印度尼西亚 | 8619.33 | 2929.76 | 33.9 | Floating |
| 17 | 荷兰 | 7525.47 | 10730.22 | 142.59 | Free floating |
| 18 | 土耳其 | 7182.21 | 3510.81 | 48.9 | Floating |
| **19** | **瑞士** | **6647.37** | **5417.46** | **81.5** | **Crawl-like management** |
| **20** | **沙特阿拉伯** | **6460.01** | **3739.89** | **57.9** | **Conventional peg** |

———————

① 资料来源：2015 年 GDP 和外贸量（进口+出口）数据来自世界银行数据库（http://data.worldbank.org/）。汇率制度安排分类及国别情况来自 IMF 汇率制度 2014 年度报告（The Annual Report on Exchange Arrangements and Exchange Restrictions）。

## （二）经济和金融的发展程度

一般认为，一国或地区的经济和金融发展程度较高，有能力抵御外部冲击，就倾向于选择浮动汇率制度；而一些经济和金融发展程度较低的国家和地区，倾向于选择固定汇率制度。纵观近年世界上经济发展水平高的国家，特别是已经完成工业化的国家，因为其金融发展程度高，金融机构和金融制度较为完善，较少实行资本管制，因此会倾向于选择浮动汇率制度，以保持国内货币政策的独立性；对于高收入国家中的某些靠石油资源致富或经济规模小的国家，根据前面的分析，则会倾向于实行固定汇率制度。

表 2-5 列举了 2015 年世界经济发展程度较高前 20 位的国家和地区中，除瑞士、中国澳门和中国香港、新加坡、卡塔尔、丹麦外，大部分选择浮动汇率制度。

表 2-5　　　　世界经济发展程度较高前 20 位的汇率制度①

| 排名 | 国家或地区 | 人均 GDP（美元） | 汇率制度安排 |
|---|---|---|---|
| 1 | 卢森堡 | 101450.0 | Free floating |
| **2** | **瑞士** | **80214.7** | **Crawl-like management** |
| **3** | **中国澳门特别行政区** | **78585.9** | **Crawl-like management** |
| 4 | 挪威 | 74734.6 | Free floating |
| **5** | **卡塔尔** | **74667.2** | **Conventional peg** |
| 6 | 澳大利亚 | 56327.7 | Free floating |
| 7 | 美国 | 55836.8 | Free floating |

① 资料来源：2015 年人均 GDP 数据来自世界银行数据库（http://data.worldbank.org/），汇率制度安排分类及国别/地区情况来自 IMF 汇率制度 2014 年度报告（The Annual Report on Exchange Arrangements and Exchange Restrictions）。

| 排名 | 国家或地区 | 人均 GDP（美元） | 汇率制度安排 |
|---|---|---|---|
| **8** | **新加坡** | **52888.7** | **Stabilized arrangement** |
| **9** | **丹麦** | **52002.2** | **Conventional peg** |
| 10 | 爱尔兰 | 51289.7 | Floating |
| 11 | 瑞典 | 50272.9 | Free floating |
| 12 | 冰岛 | 50173.3 | Floating |
| 13 | 荷兰 | 44433.4 | Free floating |
| 14 | 英国 | 43734.0 | Free floating |
| 15 | 奥地利 | 43438.9 | Free floating |
| 16 | 加拿大 | 43248.5 | Free floating |
| **17** | **中国香港特别行政区** | **42422.9** | **Crawl-like management** |
| 18 | 芬兰 | 41920.8 | Free floating |
| 19 | 德国 | 41219.0 | Free floating |
| 20 | 阿拉伯联合酋长国 | 40438.4 | Floating |

## （三）经济开放度

一些经济学者认为，在生产要素可以自由流动的区域内，实行固定汇率制度是可行的；如果一个区域范围很大，生产要素不能自由流动，经济发展不平衡，就不宜采用固定汇率制度。因为在这种情况下，需要以货币币值的变动去促使生产要素的流动、发展经济和解决就业问题，所以浮动汇率制度更合适①。从目前的统计情况看，世界上选择自由浮动制度（Free floating）的国家和地区，其经济开放度（以外贸依存度

---

① 沈国兵：《汇率制度的选择：文献综述及一个假说》，《世界经济文汇》2002 年第 3 期，第 63~80 页。

衡量）较低，平均为 27.6%，低于全球 40.0% 的平均水平；选择固定
汇率制度的国家经济开放度为 51%，如果剔除中国，则经济开放度上
升到 63%①。

　　一国经济开放度较高，汇率变化对国内经济的影响也就越大，如果
其经济规模较小，抵御冲击的能力较弱，为了防止由汇率变动对经济带
来的冲击，简单而又有效的办法就是采用固定汇率。例如中国的香港特
别行政区，其经济开放度仅次于新加坡，居全球第二位，就采取钉住美
元的固定汇率制度。经济开放度低的国家和地区，如果其经济规模较
大，抵御外来经济冲击的能力较强，会倾向于选择浮动汇率制度。选择
浮动汇率制度的经济大国中，美、日、澳等其开放度均不太高，而德
国、韩国、荷兰等国的开放度则较高。

## （四）地区因素（地缘经济）

　　一个国家选择怎样的汇率制度还可能会受到其他国家的影响，这种
影响就像"羊群效应"，当一个相邻的国家实行固定的汇率制度时，其
相邻的国家会受其影响，从而倾向于实行固定的汇率政策。

　　从理论上解释，同处一地区的国家由于自然条件相当，使得经济发
展水平相当，经济结构可能类似，进出口贸易的商品结构与地域分布比
较相似，使得两国间的贸易频繁，这样促使两国的货币流动增大。如一
国实行浮动的汇率制度那么与它相邻的国家就必然倾向于实行浮动的汇
率制度。因为如果该国实行固定的汇率制度，会造成该国外汇储备增
加，将大量的资源投入到邻国，致使本国经济发展受限，因而选择汇率
制度也大致相同。

　　从实践看，世界各大洲实行的汇率制度相对集中。例如西欧国家普
遍实行自由浮动汇率制度，比例高达 87.5%；亚洲实行自由浮动汇率

---

　　① 朱耀春：《汇率制度的国际比较研究及影响因素分析》，《国际金融研究》
2003 年第 10 期，第 36~39 页。

制度的国家只占 18.2%，实行管理浮动汇率制度的国家的比例高达 67%；东欧多数国家实行管理浮动汇率制度。

# 第三节　主要经济体选择的汇率制度

一国或地区选择何种汇率制度，需要综合考虑各种经济、政治、历史，以及国际环境因素，并且在不同时期进行调整转换。

## 一、IMF 成员国的汇率制度

国际货币基金组织（IMF）的汇率制度年度报告对近年其成员国汇率制度选择和转换情况进行了统计。总体看，选择软钉住和浮动汇率制度的成员国占较大比例。

表 2-6　　　　IMF 成员国近年汇率安排变动情况① （单位:%）

| 汇率安排 | 2008 | 2009 | 2010 | 2011 | 2012 | 2013 | 2014 |
|---|---|---|---|---|---|---|---|
| **硬钉住（Hard peg）** | **12.2** | **12.2** | **13.2** | **13.2** | **13.2** | **13.1** | **13.1** |
| 无独立法定货币（No separate legal tender） | 5.3 | 5.3 | 6.3 | 6.8 | 6.8 | 6.8 | 6.8 |
| 货币局（Currency board） | 6.9 | 6.9 | 6.9 | 6.3 | 6.3 | 6.3 | 6.3 |
| **软钉住（Soft peg）** | **39.9** | **34.6** | **39.7** | **43.2** | **39.5** | **42.9** | **43.5** |
| 传统钉住（Conventional peg） | 22.3 | 22.3 | 23.3 | 22.6 | 22.6 | 23.6 | 23.0 |
| 稳定安排（Stabilized arrangement） | 12.8 | 6.9 | 12.7 | 12.1 | 8.4 | 9.9 | 11.0 |

---

① 资料来源：2014 年 IMF 汇率制度年度报告（The Annual Report on Exchange Arrangements and Exchange Restrictions，AREAER）。

续表

| 汇率安排 | 2008 | 2009 | 2010 | 2011 | 2012 | 2013 | 2014 |
|---|---|---|---|---|---|---|---|
| 爬行钉住（Crawling peg） | 2.7 | 2.7 | 1.6 | 1.6 | 1.6 | 1.0 | 1.0 |
| 类爬行安排（Crawl-like arrangement） | 1.1 | 0.5 | 1.1 | 6.3 | 6.3 | 7.9 | 7.9 |
| 波幅带内钉住（Pegged exchange rate within horizontal bands） | 1.1 | 2.1 | 1.1 | 0.5 | 0.5 | 0.5 | 0.5 |
| **浮动（Floating）** | **39.9** | **42.0** | **36.0** | **34.7** | **34.7** | **34.0** | **34.0** |
| 浮动（Floating） | 20.2 | 24.5 | 20.1 | 18.9 | 18.4 | 18.3 | 18.8 |
| 自由浮动（Free floating） | 19.7 | 17.6 | 15.9 | 15.8 | 16.3 | 15.7 | 15.2 |
| **其他（Residual）** | | | | | | | |
| 其他的有管理安排（Other managed arrangement） | 8.0 | 11.2 | 11.1 | 8.9 | 12.6 | 9.9 | 9.4 |
| 成员国数量（个） | 188 | 188 | 189 | 190 | 190 | 191 | 191 |

## 二、新加坡和日本的汇率制度

前面已经介绍了世界主要经济体（经济规模和经济发展程度前20位）所选择的汇率制度，多是浮动汇率制度。下面介绍亚洲两个国家——新加坡和日本的汇率选择，从中可以理解各种经济要素对当局选择汇率制度的影响。

### （一）新加坡的浮动汇率制度

新加坡自然资源并不丰富，经济以电子、石油化工、金融、航运、服务业为主，高度依赖美、日、欧盟和周边市场。新加坡是目前继纽约、伦敦和东京之后国际上第四大外汇市场交易中心。新加坡是一个高度开放的国家，贸易依赖程度相当高，对于新加坡这样的小型开放国家而言，稳健的汇率体系是国家经济运行的重要保障，汇率的波动将会影响整个国家的贸易、经济等各个方面。因此，维护新元的动态稳定是新加坡当局的主要职责。

　　新加坡当局经历了艰难的探索过程，从本国国情出发，总结出了适合本国经济发展的新元汇率制度。新加坡在 1972 年以前实行英镑本位制，通过英镑与美元间接挂钩；1972 年 6 月英镑被迫浮动，新加坡元与美元直接挂钩；1973 年 2 月 12 日美元再次贬值后，美元大量进入新加坡的资本市场，新加坡政府被迫放弃了固定汇率制度，在之后的 6 月份宣布放弃钉住美元，实行浮动汇率制度。从 1981 年开始，新加坡宣布采用"管理浮动汇率制度"，并使用至今。IMF 将它的汇率制度归为软钉住一类，称为"稳定安排"（Stabilized arrangement）汇率制。

　　40 多年来的实践证明，新加坡政府选择"管理浮动汇率制度"是适合本国经济发展的，不仅新元汇率稳中有升，波动性较小，新加坡金管局在汇率制度的调整与管理上具有较大的灵活性，对汇率的管理采取"相机干预"的政策，使得新元汇率基本趋于平稳并富有弹性，而且使得国家经济平稳快速发展。

　　一是汇率制度经受住 1997 年亚洲金融危机考验，保证了其经济平稳快速发展。1997 年东南亚金融危机，许多东南亚国家都卷入其中。例如泰国，由于实施的是钉住美元的固定汇率制度而受到国际游资与投机的攻击，导致被迫放弃固定汇率制度；而泰铢的大幅度贬值给该国经济发展与金融市场造成了不可估量的损失。这些东南亚国家中只有新加坡实施的是管理浮动汇率制度，并且将这种制度真正发挥出来，才降低了国际游资和投机对其的攻击，成功地规避了这场金融危机。1997—2000 年，大多数亚洲国家和地区进入经济衰退期，并持续较长的恢复期；但新加坡的经济增长总体上是平缓上升的态势（图 2-1）。

　　二是保持国内物价稳定，通货膨胀率水平较低。新加坡汇率制度的

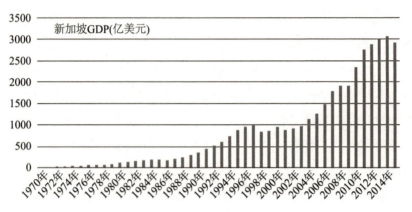

图 2-1　新加坡 1970—2015 年 GDP 变化情况①

最终目标就是要保持国内物价水平的平稳和较低的通货膨胀。新加坡当局根据国际物价水平及国内的通胀预期，设定 3% 的通胀率为本国合理通货膨胀率的上限。自 1981 年以来，新加坡通胀率大幅下降，年度波动保持在 4% 以内，除个别年份以外，物价的波动实际上控制在 2% 以内。

亚洲金融危机后，泰国等受到重创的亚洲国家都在检讨自己国家的汇率制度安排，纷纷向新加坡学习，调整自己国家的汇率制度。

### （二）日本的汇率制度

20 世纪 70 年代以前，日本采用固定汇率制度，同时实行严格的资本项目管制和金融市场保护制度。70 年代以后，受国际经济动荡、日美贸易摩擦和日本自身政策选择的影响，日元汇率骤升骤降，汇率制度多次变化。1971—1980 年，日本对外债、存贷款等多个项目放开管制，从固定汇率制度转变为有资本项目管理的浮动汇率制度。1980 年 12 月，日本新《外汇法》颁布，实现经常项目基本可兑换、资本项目可兑

---

① 数据来源：世界银行网站 http://data.worldbank.org.cn/indicator/FP.CPI.TOTL.ZG？locations＝SG。

换，逐步放松资本管制，从此采用了资本项目自由化的浮动汇率制度。

自 20 世纪 80 年代以来，日本选择自由浮动汇率制度，先后与紧缩的货币政策和扩张的货币政策配合，试图促进经济发展和金融市场稳定。然而，该政策并没有如日本政府所愿达到良好的社会效果，反而造成了经济泡沫和长期的大萧条。特别是 1985 年 9 月 22 日《广场协议》签订，导致日元经历了长达 10 年升值之路。日元长期升值一方面使日本长期的经常项目与资本项目下的顺差导致日本产业空心化，另一方面导致日本泡沫化速度加快。90 年代，面对国内和国际经济不景气现状，浮动汇率制度下的日本一直采取日元贬值政策，以图达到促进出口、减少进口、刺激经济发展的作用。然而，日元大幅贬值没有达到预期效果，却导致日元逐步丧失国际货币的信誉和地位，削弱企业和国家竞争力，经济金融发展震荡起伏，经济增速长期下滑（图 2-2）。

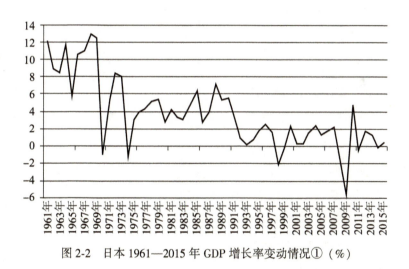

图 2-2　日本 1961—2015 年 GDP 增长率变动情况①（%）

1997 年亚洲金融危机爆发，东亚各国开始关注在国际货币格局中

---

① 数据来源：世界银行数据库 http：//data. worldbank. org. cn/indicator/ NY. GDP. MKTP. KD. ZG？ locations＝JP&name_desc＝false。

地位较重要的日元，日本由被动转为主动，通过进一步推动日元国际化进程来完善日本的浮动汇率制度。1997 年 5 月，日本重新修订《外汇法》，汇率制度达到完全自由化，国内外资本真正实现无约束的国际流动。同时，日本政府通过提供资助、推动东亚金融合作以及建立监控体系与抵御金融风险机制等措施不断推动日元区域化和国际化，为浮动汇率制度对市场的合理调控奠定货币国际化基础。日本的浮动汇率制度在世界经济的快速发展和邻国经济实力的不断壮大背景下，在总结以往经验和教训基础之上逐步走向完善。

### 三、发展中国家的汇率制度选择

自 20 世纪 70 年代以来，大多数发展中国家的经济规模、经济发展程度、对外贸易依存度相对来说较低，国内金融体系发育不太完善，政府对宏观经济政策的把握还不熟悉，国内政局还不甚稳定，在布雷顿森林体系瓦解后其汇率制度安排普遍经历了一个比较长的变换调整时期，大多数国家选择了钉住美元制。

自 20 世纪 90 年代后期开始，基于新兴市场与发展中国家经济金融危机频发，尤其是 1997 年亚洲金融危机发生后，国际社会普遍认为介于固定和浮动之间的 "中间汇率制度"① 是危机发生的关键原因，从而否定这些国家对汇率管理的做法，鼓励选择浮动汇率制度，实行资本管制。国际经济学家的政策主张几乎是一致的：发展中国家要避免货币危机，汇率制度要么选择完全美元化的硬钉住，要么转向自由浮动；他们甚至认为，"中间汇率制度" 迟早是会消亡的。

亚洲金融危机爆发后的最初几年，也许是理论的 "诱导"，新兴市

---

① 中间汇率制度也就是 IMF 新汇率制分类中的 "软钉住" 类别下的汇率制度，因其政府控制和管理力度介于硬钉住（固定汇率制）和浮动汇率制之间而得名。

场与发展中国家确实出现了从"中间汇率制度"逃离的现象，主要是转向浮动汇率。2004 年后这种状况出现反转，这些国家又开始逃离浮动汇率。逃离浮动汇率的一个表现是从弹性大的独立浮动转向弹性小的有管理浮动①。表 2-7 显示 150 多个发展中国家和地区的汇率制度安排变化情况。

表 2-7　1999—2007 年新兴市场与发展中国家汇率制度选择② （个）

| | 1999 | 2000 | 2001 | 2002 | 2003 | 2004 | 2005 | 2006 | 2007 |
|---|---|---|---|---|---|---|---|---|---|
| 无单独法定货币 | 26 | 26 | 27 | 28 | 28 | 28 | 28 | 9 | 9 |
| 货币局安排 | 5 | 5 | 4 | 4 | 4 | 4 | 4 | 10 | 10 |
| 传统钉住 | 43 | 42 | 37 | 40 | 39 | 37 | 47 | 68 | 66 |
| 水平区间内钉住 | 2 | 4 | 2 | 3 | 2 | 2 | 2 | 2 | 2 |
| 爬行钉住 | 5 | 4 | 4 | 5 | 5 | 6 | 5 | 6 | 8 |
| 爬行区间 | 5 | 3 | 4 | 3 | 3 | 1 | | 1 | 2 |
| 有管理浮动 | 22 | 28 | 41 | 43 | 46 | 50 | 51 | 46 | 43 |
| 独立浮动 | 41 | 38 | 30 | 25 | 24 | 23 | 14 | 10 | 12 |

2008 年，IMF 按照新汇率制度分类，转向中间汇率制度的特征更为明显，超过 60% 的新兴市场与发展中国家选择中间汇率制度。选择浮动汇率的国家继续减少，而且只有零星个别国家选择的是自由浮动制（表 2-8）。

---

① 丁志杰、田园：《国际金融理论反思与创新》，《中国金融》2016 年第 5 期，第 61~63 页。

② 数据来源：IMF AREAER Database。

表 2-8 **2008—2014 年新兴市场与发展中国家汇率制度分布**① （个）

| | 2008 | 2009 | 2010 | 2011 | 2012 | 2013 | 2014 |
|---|---|---|---|---|---|---|---|
| 无单独法定货币 | 9 | 11 | 12 | 12 | 12 | 12 | 12 |
| 货币局安排 | 10 | 10 | 10 | 10 | 10 | 10 | 10 |
| 传统钉住 | 40 | 42 | 41 | 41 | 43 | 43 | 43 |
| 稳定化安排 | 13 | 24 | 24 | 16 | 19 | 20 | 20 |
| 爬行钉住 | 5 | 3 | 3 | 3 | 2 | 2 | 3 |
| 类爬行安排 | 1 | 2 | 12 | 13 | 14 | 14 | 19 |
| 水平区间内钉住 | 4 | 2 | 1 | 1 | 1 | 1 | 1 |
| 其他有管理安排 | 21 | 20 | 16 | 22 | 18 | 17 | 10 |
| 浮动汇率 | 44 | 34 | 32 | 32 | 32 | 32 | 33 |
| 自由浮动 | 5 | 5 | 3 | 4 | 4 | 4 | 4 |

总之，发展中国家要保证货币稳定，就要学会对汇率和资本流动进行管理。选择"中间汇率制度"实质就是对汇率进行管理。一些学者指出，对于中等收入的国家来说，稳定的汇率制度和积极有效的汇率管理是跨越中等收入阶段的重要前提条件。长期以来，国际社会片面推广浮动汇率和资本自由流动，增加了中等收入国家汇率制度选择的困难，客观上制造了这些国家汇率的不稳定。国际社会应在汇率需要管理这个问题上达成共识，承认汇率管理的合理性，给予中等收入国家汇率选择更大的自主权，并提供合适的政策建议②。

## 第四节 人民币汇率制度改革变迁

新中国成立以来，人民币汇率制度随着国际国内政治经济形势的变

---

① 数据来源：IMF AREAER Database。
② 丁志杰、李庆：《中等收入国家汇率制度选择及其经济绩效的经验分析》，《国际贸易》2016 年第 6 期，第 47~52 页。

化而不断发展和变迁。在计划经济时期，人民币汇率制度变革较少，基本上在一个市场化程度很低环境中自我调整。20 世纪 80 年代后，随着国家经济体制改革和对外开放，人民币汇率的价格作用越来越重要，人民币汇率制度改革成为我国经济体制改革的一项重大内容。

## 一、人民币汇率制度改革变迁

正如 Frankel 所说，没有任何一种汇率制度会适应所有国家和所有国家的任何时期。从 1949 年至今的半个多世纪，中国政府结合各时期的宏观经济背景以及政策目标的变化多次调整人民币汇率制度，大体上经历了如下几个阶段①：

### （一）1949—1952 年，实行具有爬行钉住特点的汇率制度

这一时期人民币汇率的安排表现为一个由市场供求关系、购买力平价和物价涨跌决定的汇率机制，并且具有一定的机动灵活性。也就是说人民币汇率主要是根据该时期国内外的相对物价水平来制定，并随着国内外相对物价的变动不断进行调整，从而具有爬行钉住汇率制度的特点。

### （二）1953—1972 年，实行钉住英镑和美元双钉住的固定汇率制度

在这期间，除对个别货币的公开贬值或升值做出及时调整外，人民币汇率基本维持不变，1 美元兑 2.4618 元人民币（或 1 英镑 = 5.908 元人民币）的汇率水平保持了 20 年。这一时期人民币币值被高估，这是由我国高度集中的计划经济体制和优先发展重工业的发展

---

① 黄先禄：《汇率理论发展与实践研究》，北京：人民出版社 2011 年版，第 218~229 页。

战略目标决定的。

### （三）1973—1980 年，实行钉住一篮子货币的可调整汇率制度

随着 1973 年布雷顿森林体系的崩溃，西方主要国家实行了浮动汇率制度，我国面对国际外汇市场的动荡不安，修订了人民币汇率的决定原则，人民币汇率原则上采用钉住货币篮子的货币制度，根据货币篮子平均汇率的变动情况确定人民币汇率。根据国家外汇管理局资料披露，该篮子货币中的货币是由当时我国对外贸易中经常使用的货币组成，同时，还根据前一日国家外汇市场上这些货币的汇率变动计算出人民币汇率。

### （四）1981—1984 年，实行内部结算汇率和官方汇率并存的双轨汇率制

改革开放后，人民币汇率存在币值悖论：一方面是在贸易方面，人民币汇率高估，严重制约着出口贸易；另一方面，在非贸易方面，人民币汇率低估，在提高外币在中国的购买力的同时，降低了人民币在外国的购买力。针对这种局面，国务院决定从 1981 年 1 月 1 日起实行双轨汇率制度：一种是贸易外汇内部结算汇率，主要适用于进出口结算，按 1978 年全国出口换汇成本 2.53 元再加 10% 的利润计算而来，即 1 美元 = 2.807 元人民币，通过让人民币贬值来适应贸易外汇收支的汇率，成为内部调节进出口贸易的平衡价；从 1981—1984 年，该贸易外汇内部结算价一直没有变动。另一种是官方公布的牌价，主要适用于非贸易外汇的兑换和结算，并且沿用原来的一篮子货币加权平均的计算方法。由于当时美元汇率连年上升，中国通过让人民币升值来适用于非贸易外汇收支，按照国家公布的外汇牌价执行。这种双轨汇率制度被发达国家认为是不公平贸易的表现，是贸易壁垒的一种形式，因而常以此为借口对我国实行经济报复。实际上，此阶段人民币汇率高估问题没有得到有效解决，也没有改善非贸易收支。

（五）1985—1987 年，实行单一汇率制

一方面由于 1980 年我国恢复了在国际货币基金组织中的会员地位，按照国际货币基金组织的有关规定，其会员可实行多种汇率制度，但必须尽量缩短向单一汇率过渡的时间；另一方面在 1981 年至 1984 年期间，由于美元大幅度升值，人民币的汇率已接近贸易内部结算汇率。鉴于这些原因，1985 年 1 月 1 日，我国宣布终止双轨汇率制度，重新恢复单一汇率制，该汇率以贸易汇价为基础。这一时期，人民币汇率经历了较大幅度的贬值。例如，1985 年 10 月，从 1 美元兑 2.80 元人民币下调到 1 美元兑 3.20 元人民币，人民币贬值 12.5%；1987 年 7 月 5 日，人民币汇率下调到 1 美元兑 3.7036 元人民币，人民币贬值幅度为 13.6%。

（六）1988—1993 年，实行官方汇率与市场汇率并存的双重汇率制度

1979 年，我国进行了外贸体制改革，变国家统收统支的外汇管理办法为外汇留成的方式。这样一来，有些出口创汇企业很少进口，其外汇额度闲置不用，而另一些需要大量外汇进口先进技术设备的企业不能创汇。针对这种供需失调的情况，我国于 1980 年 10 月创办了外汇调剂市场，并于 1988 年 9 月批准上海率先在全国成立外汇调剂公开市场，标志着外汇调剂市场向规范化的目标迈出了重要的一步。在外汇调剂市场，外汇调剂价主要由市场供求关系决定。至此，形成了国家牌价与外汇调剂价并存的双重汇率局面。

在这一阶段，人民币官方汇率有所变动。1989 年 12 月 16 日，人民币汇率在前期基础上下调到 1 美元兑 4.7221 元人民币，人民币贬值幅度为 21.56%；1990 年 11 月 17 日，下调到 1 美元兑 5.2221 元人民币，人民币贬值幅度为 9.57%；1991 年 4 月开始小幅下调直到 1993 年底约为 1 美元兑 5.72 元人民币。1993 年外汇调剂市场上的人民币汇率

大致稳定在 1 美元兑 8.7 元人民币左右。

（七）1994—2004 年，实行以市场供求为基础的、单一的、有管理的浮动汇率制

自 1994 年 1 月 1 日起，我国对外汇管理体制进行了重大改革，宣布进行人民币官方汇率与外汇调剂市场汇率并轨，实行"以市场供求为基础的、单一的、有管理的浮动汇率制"；实行银行结售汇制的同时取消各类外汇留成、上缴和额度管理制度；建立银行间外汇市场，改进汇率的形成机制，同时保留外汇调剂中心继续为外商投资企业的外汇买卖服务。1997 年亚洲金融危机以来，我国实际上实行的是钉住美元的固定汇率制度，人民币兑美元基本维持在 8.28 元人民币上下 1% 的范围内波动。

1994—2001 年近七年时间，由于人民币兑美元的汇价水平十分稳定，IMF 对人民币汇率制度的划分也从"管理浮动制"转为"钉住单一货币的固定汇率制"。

2001 年 11 月中国正式加入世界贸易组织（WTO）后，对外贸易和资本流动全面发展，人民币汇率面临升值压力。为缓解压力，央行进行了比较频繁的外汇干预，导致外汇储备积累量上升较快。

（八）2005 年以来，实行参考一篮子货币的、有管理的浮动汇率制

面对国际上人民币汇率升值压力加大境况，2005 年 7 月 21 日，中国人民银行发布公告，宣布自即日起实行以市场供求为基础、参考一篮子货币进行调节、有管理的浮动汇率制度；人民币汇率不再钉住单一美元，形成更富弹性的人民币汇率机制，下调人民币汇率为 1 美元兑 8.11 元人民币。本次制度改革，标志着人民币汇率制度进入一个新阶段。

2005 年 7 月汇改，重在强调汇率形成机制的变化，一是不再单一

钉住美元，而是按照我国对外经济发展的实际情况，选择若干种主要货币，赋予相应的权重，组成一个货币篮子。同时，根据国内外经济金融形势，以市场供求为基础，参考一篮子货币计算人民币多边汇率指数的变化，对人民币汇率进行管理和调节，维护人民币汇率在合理均衡水平上的基本稳定。参考一篮子货币表明外币之间的汇率变化会影响人民币汇率，但参考一篮子货币不等于钉住一篮子货币，它还需要将市场供求关系作为另一重要依据，据此形成有管理的浮动汇率。

二是中国人民银行于每个工作日闭市后公布当日银行间外汇市场美元等交易货币对人民币汇率的收盘价，作为下一个工作日该货币对人民币交易的中间价格。

三是每日银行间外汇市场美元对人民币的交易价仍在中国人民银行公布的美元交易中间价上下千分之三的幅度内浮动，非美元货币对人民币的交易价在中国人民银行公布的该货币交易中间价上下一定幅度内（1.5%）浮动。

2005年7月汇改对于缓解人民币汇率外部升值压力有一定的作用。但是，由于市场上存在升值预期，因此在此之后人民币汇率仍然呈持续升值态势，到2008年人民币已经升值了19%。

### 二、2008年金融危机后的人民币汇率制度改革

2008年全球金融危机发生，受全球经济金融环境的影响，我国出口遭受严重打击，为了维持汇率稳定，央行对外汇市场实行干预措施，人民币基本停止了升值走势。在此节点，人民币汇率事实上再次钉住美元。由于2008年11月18日推出4万亿元刺激计划，实行宽松的货币和财政政策，国内资产泡沫开始发酵，此外因美国实施量化宽松货币政策，外资为追逐中国资产泡沫收益而不断涌入，外汇盈余不断猛增。为了维持人民币汇率稳定，央行不得不投放大量的基础货币，从2008年末的12.9万亿元增加到2010年二季度的15.4万亿元；而广义货币量

（M2）从 47.5 万亿元猛增到 67.4 万亿元，通胀压力巨大。人民币升值趋势仍然持续。

在金融危机期间，一些西方国家为保护出口贸易，指责中国政府操纵人民币汇率，针对中国产品实施贸易壁垒政策。例如 2010 年 3 月，美国总统奥巴马在一份进出口银行年会的讲稿中强调人民币被严重低估，西方发达经济体和国际组织持续向我国政府施压，要求我国进一步向"以市场为导向的汇率"机制过渡。在国际社会不断施压、国内通胀不断升温的情况下，中国央行决定重启人民币汇改。

2010 年 6 月 19 日，中国人民银行决定进一步推进人民币汇率形成机制改革，增强人民币汇率弹性。中国政府指出，在本次国际金融危机最严重的时候，许多国家货币对美元大幅贬值，而人民币汇率保持了基本稳定，为抵御国际金融危机发挥了重要作用，为亚洲乃至全球经济的复苏做出了巨大贡献，也展示了我国促进全球经济平衡的努力。随着全球经济逐步复苏，我国经济回升向好的基础进一步巩固，经济运行已趋于平稳，有必要进一步推进人民币汇率形成机制改革，增强人民币汇率弹性。

中国政府强调，进一步推进人民币汇率形成机制改革，重在坚持以市场供求为基础，参考一篮子货币进行调节；继续按照已公布的外汇市场汇率浮动区间，对人民币汇率浮动进行动态管理和调节，即：按现行规定，银行间外汇市场的人民币兑美元交易价的日浮动幅度为美元交易中间价上下千分之五，人民币兑欧元、英镑、日元和港元围绕每日中间价上下波动 3%，人民币兑马来西亚林吉特和俄罗斯卢布的波动是中间价上下的 5%[①]。

2010 年 6 月汇改后，国际上仍然不断有声音呼吁进一步扩大人民

———————

① 银行柜台办理企业和个人结售汇业务的价格是根据银行间市场实时变动的外汇价格加减一定点差形成；银行对客户挂牌的美元对人民币现汇买卖价差不得超过美元交易中间价的百分之一，现钞买卖价差不得超过美元交易中间价的百分之四。

币汇率弹性，要求人民币大幅升值。例如2010年9月29日美国众议院通过《汇率改革促进公平贸易法案》，旨在对低估本币汇率的国家征收特保关税，实际上就是针对人民币汇率，使得人民币升值面临空前压力。外汇市场上，人民币对美元汇率继续单向升值。为缓解压力，中国政府采取渐进性原则放宽人民币汇率浮动幅度。自2012年4月16日起，银行间即期外汇市场人民币兑美元交易价浮动幅度由千分之五扩大至百分之一；自2014年3月17日起，人民币兑美元交易价格浮动上限由1%进一步扩大至2%。

2014年，人民币汇率走势发生改变，出现先升值后贬值态势，一些市场人士称之为人民币汇率双向波动的"元年"[1]。

2015年是人民币汇率形成机制改革的一个重要年份。从2015年8月11日开始，中国人民银行完善人民币兑美元汇率中间价报价机制，规定"做市商在每日银行间外汇市场开盘前，参考上日银行间外汇市场收盘汇率，综合考虑外汇供求情况以及国际主要货币汇率变化向中国外汇交易中心提供中间价报价"。这一举措增强了人民币兑美元汇率中间价的市场化程度和基准性。另外，2015年12月11日，中国外汇交易中心发布"CFETS人民币汇率指数"，人民币汇率形成机制开始转向参考一篮子货币、保持一篮子汇率基本稳定[2]。至此，"收盘汇率+一篮子货币汇率变化"的人民币对美元汇率中间价形成机制已经形成。这一机制更加公开、透明和具有规则性，市场化水平明显提高，比较好地兼顾了市场供求变化、保持对一篮子货币基本稳定和稳定市场预期三者之间的关系。

理论上说，这项新政有助于减少行政干预，提高汇率弹性，消除

---

[1] 凤凰黄金频道：《人民币汇率双向波动元年已正式开启》，2014-06-16，http://finance.ifeng.com/a/20140616/12548280_0.shtml。

[2] 冯煦明：《人民币汇率形成机制改革与"三元悖论"下大国开放经济体的政策选择》，《财经智库》2016年第2期。或华尔街见闻网，2016-07-04，http://wallstreetcn.com/node/252403。

"双层体系"(即已经在中国香港和其他境外"离岸市场"形成的另一个不同于中国内地"在岸"市场的交易规则和汇率价格),使受到严格管制的人民币对市场做出更灵敏的反应。此前,央行每天上午发布一个人民币汇率中间价的"指导价格",市场当日被允许在该点位上下各2%的范围内交易。而在2005年汇改以来的10年间,每日超过0.2%的涨跌幅都是屈指可数的。自8月11日起实行的新的中间价报价方式是,由做市商在每日银行间外汇市场开盘前,参考前一日银行间外汇市场收盘汇率,综合考虑外汇供求情况以及国际主要货币汇率变化,向位于上海的中国外汇交易中心提供中间价报价。换言之,旧的中间价主要是政府指定的,新的中间价基本是市场自发形成的。

纵观人民币汇率制度改革历史,市场化是其始终坚持的方向。中国政府多次强调,未来人民币汇率形成机制改革会继续朝着市场化方向迈进,更大程度地发挥市场供求在汇率形成机制中的决定性作用,促进国际收支平衡;加快外汇市场发展,丰富外汇产品;推动外汇市场对外开放,延长外汇交易时间,引入合格境外主体,促进形成境内外一致的人民币汇率;根据外汇市场发育状况和经济金融形势,增强人民币汇率双向浮动弹性,保持人民币汇率在合理均衡水平上的基本稳定;进一步发挥市场汇率的作用,完善以市场供求为基础、有管理的浮动汇率制度[1]。

2016年,人民币对一篮子货币汇率保持基本稳定,人民币对美元双边汇率弹性进一步增强。特别是10月以来人民币汇率弹性增加,更多由市场主导定价背后是人民币汇率形成机制改革渐入新阶段。一些经济学家认为,中国央行较为严格地按照"参考一篮子货币"的中间价机制报价,更多地让市场主导,减少了"波动过滤",这意味着完善人

---

[1] 央行:《人民币汇率形成机制改革继续朝市场化迈进》,2015-08-01,中国新闻网 http://www.chinanews.com/cj/2015/08-11/7459747.shtml。

民币汇率形成机制和深化外汇市场发展又迈进了一步①。

### 三、人民币汇率形成机制改革历程回顾

下面按时间顺序简要汇总新中国成立后人民币汇率形成机制改革主要历程。

1949 年到 1952 年实行浮动汇率制度。

1953 年到 1973 年，在计划经济制度下，人民币与美金有正式的挂钩，汇率保持在 1 美元兑换 2.46 元人民币水平上。

1973 年，由于石油危机，世界物价水平上涨，西方国家普遍实行浮动汇率制，汇率波动频繁。为了适应国际汇率制度的转变与现实中国际主要货币汇率变动带来的不利影响，根据有利于推行人民币计价结算、便于贸易、为国外贸易所接受的原则，人民币汇率参照西方国家货币汇率浮动状况，采用"一篮子货币"加权平均计算方法进行调整。人民币对美元汇率从 1973 年的 1 美元兑换 2.46 元人民币逐步调至 1980 年的 1.50 元人民币，美元对人民币贬值了 39.2%，同期英镑汇率从 1 英镑兑换 5.91 元人民币调至 3.44 元人民币，英镑对人民币贬值 41.6%。

1981 年至 1984 年改革开放初期，我国初步实行双重汇率制度，即除官方汇率外，另行规定一种适用进出口贸易结算和外贸单位经济效益核算的贸易外汇内部结算价格，该价格根据当时的出口换汇成本确定，固定在 2.80 元的水平。人民币官方汇率因内外两个因素的影响，其对美元由 1981 年 7 月的 1.50 元向下调整至 1984 年 7 月的 2.30 元，人民币对美元贬值了 53.3%。

1985 年 1 月，执行官方汇率、统一牌价、钉住美元的政策。

① 新华社：《持续推进人民币汇率市场化》，2016-11-02，新华网 http://news.xinhuanet.com/fortune/2016-11/02/c_1119837753.htm。

1986—1993 年，官方汇率与市场汇率并存（统一牌价和外汇调剂市场汇率并存）。随物价变动多次调整美元兑人民币汇率：1985 年 10 月 1 日，1:3.2；1986 年 3 月 5 日，1:3.7；1989 年 12 月 16 日，1:4.72；1990 年 11 月 17 日，1:5.22；1994 年，1:8.6，人民币持续贬值。人民币汇率的定价主要由中国官方通过外汇调剂市场和国内物价变化而调整制定。

1994 年 1 月 1 日，汇率并轨，取消官方汇率，实行以市场供求为基础的、单一的、有管理的浮动汇率制度。建立了银行间外汇交易市场，改进汇率形成机制。从 1994 年开始，人民币汇率完全依赖于银行间外汇市场的调节，实际上定价权交给了外汇市场，人民币汇率的涨跌很大程度上取决于外汇盈余的增减。央行只能在外汇市场通过吞吐基础货币来干预，而且人民币的发行也和外汇市场紧紧绑在了一起，中国丧失了货币发行的主动权。

1996 年 7 月 1 日，人民币经常项目下完全可兑换。

1997 年 7 月，东南亚金融危机爆发，为防止亚洲周边国家和地区货币轮番贬值使危机深化，中国主动收窄了人民币汇率浮动区间，实行事实上的钉住美元的固定汇率制度。这是中国作为"负责任的大国"对世界做出的承诺——人民币汇率保持稳定。由于亚洲周边国家货币大幅贬值，一度对中国的出口造成了极大的打击。这种钉住美元的固定汇率制度，也有相当大弊端，因为汇率的调节得在外汇市场实现，当外汇盈余增加时，央行就必须被动发钞来购买外汇，增加货币投放，积累外汇储备。

2002 年之前外汇市场上只有美元、港币、日元的即期交易，实行竞价交易模式。2002 年 4 月 2 日开始引入欧元的即期交易。

自 2002 年开始，由于美国高科技泡沫崩溃引发的全球经济不振，一些西方国家把矛头对准了从 1998—2002 年平均经济增长率保持在 8% 以上的中国。以日本为首，要求"中国承担起人民币升值的责任"，对人民币汇率施压，迫使人民币升值。

2005 年 5 月 18 日，中国外汇交易中心推出八对外币买卖业务。八对交易货币分别是美元兑欧元、日元、港元、英镑、瑞郎、澳元和加元，以及欧元兑日元。

2005 年 7 月 21 日，央行宣布我国开始实行以市场供求为基础、参考一篮子货币进行调节、有管理的浮动汇率制度。从此，人民币汇率不再钉住单一美元。当日，人民币兑美元升值 2%，即 1 美元兑 8.11 元人民币。中国人民银行于每个工作日闭市后公布当日银行间外汇市场美元等交易货币兑人民币汇率收盘价，作为下一个工作日该货币兑人民币交易的中间价格。每日银行间外汇市场美元兑人民币交易价在人民银行公布的美元交易中间价上下千分之三的幅度内浮动，非美元货币兑人民币在人民银行公布的该货币交易中间价上下一定幅度内浮动。

2005 年 8 月 8 日引入远期外汇交易，允许银行在获得远期交易资格 6 个月后从事掉期交易。

2006 年 1 月 4 日，央行在银行间即期外汇市场上引入询价交易方式（OTC 方式）和做市商制度，人民币汇率中间价改由 15 家中外资银行做市商报价产生，人民币汇率形成的市场化程度进一步提高。

2006 年 8 月 1 日引入英镑交易。

2007 年 5 月 21 日，每日银行间即期外汇市场人民币兑美元的交易价可在当日人民币兑美元中间价上下 0.5% 的幅度内浮动，较之前的 0.3% 有所扩大。

2008 年 6 月国务院公布了修订后的《中华人民共和国外汇管理条例》（以下简称新条例），其中规定取消强制结售汇。自 2011 年起，企业出口收入可以存放境外，无须调回境内。

2008 年 9 月，国际金融危机全面爆发，我国适当收窄人民币波动幅度，人民币汇率保持基本稳定。

2009 年 6 月 29 日，中国人民银行行长周小川和香港金融管理局总裁任志刚签署了补充合作备忘录。双方同意在各自的职责范围内对香港银行办理人民币贸易结算业务进行监管并相互配合。

2010 年先后引入新加坡元的外币和对马来西亚林吉特、俄罗斯卢布的人民币交易。在国际社会不断施压、国内通胀不断升温的情况下，中国央行决定重启人民币汇改。

2010 年 6 月 19 日，中国人民银行决定进一步推进人民币汇率形成机制改革，增强人民币汇率弹性。人民币汇率不进行一次性调整，重在坚持以市场供求为基础，参考一篮子货币进行调节。银行间外汇市场中，人民币兑美元买卖价在中国人民银行公布的交易中间价上下 0.5% 的幅度内浮动。人民币兑欧元、英镑、日元和港元围绕每日中间价上下波动 3%，人民币兑马来西亚林吉特和俄罗斯卢布的波动是中间价上下的 5%。

2011 年 2 月 14 日，为进一步丰富外汇市场交易品种，为企业和银行提供更多的汇率避险保值工具，国家外汇管理局发布《关于人民币对外汇期权交易有关问题的通知》（汇发〔2011〕8 号），批准中国外汇交易中心在银行间外汇市场组织开展人民币对外汇期权交易。

2011 年 6 月 23 日，中国人民银行与俄罗斯联邦中央银行在俄罗斯签订新的双边本币结算协定。协定签订后，中俄本币结算从边境贸易扩大到一般贸易，并扩大地域范围。协定规定两国经济活动主体可自行决定用自由兑换货币、人民币和卢布进行商品和服务的结算与支付。协定将进一步加深中俄两国的金融合作，促进双边贸易和投资增长。

2011 年 8 月 22 日，中国人民银行会同五部委发布《关于扩大跨境贸易人民币结算地区的通知》（银发〔2011〕203 号），将跨境贸易人民币结算境内地域范围扩大至全国。

2011 年 9 月 14 日，为便利俄罗斯莫斯科银行间货币交易所人民币对卢布交易的开展，中国人民银行发布《关于俄罗斯莫斯科银行间货币交易所人民币对卢布交易人民币清算有关问题的通知》（银发〔2011〕222 号），允许在莫斯科银行间货币交易所开展人民币对卢布交易的俄罗斯商业银行在中国境内商业银行开立人民币特殊账户，专门用于人民币对卢布交易产生的人民币资金清算。

　　当地时间 2011 年 10 月 17 日，芝加哥商业交易所（CME）上市新的人民币期货 USD/RMB，该期货提供了包括标准合约在内的两种合约规格。按标准银行间外汇汇率方式报价，通过新合约，全球各地的公司或机构都可以管理美元/人民币的汇率风险。

　　2011 年 10 月 14 日，中国人民银行发布《外商直接投资人民币结算业务管理办法》（中国人民银行公告〔2011〕第 23 号），明确银行可按照相关规定为境外投资者办理外商直接投资人民币结算业务。

　　2011 年 10 月 26 日，中国人民银行发布《关于境内银行业金融机构境外项目人民币贷款的指导意见》（银发〔2011〕255 号），对境内银行开展境外项目人民币贷款业务进行了明确规定，有助于规范和促进相关业务发展。

　　2011 年 12 月 16 日，中国证券监督管理委员会、中国人民银行、国家外汇管理局联合发布《基金管理公司、证券公司人民币合格境外机构投资者境内证券投资试点办法》（中国证券监督管理委员会 中国人民银行 国家外汇管理局第 76 号令），允许境内基金管理公司、证券公司的香港子公司作为试点机构，运用其在香港募集的人民币资金在经批准的人民币投资额度内开展境内证券投资业务。

　　2011 年 12 月 19 日，在云南省推出人民币对泰铢银行间市场区域交易。

　　2012 年 2 月 6 日，中国人民银行、财政部、商务部、海关总署、国家税务总局和银监会联合发布《关于出口货物贸易人民币结算企业管理有关问题的通知》（银发〔2012〕23 号），明确参与出口货物贸易人民币结算的主体不再限于列入试点名单的企业，所有具有进出口经营资格的企业均可开展出口货物贸易人民币结算业务。

　　2012 年 2 月 29 日中国银行与芝加哥商品交易所集团（CME）签署《战略合作意向书》，扩大使用人民币结算某些大宗商品交易。根据协议，双方将加强清算会员、结算银行、离岸人民币存管银行及境外期货相关业务的合作。

自 2012 年 4 月 16 日起，银行间即期外汇市场人民币兑美元交易价浮动幅度由千分之五扩大至百分之一，即每日银行间即期外汇市场人民币兑美元的交易价可在中国外汇交易中心对外公布的当日人民币兑美元中间价上下百分之一的幅度内浮动。外汇指定银行为客户提供当日美元最高现汇卖出价与最低现汇买入价之差不得超过当日汇率中间价的幅度由 1% 扩大至 2%。同日，国家外汇管理局网站刊文称，"强制结售汇制度退出历史舞台，企业和个人可自主保留外汇收入"。

伦敦时间 2012 年 4 月 18 日，汇丰银行在伦敦发行了第一只人民币债券，主要针对英国及欧洲大陆国家的投资者，总规模预计为 10 亿元人民币。当天，伦敦金融城还举行了伦敦人民币业务中心建设计划启动仪式，并发布了题为《伦敦：人民币业务中心》的报告。报告显示伦敦人民币业务已粗具规模，业务范围包括零售业务、企业业务、银行同业及机构业务，这些产品和服务使客户可以高效安全地进行跨国交易。

2012 年 5 月 29 日，经中国人民银行授权，中国外汇交易中心宣布完善银行间外汇市场人民币对日元交易方式，发展人民币对日元直接交易。

2012 年 6 月 27 日，国务院发布《国务院关于支持深圳前海深港现代服务业合作区开发开放有关政策的批复》。2012 年 6 月 28 日，我国在港第四度发行人民币国债，金额达 230 亿元。这批国债将首次在港交所上市，并有 5 家国外中央银行参与认购 30.6 亿元。中央代表团新闻发布中心负责人王仲伟在国债发行仪式后表示："将在深圳前海地区探索开展资本项目可兑换的先行试验，进一步推动香港与深圳之间的相互投资和金融合作。"

2012 年 7 月 6 日，新加坡贸工部发布消息称，新加坡银行监管部门将给予两家中资银行特许全面银行业务牌照，其中一家银行还将被授权成为新加坡的人民币清算银行。同日，新加坡交易所公告宣布其已经为人民币计价证券的挂牌、报价、交易、清算和交割做好相应准备。

2012 年 8 月 31 日，两岸货币管理机构签署了《海峡两岸货币清算合作备忘录》。双方同意以备忘录确定的原则和合作架构建立两岸货币清算机制。

2012 年 9 月 13 日，美国最大商品交易所运营商芝加哥商品交易所集团宣称，计划推出可交付离岸人民币期货产品。

自 2014 年 3 月 17 日起，人民币兑美元交易价格浮动上限由 1%进一步扩大至 2%。

2015 年 8 月 11 日，中国人民银行发布声明，为增强人民币兑美元汇率中间价的市场化程度和基准性，中国人民银行决定完善人民币兑美元汇率中间价报价。自 2015 年 8 月 11 日起，做市商在每日银行间外汇市场开盘前，参考上日银行间外汇市场收盘汇率，综合考虑外汇供求情况以及国际主要货币汇率变化向中国外汇交易中心提供中间价报价。

2016 年 11 月 27 日，针对人民币汇率波动引发市场关注，中国人民银行副行长易纲接受新华社记者专访时表示，人民币在全球货币体系中仍表现出稳定强势货币特征，人民币汇率对美元波动有所加大，主要是特朗普当选美国总统、美联储加息预期突然增强、英国"脱欧"、埃及镑自由浮动等外部因素驱动。

## 本章其他参考文献：

［1］李丹丹：《人民币汇率形成机制改革之路》，《上海证券报》2010年 7 月 21 日，第 A2 版。

［2］盛梅、袁平、赵洪斌：《有效汇率指数编制的国际经验研究与借鉴》，《国际金融研究》2011 年第 9 期，第 51~57 页。

［3］陈三毛：《汇率制度分类理论述评》，《世界经济》2007 年第 7 期，第 89~96 页。

［4］黄薇、任若恩：《主流汇率制度分类方法及相关争论》，《国际金融研究》2010 年第 3 期，第 83 页。

［5］张卫平、王一鸣：《汇率制度的分类、国别分布及历史演进》，《国际金融研究》2007 年第 5 期，第 54~60 页。

[6] 刘晓辉、范从来：《汇率制度选择及其标准的演变》，《世界经济》2007 年第 3 期，第 86~96 页。

[7] 梅冬州、龚六堂：《新兴市场经济国家的汇率制度选择》，《经济研究》2011 年第 11 期，第 68~76 页。

[8] 潘建飞：《人民币汇率存长期贬值逻辑吗?》，2016 年 11 月 3 日，腾讯证券网 http：//stock. qq. com/a/20161103/019488. htm。

[9] 管涛：《人民币汇率形成市场化改革再下一城》，2015 年 8 月 12 日，新浪财经网 http：//finance. sina. com. cn/zl/forex/20150812/023922939665. shtml。

# 第三章　资本项目开放与国际流动

人民币资本项目的开放是中国经济金融市场化改革的重要组成部分之一，自中国 1996 年宣布人民币经常账户可兑换以来，资本项目开放进程一直渐进式推进。2016 年 10 月 1 日，人民币正式被纳入国际货币基金的特别提款权（SDR）货币篮子，表明人民币资本项目开放的进展以及国际化的推进得到国际认可。货币国际化是资本国际流动的具体表现和结果。当前，国际资本流动出现多种形式，其中资本外逃引人关注。在国际资本流动中，逐渐形成一些重要的离岸金融中心。本章将对此予以介绍。

## 第一节　资本项目开放与货币自由兑换

资本项目开放，又称为资本项目自由化、资本项目可兑换，是指放开国际收支中资本与金融项目的资本交易限制，实现资本跨境自由流动。它包含两重含义，一是本国货币在资本项目下可自由兑换，二是对外开放该国的金融市场①。资本项目开放是与资本管制和外汇管制相对的一个概念，它既包括取消对跨境资本交易本身的管制，也包括取消与资本交易相关的外汇（包括资金跨境转移及本外币兑换）的管制；既

---

① 参见互动百科词条"资本项目开放"：http：//www．baike．com/wiki/%E8%B5%84%E6%9C%AC%E9%A1%B9%E7%9B%AE%E5%BC%80%E6%94%BE。

包括取消直接的资本管制措施，也包括取消间接的资本管制措施（如征税、补贴以及歧视性的货币安排等）①。

## 一、国际上对资本项目开放的认定

第二次世界大战结束后，在布雷顿森林体系下，为了维持各国货币汇率和国际支付体系的稳定，世界上几乎所有国家都对资本项目实行严格的管制。20世纪60年代以来，随着世界各国经济往来日益密切，发达国家逐步开始解除资本管制，一些发展中国家也随之跟进。自20世纪90年代以来，随着贸易自由化的深入发展和经常项目支付限制的逐步解除，特别是1995年发达国家完成资本项目开放之后，发展中国家纷纷加快了资本项目的开放步伐。

国际社会对资本项目开放的认定有相对一致的标准。在1996年之前，按照国际货币基金组织《汇兑安排与汇率限制年报》的定义标准，只要没有"对资本交易施加支付约束"，就表示该国基本实现了资本项目（或账户）开放。1997年亚洲金融危机爆发后，国际货币基金组织将原先对成员国资本账户开放的单项认定，细分为七大类11个大项40个子项；如果一国开放信贷工具交易，并且开放项目在6大项以上，可视为基本实现资本账户开放（见表3-1）。

表3-1　　国际货币基金组织对资本项目开放的类别划分②

| 序号 | 大类 | 序号 | 大项 |
|---|---|---|---|
| 1 | 资本和货币市场工具 | （1） | 资本市场证券 |
| | | （2） | 货币市场工具 |
| | | （3） | 集合类投资债券 |

① 羌建新：《国际货币金融体系变革与中国》，北京：中国发展出版社2015年版，第188页。

② 资料来源：郭树清：《中国资本市场开放和人民币资本项目可兑换》，《金融监管研究》2012年第6期，第1~17页。

续表

| 序号 | 大类 | 序号 | 大项 |
|------|------|------|------|
| 2 | 衍生工具和其他工具 | (4) | 衍生工具和其他工具 |
| 3 | 信贷业务 | (5) | 商业信贷 |
| | | (6) | 金融信贷 |
| | | (7) | 担保、保险和备用融资便利 |
| 4 | 直接投资 | (8) | 直接投资 |
| 5 | 直接投资清算收益 | (9) | 直接投资清算收益 |
| 6 | 不动产交易 | (10) | 不动产交易 |
| 7 | 个人资本交易 | (11) | 个人资本交易 |

2008 年国际金融危机爆发后，国际上对资本账户管理有所加紧，资本项目开放步伐有所中断。根据《Evaluation Report：The IMF's Approach to Capital Account Liberalization》报告，对短期外债征税（如巴西）、对非居民存款的准备金要求（智利、哥伦比亚、泰国等），以及在特定时期将资本管制作为临时性的宏观审慎管理工具（俄罗斯对资本外逃的管制），均得到国际货币基金组织某种程度的认可。可见，资本账户的开放并不是完全放任跨境资本的自由兑换与流动，而是一种有管理的资本兑换与流动①。

一般用于衡量资本账户开放的指标是国际货币基金组织《汇率安排与外汇管制年度报告》（Annual Report on Exchange Arrangements and Exchange Restrictions，AREAER）中的二元指标（法律类与事实类两种）。这些二元指标可以反映在各种各样的资本流入和流出中是否存在资本管制。只有当特定的资本账户项目发生重大政策变动时这些指标才会发生变化。《汇率安排与外汇管制年度报告》表明，2014 年 15 类资本流入和 16 类资本流出指标中，中国相应地对其中的 14 类和 15 类进

---

① 盛松成：《我国加快资本账户开放的条件基本成熟》，《中国金融》2012 年第 5 期。

行了管制，管制覆盖面非常广。中国唯一没有限制的是商业信贷的流入和流出。相反，美国和其他主要的发达经济体的资本项目几乎完全放开。

金融开放指数（Chinn-Ito 指数，也称 KAOPEN 指数）也是衡量一个国家资本账户开放程度的指标，它是基于 IMF 的《汇兑安排与汇兑限制年度报告》当中的跨境金融交易限制虚拟变量计算得出。最早由 Chinn 和 Ito 在 2006 年提出。该指数范围为［0，1］，值越大，说明资本开放程度越高。根据该指数，2014 年美国、英国、日本、瑞士、加拿大、中国香港等发达国家和地区的开放程度达到顶端，Chinn-Ito 指数=1，属于资本账户完全开放的国家或地区。中国的开放程度与伊拉克、印度和泰国相当，Chinn-Ito 指数值为 0.165，它从 1993 年指数值 0 上升到 0.165，此后一直没有变化。这一指数说明中国的资本账户仍然比较封闭，在理论上存在广泛而严格的资本管制。

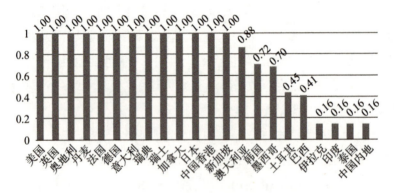

图 3-1　2014 年主要经济体的 Chinn-Ito 指数

## 二、中国资本项目开放

中国经济对外开放始于 20 世纪 70 年代末，迄今为止已走过近 40

年的历程，成为了世界第二大经济体和最大贸易国。中国的资本市场在
开放中建立发展，并且走出了一条特殊的对外开放道路。作为世界上最
大的发展中国家，我国从 20 世纪 90 年代开始出台了一系列政策措施，
有条不紊地推进资本项目的开放（见表 3-2）。

表 3-2　　　　　　　　中国资本项目开放进程一览表①

| 1979 年 | 建立国家外汇管理局，专门管理外汇，实行外汇留成制度 |
|---|---|
| 1980 年 10 月 | 中国银行和国家外汇管理局制定《调剂外汇暂行计划》 |
| 1993 年 | 党的十四届三中全会首次提出要"实现人民币可兑换"并作为汇改的长期目标 |
| 1994 年 | 人民币双重汇率实现并轨并取消贸易用汇限制 |
| 1996 年 12 月 | 履行 IMF 章程第八条义务，实现人民币经常项目可兑换 |
| 1998 年 | 亚洲金融危机爆发，资本项目可兑换进程放缓 |
| 2003 年 10 月 | 党的十六届三中全会提出在有效防范风险的前提下，有选择、分步骤地放宽对跨境资本交易活动的限制，"逐步实现资本项目可兑换" |
| 2005 年 2 月 | 央行等四部委联合发布《国际开发机构人民币债券发行管理暂行办法》，允许合格国际开发机构在国内发行"熊猫债券" |
| 2006 年 4 月 | 央行调整部分 QDII 政策，拓宽境内符合条件的银行和证券经营机构开展代客外汇境外理财业务，拓宽合格境内保险机构开展境外证券投资业务 |
| 2009 年 7 月 | 央行发布《跨境贸易人民币结算试点管理办法》，规范试点企业和商业银行行为，促进跨境贸易便利化并防范跨境结算风险 |
| 2010 年 10 月 | 十七届五中全会将"逐步实现资本项目可兑换"目标写入"十二五"发展规划 |

———————

①　资料来源：金惠卿、杨宏：《中国资本项目开放的现状、利弊和政策》，
《外汇管理》2014 年第 1 期。叶振东：《以新一轮资本项目开放推进人民币国际
化》，《全球化》2016 年第 1 期。

| 时间 | 内容 |
|---|---|
| 2011 年 1 月 | 央行发布《境外直接投资人民币结算试点管理办法》，便于境内机构以人民币开展境外直接投资 |
| 2011 年 3 月 | "十二五"规划再次明确："推进外汇管理体制改革，扩大人民币跨境使用，逐步实现人民币资本项目可兑换。" |
| 2011 年 7 月 | 央行与香港金管局签订关于人民币交易安排的《补充合作备忘录（四）》，并签署《香港银行人民币业务的清算协议》 |
| 2011 年 10 月 | 商务部发布《关于跨境人民币直接投资有关问题的通知》，规范 QFII（合格境外投资者）来华直接投资；央行公布《外商直接投资人民币结算业务管理办法》，认可 QFII 以人民币进行境内资本投资 |
| 2013 年 11 月 | 党的十八届三中全会更加明确提出："加快实现人民币资本项目可兑换。" |
| 2015 年 9 月 | 国家发改委发布《关于推进企业发行外债备案登记制管理改革通知》，结束了实行长达 30 多年的中长期外债额度审批 |
| 2015 年 10 月 | 央行等七部门联合发布《进一步推进中国（上海）自由贸易试验区金融开放创新试点 加快上海国际金融中心建设方案》，率先在上海自贸区实现人民币资本项目可兑换 |

　　中国从 1996 年实现人民币经常项目的可兑换，到 2016 年人民币被纳入 SDR 货币篮子（意味着人民币国际化迈出重要一步），资本项目可兑换的步伐一直未停止。按照国际货币基金组织划分的 7 大类 40 项资本项目交易分类方法，目前中国有 35 项实现全部或部分可自由兑换，只有 4 项仍完全不可自由兑换，占比 10%，主要涉及非居民在本国市场发行股票和其他金融工具，即非居民不能参与国内货币市场、基金信托市场以及买卖衍生工具；部分可兑换项目有 22 项，占比 55%，主要集中在债券市场交易、股票市场交易、房地产交易和个人资本交易四大类；基本可兑换项目 14 项，主要集中在信贷工具交易、直接投资、直

接投资清盘等方面。

央行行长周小川指出，当下中国只有少数资本账户项目完全不可自由兑换，中国的计划是使人民币可更自由地使用，但中国努力实现的资本账户可自由兑换不再是基于完全或可自由兑换这样的传统概念，而是从全球金融危机吸取了经验，中国将采用"有管理的可自由兑换"。中国将在以下四种情况下保留资本项目管制：（1）涉及洗钱、对恐怖主义进行融资、过度利用避税天堂的跨境金融交易，都应该受到监控。这一实践行为也被大多数国家所采纳。（2）新兴市场经济体仍旧需要对外债进行宏观审慎管理。私人部门过多的外债和货币错配是亚洲金融危机发生的源头。各国需要从危机中吸取教训，宏观审慎地管理外债。（3）中国将在合适的时机管理短期投机资本流动，对于支持实体经济发展的中期和长期资本流动将解除管制，这也是 IMF 的建议。（4）国际收支统计和监测将会加强。正如 IMF 建议的那样，在全球金融危机后，当非常规的国际市场动荡或者国际收支出现问题时，各国可以暂时采取资本控制的方法①。

即使在一些发达国家，也有一定比例的资本交易项目受到限制。例如，美国、德国和日本普遍对直接投资的目标国家与地区有约束，对个人资本交易全面放开；美国主要限制非居民在境内发行资本和货币市场工具，而德国与日本主要限制居民在境外购买资本和货币市场工具。日本重点限制本国保险公司购买外币计价资产占其总资产的比例，监控其汇率风险。可见，从发达国家的经验来看，资本项目完全可兑换、完全不受约束往往并不是最终目标②。

① 周小川：《计划使人民币可更自由，将采用"有管理的可自由兑换"》，FX168 财经网，2015-04-24，http：//news.fx168.com/bank/pbc/1504/1513264.sht-ml。

② 巴曙松：《人民币资本项目开放的现状评估及趋势展望》，第一财经日报，2016-04-04，网易财经网 http：//money.163.com/16/0404/21/BJRB15TU00253B0H.html。

## 第二节　人民币加入 SDR 货币篮子与国际化

### 一、人民币加入 SDR 货币篮子

特别提款权（SDR）是一种超主权货币，是国际货币基金组织于1969 年创立，以供成员国用于偿还国际货币基金组织债务、弥补会员国政府之间国际收支逆差的一种账面资产，是 IMF 分配给会员国的一种使用资金的权利。

SDR 是有价值的。在创立初期，1 单位 SDR ＝ 0.888671 克纯金，也就是 1 美元的含金量。1973 年，美国决定放弃金本位货币体系，SDR就变成了根据货币篮子进行定值。所谓货币篮子，顾名思义就是篮子里面放了各种各样的货币，究竟要放哪种货币、占多少份额，由 IMF 执行董事会决定。SDR 货币篮子最初包括 16 个主要发达国家的货币。1979 年欧洲货币体系建立后，IMF 将 SDR 货币篮子货币数量减少到 5种——美元、联邦德国马克、英镑、法国法郎和日元。欧元诞生后，自2000 年起，SDR 的货币篮子只剩下美元、欧元、英镑和日元①。2015年 11 月 30 日，IMF 完成了对组成特别提款权的货币篮子的例行五年期检查，认为人民币满足了加入特别提款权篮子的所有标准，认定自2016 年 10 月 1 日起为自由使用货币，将作为美元、欧元、日元和英镑之外的第五种货币加入特别提款权篮子。人民币在 SDR 货币篮子中的权重为 10.92%，美元、欧元、日元和英镑的权重分别为 41.73%、30.93%、8.33%和8.09%。

---

① 伍聪：《人民币崛起：人民币 VS 美元》，北京：北京联合出版公司 2016年版，第 7~8 页。

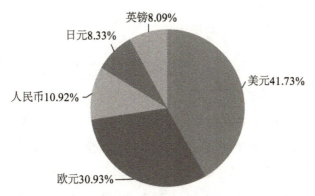

图 3-2　特别提款权篮子的货币权重（2016 年 10 月 1 日）

　　人民币加入 SDR 货币篮子，意味着人民币真正跻身于全球主要货币之列，将促进人民币在世界范围内的接受度。一方面，作为结算货币人民币将得到更为广泛的使用，这有利于降低我国企业面临的汇率风险，提升人民币对大宗商品定价的影响力。另一方面，加入 SDR 意味着人民币成为各国储备货币的可能性大大增加。根据渣打银行和安盛投资管理公司的预测，人民币纳入 SDR 后，截至 2020 年底，全球将会有 1 万亿美元的储备资产转化为中国资产。

## 二、人民币国际化

　　所谓人民币国际化，就是指人民币可以在国际上自由兑换、交易和流通，成为世界上各个国家普遍认可的用来结算和储备的货币①。人民币国际化有动态和静态双重含义。从动态角度看，人民币国际化是指人民币由一国货币演化成国际货币的变化过程；从静态角度看，人民币国

---

　　①　荣添：《货币的真相》，北京：时事出版社 2016 年版，第 288 页。

际化是指人民币国际职能发挥作用达到一定标准后的状态①。

## （一）人民币国际化的重要意义

人民币国际化，对中国和世界都具有重要意义。正如国际货币基金组织总裁克里斯蒂娜·拉加德（Christine Lagarde）在执董会召开会议并批准将人民币纳入特别提款权篮子后表示："执董会关于将人民币纳入特别提款权货币篮子的决定是中国经济融入全球金融体系的一个重要里程碑。它是对中国在过去多年来在改革其货币和金融体系方面取得的成就的认可。中国在这一领域的持续推进和深化将推动建立一个更加充满活力的国际货币和金融体系。"②

从国内角度看，人民币国际化会给中国带来诸多好处：

（1）国内居民获得更多便利，即无论作为出口商、进口商、借款者或者贷款者，都可以用本国的货币进行交易。

（2）国内的银行和其他金融机构可以获得更多的业务。

（3）国家可以获得国际铸币税③，从狭义来讲，在国外流通的本国货币并不需要支付利息，而从广义来讲，本国可以用极低的利息获得用本币计价的贷款。

（4）国家可以获得更多的国际政治力量和威望。进入 21 世纪以来，中国经济实力明显上升，国际地位取得很多突破，突出表现在经济总量、经济增速、国际贸易和国际储备等多个领域，在国际排名中基本

---

① 王冠群：《人民币国际化问题研究》，北京：经济科学出版社 2016 年版，第 110 页。

② 王如君、张朋辉：《人民币获批加入特别提款权货币篮子》，2015 年 12 月 1 日，人民网 http://finance. people. com. cn/n/2015/1201/c1004-27873906. html。

③ 铸币税（Seigniorage），也称为"货币税"，是指货币铸造成本低于其面值而产生的差额，由于铸币权通常只有统治者拥有，因此是种特殊的税收收入，政府的一个重要收入来源。简单地讲就是发行货币的收益：一张 100 美元的钞票印刷成本也许只有一美元，但是却能购买 100 美元的商品，其中的 99 美元差价就是铸币税，是政府财政的重要来源。使用别国的货币，就是主动放弃了大量的财富。

居于前列水平，为世界经济的稳定和发展做出了突出贡献。人民币加入
SDR 货币篮子后，在国际结算、国际投资和国际储备中所占比例将逐
步扩大，中国在世界上的政治、经济形象将进一步上升。

从国际角度看，人民币加入 SDR 货币篮子也是国际货币体系改革
核心内容之一，有利于主要经济体的经济和金融稳定。

1. 人民币国际化有利于实现中美共赢①

首先，人民币国际化有利于美元减轻国际负担。当前，美元在国际
货币中占比过高，已与自身经济实力不相称。美国经济总量目前仅占全
球经济总量的 1/5 略强，而美元在全球国际储备中已超过 1/2②，美元
透支国力的承担国际货币职能，对美元在全球经济造成了一系列问题，
而人民币国际化可在某种程度上有利于美国化解相关问题，包括美元币
值稳定问题。

其次，人民币国际化有助美国货币政策更好地服务于本国经济。履
行国际职能的美元总额占全球国际货币总额比例过高，使得美国货币政
策制定要很大程度上考虑国际影响和国际压力。在美国国力难以兼顾条
件下，人民币国际化可以降低美国国际压力，提高自身货币政策，乃至
经济政策对本国经济的针对性。

最后，人民币国际化有利于中美提高经济合作规模和质量。中美经
济有较强的互补性，中美双方都是对方最重要的经济合作伙伴之一。人
民币国际化意味着中国经济的开放程度和发展水平会有较大提升，将会
进一步提高中美经济合作潜能，有利双方共同发展。

2. 人民币国际化有利于实现中欧共赢③

---

① 王冠群：《人民币国际化问题研究》，北京：经济科学出版社 2016 年版，
第 86~87 页。

② 贺力平、赵雪燕、王佳：《美元在全球外汇储备中的地位》，《美国研究》
2016 年第 3 期。

③ 皮爱宽：《当前中欧关系对人民币在欧洲国际化的影响》，《金融经济》
2015 年第 5 期。

　　首先，人民币国际化有利于全面加强中欧贸易往来。中欧双方存在广泛的、极强的互补性。欧洲在金融、产业、科技、品牌、人才和管理等方面优势突出，中国在市场、资本、产能、产业和科技方面也有自身优势。本质上，货币国际化就是本国货币的对外供给，是与国际贸易相对应的货币转移过程。从这个角度看，对外贸易不断发展必然会导致本国货币国际化的加速。图 3-3 显示，2011 年以来中欧贸易额连续 5 年超过 5000 亿美元，2014 年甚至达到了 6151 亿美元。截至 2015 年底，欧盟已经连续 10 年保持了中国第一大贸易伙伴的地位。双方还确定 2020 年中欧贸易额要达到 1 万亿美元的目标。人民币国际结算、国际投资和国际储备职能上升，有利于欧盟增加国际货币选择权，降低中欧贸易和投资成本。

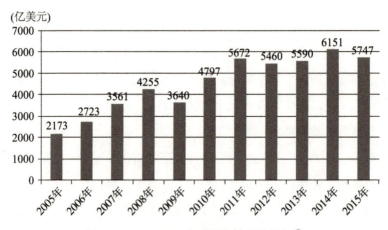

图 3-3　2005—2015 年中国与欧盟贸易额①

　　其次，人民币国际化有利于中欧双方资本往来。在当前全球经济低迷的情况下，中国依然保持 8% 左右的中高速增长，而且正在成为对外投资大国。商务部数据显示，2014 年中国非金融类对外直接投资达到

---

　　① 数据来源：《国家外汇管理局——国别贸易报告》，http：//www. safe. gov. cn/wps/portal/sy/tjsj_szphb。

1029 亿美元，对外投资规模首次超过 1.25 万亿美元，截至 2015 年 5 月底，我国累计非金融类对外直接投资 7267 亿美元（折合人民币 44546.7 亿元）①。当前欧洲内部仍在遭受金融危机影响，外部又面临乌克兰危机导致的严重地缘政治风险，吸引中国投资、扩大对华出口成为欧洲各国的共识。

再次，人民币是欧洲反对美元霸权、提升欧元地位可借助的重要抓手。国际金融危机的爆发使以美元主导的国际货币体系脆弱性凸显，世界经济的健康发展需要国际货币体系的多元化支撑。根据当前各国的经济实力，欧元、人民币都将成为国际货币体系中的重要成员，人民币国际化可对欧元发展起到呼应和支持作用，这符合欧洲国家的根本利益。

最后，人民币和欧元具有较强的货币合作互补性。欧洲金融业发达，国际金融中心较多，全球网络发达，欧元和英镑作为国际货币均积累了很多经验，这些对人民币国际化极具价值。而中国经济实力较强，人民币国际化的条件较好、潜力较大，与人民币国际化有关的商业利益和机遇巨大，被认为是 "21 世纪国际金融业最重要的机遇"②。随着中国资本市场逐步走向开放，伦敦、法兰克福、卢森堡、巴黎等欧洲城市激烈争建人民币离岸市场中心，迫切希望以人民币为纽带来分享中国资本市场发展的成果，同时又维护自身国际金融的中心地位和竞争力。

3. 人民币国际化有利于实现亚洲国家共赢③

首先，人民币国际化有利于亚洲经济金融稳定发展。从经济发展进程中发生的金融危机等一系列事件表明，国际货币体系的动荡，都加大了亚洲经济金融稳定与繁荣的风险和威胁。人民币国际化增加了亚洲国

---

① 数据来源：国家外汇管理局《2015 年 1—5 月我国对外直接投资业务简明统计》，http：//www.mofcom.gov.cn/article/tongjiziliao/dgzz/201506/20150601019645. shtml。

② 黄玉龙：《伦敦是人民币国际化的关键舞台》，财经网 http：//www.cai-jing.com.cn/2013-02-26/112531292.html。

③ 王冠群：《人民币国际化问题研究》，北京：经济科学出版社 2016 年版，第 91～92 页。

家选择国际货币的选择权和主动性。人民币的国际化、人民币稳定和中国经济稳定发展对亚洲各国经济均会起到稳定和促进的作用。

其次,人民币国际化有助于亚洲各国深化国际合作。亚洲各国深化国际合作迫切需要对亚洲经济发展负责的强势货币。人民币国际化程度不断提高,有助于亚洲各国货币围绕人民币实现汇率稳定,为自身发展建立更好的亚洲金融环境。当前中国的货币互换主要是同亚洲国家和地区开展,规模最大,约占互换货币金额的59%。

再次,人民币国际化有利于降低亚洲国际贸易成本与风险。近年情况表明,亚洲各国国际贸易基本使用美元定价、结算和支付。亚洲各国国际贸易中较大比例是在亚洲范围内通过原材料和产业合作后开展对欧美出口。国际结算的成本和结算货币的不稳定,增加了亚洲开展国际贸易的成本和风险,人民币国际化可以很大程度地降低亚洲国际贸易的成本和风险。

最后,人民币国际化将提高亚洲国际储备货币的选择权。亚洲国际储备集中于不断贬值的国际货币上,长期以来已经带来巨大损失。人民币国际化将有利于缓解相关问题。人民币国际化意味着人民币具有较为发达的国际投资职能,有助于将中国充裕的资本投资于亚洲相对落后的国家,提高亚洲相对落后国家接受人民币资本几率,这将极大地促进亚洲相关国家经济的发展与繁荣。

## (二) 双边货币互换与人民币国际化

2008 年全球金融危机的爆发,加速了人民币国际化进程。国际金融危机凸显了以美元为中心的现行国际货币体系的缺陷。从整体看,中国经济运行于合理区间,维持中高速增长,人民币汇率相对稳定并具有升值趋势。因此,人民币的国际需求日趋强劲,互换规模扩大,跨境贸易结算规模和地区扩大,境外发行的以人民币计价的债券数量增多,人民币成为部分境外居民储存财富的货币和部分国家及地区的官方储备货币。

人民币在金融危机期间国际化不断加速,与中国政府进行的货币互换活动有一定关联。双边本币互换安排是国家间经济金融领域合作深化的表现，有利于双方贸易投资中使用本币，规避汇率风险。央行间本币互换也在维护金融市场稳定，为金融市场提供紧急流动性支持方面发挥了重要作用。通过协议，任何一方可以发起交易，以一定数量的本币交换等值的对方货币。互换的发起和收回都为本币，并不承担汇率风险。互换流程如下：

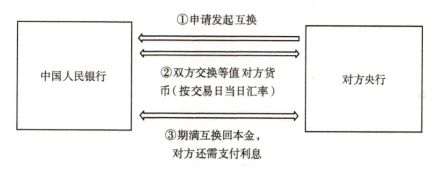

图 3-4　人民币货币互换活动步骤

从货币国际化角度看，中国人民银行双边互换协议的签订有助于推动我国与相关国家及地区在贸易与直接投资活动中支持人民币跨境使用。通过互换，对方当局在获得人民币后，能够向商业银行并最终向本国企业提供人民币融资，以支持从中国内地进口商品。同样，该国家或地区向中国出口也可直接收取人民币①。

2008 年金融危机爆发后，中国人民银行积极参与应对金融危机的国际和区域金融合作，与相关国家和地区中央银行签订了一系列双边互换协议，已与中国香港、韩国、马来西亚、欧央行、瑞士、俄罗斯、摩洛哥等 36 个国家和地区的中央银行或货币当局签署了双边本币互换协议，总金额超过 3.3 万亿元人民币（见表 3-3）。双边货币互换，既充

① 王丹、鲁凤玲：《人民银行货币互换实践》，《中国金融》2012 年第 4 期。

分发挥了中国政府在地区资金救助机制方面的作用，也进一步加速了人民币国际化进程。

表 3-3 中国人民银行和其他国家中央银行或货币当局双边本币互换一览表①

(截至 2016 年 6 月)

| 序号 | 国家和地区 | 协议签署时间 | 互换规模 | 期限 |
|---|---|---|---|---|
| 1 | 韩国 | 2009.4.20<br>2011.10.26（续签）<br>2014.10.11（续签） | 1800 亿元人民币/38 万亿韩元<br>3600 亿元人民币/64 万亿韩元（续签）<br>3600 亿元人民币/64 万亿韩元（续签） | 3 年 |
| 2 | 中国香港 | 2009.1.20<br>2011.11.22（续签）<br>2014.11.22（续签） | 2000 亿元人民币/2270 亿港元<br>4000 亿元人民币/4900 亿港元（续签）<br>4000 亿元人民币/5050 亿港元（续签） | 3 年 |
| 3 | 马来西亚 | 2009.2.8<br>2012.2.8（续签）<br>2015.4.17（续签） | 800 亿元人民币/400 亿马来西亚林吉特<br>1800 亿元人民币/900 亿马来西亚林吉特（续签）<br>1800 亿元人民币/900 亿马来西亚林吉特（续签） | 3 年 |
| 4 | 白俄罗斯 | 2009.3.11<br>2015.5.10（续签） | 200 亿元人民币/8 万亿白俄罗斯卢布<br>70 亿元人民币/16 万亿白俄罗斯卢布（续签） | 3 年 |

① 资料来源：根据中国人民银行网站"货币合作 & 新闻"整理。

续表

| 序号 | 国家和地区 | 协议签署时间 | 互换规模 | 期限 |
|---|---|---|---|---|
| 5 | 印尼 | 2009.3.23<br><br>2013.10.1（续签） | 1000 亿元人民币/175 万亿印尼卢比<br><br>1000 亿元人民币/175 万亿印尼卢比（续签） | 3 年 |
| 6 | 阿根廷 | 2009.4.2<br><br>2014.7.18（续签） | 700 亿元人民币/380 亿阿根廷比索<br><br>700 亿元人民币/380 亿阿根廷比索（续签） | 3 年 |
| 7 | 冰岛 | 2010.6.9<br>2013.9.11（续签）<br><br>2016.12.21 | 35 亿元人民币/660 亿冰岛克朗<br>35 亿元人民币/660 亿冰岛克朗（续签）<br>35 亿元人民币/660 亿冰岛克朗 | 3 年 |
| 8 | 新加坡 | 2010.7.23<br>2013.3.7（续签）<br><br>2016.3.7（续签） | 1500 亿元人民币/300 亿新加坡元<br>3000 亿元人民币/600 亿新加坡元（续签）<br>3000 亿元人民币/600 亿新加坡元（续签） | 3 年 |
| 9 | 新西兰 | 2011.4.18 | 250 亿元人民币/50 亿新西兰元 | 3 年 |
| 10 | 乌兹别克斯坦 | 2011.4.19 | 7 亿元人民币/1670 亿乌兹别克苏姆 | 3 年 |
| 11 | 蒙古 | 2011.5.6<br><br><br>2014.8.21（续签） | 50 亿元人民币/1 万亿蒙古图格里克<br>100 亿元人民币/2 万亿蒙古图格里克（扩大）<br>150 亿元人民币/4.5 万亿蒙古图格里克（续签） | 3 年 |

续表

| 序号 | 国家和地区 | 协议签署时间 | 互换规模 | 期限 |
|------|-----------|-------------|---------|------|
| 12 | 哈萨克斯坦 | 2011.6.13 | 70 亿元人民币/1500 亿哈萨克坚戈 | 3 年 |
| | | 2014.12.14（续签） | 70 亿元人民币/2000 亿哈萨克坚戈 | |
| 13 | 泰国 | 2011.12.22 | 700 亿元人民币/3200 亿泰铢 | 3 年 |
| | | 2014.12.22（续签） | 700 亿元人民币/3700 亿泰铢 | |
| 14 | 巴基斯坦 | 2011.12.23 | 100 亿元人民币/1400 亿巴基斯坦卢比 | 3 年 |
| | | 2014.12.23（续签） | 100 亿元人民币/1650 亿巴基斯坦卢比（续签） | |
| 15 | 阿联酋 | 2012.1.17 | 350 亿元人民币/200 亿阿联酋迪拉姆 | 3 年 |
| | | 2015.12.14（续签） | 350 亿元人民币/200 亿阿联酋迪拉姆 | |
| 16 | 土耳其 | 2012.2.21 | 100 亿元人民币/30 亿土耳其里拉 | 3 年 |
| | | 2015.9.26（续签） | 120 亿元人民币/50 亿土耳其里拉（续签） | |
| 17 | 澳大利亚 | 2012.3.22 | 2000 亿元人民币/300 亿澳大利亚元 | 3 年 |
| | | 2015.3.30（续签） | 2000 亿元人民币/400 亿澳大利亚元（续签） | |
| 18 | 乌克兰 | 2012.6.26 | 150 亿元人民币/190 亿乌克兰格里夫纳 | 3 年 |
| | | 2015.5.15（续签） | 150 亿元人民币/540 亿乌克兰格里夫纳（续签） | |

续表

| 序号 | 国家和地区 | 协议签署时间 | 互换规模 | 期限 |
|---|---|---|---|---|
| 19 | 巴西 | 2013.3.26 | 1900 亿元人民币/600 亿巴西雷亚尔 | 3 年 |
| 20 | 英国 | 2013.6.22<br>2015.10.20（续签） | 2000 亿元人民币/200 亿英镑<br>3500 亿元人民币/350 亿英镑（续签） | 3 年 |
| 21 | 匈牙利 | 2013.9.9 | 100 亿元人民币/3750 亿匈牙利福林 | 3 年 |
| 22 | 阿尔巴尼亚 | 2013.9.12 | 20 亿元人民币/358 亿阿尔巴尼亚列克 | 3 年 |
| 23 | 欧央行 | 2013.10.8 | 3500 亿人民币/450 亿欧元 | 3 年 |
| 24 | 瑞士 | 2014.7.21 | 1500 亿元人民币/210 亿瑞士法郎 | 3 年 |
| 25 | 斯里兰卡 | 2014.9.16 | 100 亿元人民币/2250 亿斯里兰卡卢比 | 3 年 |
| 26 | 俄罗斯 | 2014.10.13 | 1500 亿元人民币/8150 亿卢布 | 3 年 |
| 27 | 卡塔尔 | 2014.11.3 | 350 亿元人民币/208 亿元里亚尔 | 3 年 |
| 28 | 加拿大 | 2014.11.8 | 2000 亿元人民币/300 亿加元 | 3 年 |
| 29 | 苏里南 | 2015.3.18 | 10 亿元人民币/5.2 亿苏里南元 | 3 年 |
| 30 | 亚美尼亚 | 2015.3.25 | 10 亿元人民币/770 亿德拉姆 | 3 年 |
| 31 | 南非 | 2015.4.10 | 300 亿元人民币/540 亿南非兰特 | 3 年 |
| 32 | 智利 | 2015.5.25 | 220 亿元人民币/22000 亿智利比索 | 3 年 |
| 33 | 塔吉克斯坦 | 2015.9.3 | 30 亿元人民币/30 亿索摩尼 | 3 年 |
| 34 | 摩洛哥 | 2016.5.11 | 100 亿元人民币/150 亿迪拉姆 | 3 年 |

续表

| 序号 | 国家和地区 | 协议签署时间 | 互换规模 | 期限 |
|---|---|---|---|---|
| 35 | 塞尔维亚 | 2016.6.17 | 15 亿元人民/270 亿塞尔维亚第纳尔 | 3 年 |
| 36 | 埃及 | 2016.12.6 | 180 亿元人民/470 亿埃及镑 | 3 年 |
| 总金额 | | | 33292 亿元人民币 | |

# 第三节 国际资本流动的主要方式

## 一、国际资本流动概念

国际资本流动是指资本在国际间转移或资本在不同国家或地区之间作单向、双向或多向流动，也可理解为国际间的投融资活动，资本跨越国界的移动过程，具体包括：贷款、援助、输出、输入、投资、债务的增加、债权的取得、利息收支、买方信贷、卖方信贷、外汇买卖、证券发行与流通等①。以金融资本流动占有主体地位，在国际收支平衡表的"资本和金融账户"中：

流量分析中，资本流入说明对外国资产增加或负债减少，资本流出说明对外国负债增加或资产减少；

存量分析中，净资本输入指一定时期内的累计资本流入大于资本流出，净资本输出指一定时期内的累计资本流出大于资本流入。

---

① 参考：MBA 智库·百科——国际资本流动，http://wiki.mbalib.com/wiki/%E5%9B%BD%E9%99%85%E8%B5%84%E6%9C%AC%E6%B5%81%E5%8A%A8。

## 二、国际资本流动的分类

根据存在形态，国际资本流动分为对外直接投资、国际证券投资、国际信贷和其他形式。下面予以分别说明。

### （一）对外直接投资

1. 对外直接投资的界定

以我国为例，对外直接投资（Outward Foreign Direct Investment，OFDI），是指我国企业、团体等境内投资者在国外及港澳台地区以现金、实物、无形资产等方式投资于另一国的生产经营，并以控制国（境）外企业的经营管理权为核心的经济活动。对外直接投资的内涵主要体现在一经济体通过投资于另一经济体而实现其持久利益的目标。

要与对外投资进行区别，对外投资是指企业为购买国家及其他企业发行的有价证券或其他金融产品（包括：期货与期权、信托、保险），或以货币资金、实物资产、无形资产向其他企业（如联营企业、子公司等）注入资金而发生的投资，包括了对外直接投资和对外间接投资。对外直接投资是不需借助金融工具，直接由投资人将资金交付给被投资对象。

2. 对外直接投资的方式

主要有5个方式：①在国外开办独资企业（即在东道国新创办企业，也称之为绿地投资）；②收购或合并国外企业；③与东道国企业合资开办企业；④投资者利用国外企业投资所获利润对该企业再投资；⑤对国外企业进行一定比例以上的股权投资（IMF 在 1993 年颁布的《国际收支手册》第 5 版中规定，购买国外企业 10% 以上的股权即被认为是直接投资）。

3. 直接投资的特点

主要有四个方面：

①实体性：投资主体必须在国外建立直接从事生产经营活动的经济实体，是一种经营性的投资；②控制性：是对企业具有经营控制权的资本的国际移动；③对于东道国来说，直接投资形式更便于管理和控制；④具有投资回收周期长、投资变现速度慢、流动性差和较大风险等特点。

4. 全球及中国直接投资状况

根据国际货币基金组织数据库发布的《世界投资报告 2016》，全球外国直接投资（FDI）流入量从 2014 年的 1.28 万亿美元增长至 2015 年的 1.76 万亿美元，上升了 38%；流出量从 2013 年的 1.31 万亿增长到 2015 年的 1.47 万亿美元，增长了 12%。（见表 3-4）

表 3-4　　　**2013—2015 年按区域的直接投资外资流量**①

（单位：10 亿美元）

| 区域 | FDI 流入量 | | | FDI 流出量 | | |
|---|---|---|---|---|---|---|
| | 2013 | 2014 | 2015 | 2013 | 2014 | 2015 |
| 世界 | 1427 | 1277 | 1762 | 1311 | 1318 | 1474 |
| 发达经济体 | 680 | 522 | 962 | 826 | 801 | 1065 |
| 欧洲 | 323 | 306 | 504 | 320 | 311 | 576 |
| 北美洲 | 283 | 165 | 429 | 363 | 372 | 367 |
| 发展中经济体 | 662 | 698 | 765 | 409 | 446 | 378 |
| 非洲 | 52 | 58 | 54 | 16 | 15 | 11 |
| 亚洲 | 431 | 468 | 541 | 359 | 398 | 332 |
| 东亚与东南亚 | 350 | 383 | 448 | 312 | 365 | 293 |
| 南亚 | 36 | 41 | 50 | 2 | 12 | 8 |
| 西亚 | 46 | 43 | 42 | 45 | 20 | 31 |
| 拉丁美洲和加勒比 | 176 | 170 | 168 | 32 | 31 | 33 |

———————

① 数据来源：《世界投资报告 2016》第 50 页。

续表

| 区域 | FDI 流入量 | | | FDI 流出量 | | |
|---|---|---|---|---|---|---|
| | 2013 | 2014 | 2015 | 2013 | 2014 | 2015 |
| 大洋洲 | 3 | 2 | 2 | 2 | 1 | 2 |
| 转型期经济体 | 85 | 56 | 35 | 76 | 72 | 31 |
| 结构薄弱、易受冲击的小经济体 | 52 | 55 | 56 | 14 | 14 | 8 |
| 最不发达国家（LDCs） | 21 | 26 | 35 | 8 | 5 | 3 |
| 内陆发展中国家（LLDCs） | 30 | 30 | 24 | 4 | 7 | 4 |
| 小岛屿发展中国家（SIDS） | 6 | 7 | 5 | 3 | 2 | 1 |

不同国家和地区之间的国际直接投资存在相当大差异。2015 年，发达经济体的 FDI 流入量上升了 84%，达到有史以来的第二最高水平，为 9620 亿美元；欧洲 FDI 也在强劲增长（上升了 65%，达到 5040 亿美元）；尽管是在 2014 年的历史最低水平的基础上，但美国的外国直接投资流动几乎翻了两番。发展中经济体的外国直接投资达到 7650 亿美元的新高，在 2014 年的水平上高出 9%；亚洲发展中国家，外商投资超过5000 亿美元，仍是世界上最大的外商直接投资接受地。拉美和加勒比地区的 FDI 流入量（不包括加勒比海离岸金融中心），保持在 1700 亿美元左右。

中国的对外投资起步较晚，始于 20 世纪 80 年代改革开放初期，此阶段对外直接投资开始起步，由于企业的规模较小，缺乏资金，一般都是以政府行为为主进行对外直接投资。90 年代，我国对外直接投资迅速发展，但由于正处于深化改革时期，国内企业的综合实力较弱，因此对外直接投资增长不稳定，波动较大。21 世纪初，我国对外直接投资才开始粗具规模，处于加速发展阶段。近几年，随着中国与海外合作的频繁开展，境外投资也得到快速增加，2015 年我国对外直接投资流量达到了 1456.7 亿美元，同比增长 18.30%，存量达到了 10978.6 亿美元，居发展中国家之首①。

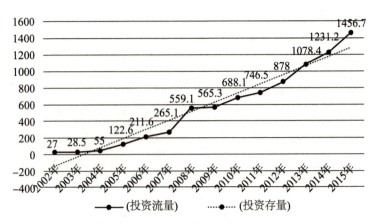

图 3-5  中国近年来对外直接投资流量②  （单位：亿美元）

## （二）国际证券投资

### 1. 定义

国际证券投资（亦称国际间接投资），是指在国际证券市场上通过购买各种有价证券进行的国际性投资，投资者在国际债券市场购买政府、企业中长期债券，或在外国股票市场上购买企业股票、衍生工具等金融资产，并按期获得利息、红利或差价的一种投资活动。

国际间接投资者的投资动机有两个，一是获取定期金融性收益；二是可利用各国经济周期波动的不同步性和其他投资条件差异，在国际范围内实现投资风险分散化。

### 2. 具体方式

根据期限是否超过 1 年，国际证券投资可以分为：长期证券投

---

① 《全球投资报告 2016》第 72 页，http://unctad.org/en/PublicationsLibrary/wir2016_en.pdf。

② 数据来源：根据中华人民共和国商务部"走出去"公共服务平台；《中国对外直接投资统计公报》整理。

资——期限超过 1 年，投资对象主要包括外国企业股票、中长期政府和企业债券，以及各种基金凭证等；短期证券投资——期限不超过 1 年，投资对象则包括外国政府国库券、银行活期存款凭证、可转让定期存单、银行存兑汇票和商业票据等。

按照投资对象划分，国际间接投资包括：股票投资、债券投资、基金投资、衍生品投资。它按照获利方式的不同，可分为：证券套利、证券包销、代理证券发行。

3. 国际证券投资特点

由于国际证券投资活动主要在金融领域内进行，目标是实现货币增值，故又称之为金融性投资。它具有以下三个特点①：一是流动性。如股票，具有永久性特点，是一种永不偿付的证券，而债券则存在期限的问题。债券持有者只能在证券流通市场上转让或抵押债券来收回本金，因此，为了保证证券随时可兑换，增加人们购买，我国在大力发展证券一级市场的同时也在完善证券二级市场，提高证券的流动性并促进社会资金的有效配置。二是风险性。证券种类不同，其风险大小也不相同。一般来说，风险和收益呈正相关关系。高风险高收益，仅仅意味着高风险的证券应该具有高的回报率，也即高风险证券所要求的收益补偿较大，而不是指高风险一定会带来高的收益。三是收益性。这是证券投资最基本的特征，不管是投资于股票、债券还是衍生金融工具，投资者的目的就是获取收益。

(三) 国际信贷 (International Credit)

国际信贷是一国的银行、其他金融机构、政府、公司企业以及国际金融机构，在国际金融市场上，向另一国的银行、其他金融机构、政

---

① 史其禄、何泽荣：《国际证券投资与中国证券市场国际化研究》，成都：西南财经大学出版社 2012 年版，第 17 页。

府、公司企业以及国际机构提供的贷款①。其具体形式可分为国际商业信用、国际银行信用、国际债券信用和政府信用四种。

近年来国际信贷出现五大特点②：一是涉及地域空前宽广。各国政府间和国际金融组织的贷款，利率比较优惠，贷款期限也比较长，而且有一定的援助性质。这就为一些发展中国家提供了广泛的贷款空间及有利的贷款条件。二是融资用途不断扩大。借款国利用国际信贷引进先进技术和设备，提高本国产品的质量，加强出口商品的竞争力，进一步促进出口贸易的发展。发达国家利用向发展中国家借贷的机会，实现了商品和资本的输出，解决了国内的生产和就业等经济问题。三是信贷货币种类增多。世界货币资金市场拥有丰富的资金来源和灵活方便的信贷方式，便于借款国筹措各项资金来发展本国的经济。四是融资方式多样化，借款国可以通过国际银行、各国政府、国际金融机构或非金融机构等多种途径，不受约束地多方面筹措巨额资金。五是信贷风险加大。因国际信贷要支付利息，所以承受着债权国财政与货币政策变化的制约和国际金融市场动荡的影响，而且利率风险大。信贷也会给借款国加重财政负担。

## （四）长期国际资本流动和短期国际资本流动

除按照资本的存在形态将国际资本流动分为上述三大类外，通常还根据周转时间，分为长期国际资本流动和短期国际资本流动。

长期国际资本流动，是指期限在1年以上的资本流入与流出，是国际资本流动的重要方式。其基本形式包括直接投资、中长期国际信贷、中长期国际证券投资以及国际经济援助。

短期国际资本流动，是指期限为1年或1年以内或即期支付资本的

---

① 宋浩平：《国际信贷》，北京：首都经济贸易大学出版社2012年版，第446页。

② 参考：互动百科＆百度百科——国际信贷；百度文库《国际信贷的概念与特点》。

流入与流出。这种国际资本流动，一般都借助于有关信用工具，并通过电话、电报、传真等通信方式来进行。这些信用工具包括短期政府债券、商业票据、银行承兑汇票、银行活期存款凭单、大额可转让定期存单等。短期国际资本流动多利用电话、电报、传真等方式来实现，因为这些方式周转较快且面临的风险也较小。

### 三、资本外逃

资产外逃（Capital flight），是资产流出中"非常"的那一部分，其中既包括规模未被政府准确掌握着的资产流出部分，如出口低报和走私等；也包括渠道未被政府准确掌握着的资产流出部分，如资产项下的资产混入经常项下流了出去等。直白地说，资本外逃就是一国或经济体的境内及境外投资者由于担心该国将发生经济衰退或其他经济或政治的不确定性而大规模抛出该国国内金融资产，将资金转移到境外的情况。因此，资产外逃具有极强的违规性与隐蔽性，其规模很难被准确掌握。

### （一）资本外逃的途径

一般来说，我们可以通过国际收支平衡表的各个项目来考察资本外逃的途径。

1. 利用经常项目下的交易形式向境外转移资产实现资本外逃

经常项目是本国与外国进行商品和服务交易而经常发生的项目，作为国际收支平衡表中的主要项目，大多数国家对经常项目的往来提供了较方便的结算方式，因此借助经常项目进行资本外逃成为了一个相对便捷的途径。通常采用的方法大致有五类：通过交易结算时间的提前或推迟，进口预付货款，出口延期收汇的方式；伪造佣金及其他服务贸易凭证对外付汇，进行骗汇套汇或骗取国家退税资金；通过企业之间的关联交易、转移价格实现向境外转移资产的目的；利用假的进口合同骗取外汇管理部门核准外汇汇出境外；低报出口，高报进口。

2. 利用资本与金融项目的交易形式进行资本外逃

资本和金融项目是资本项目项下的资本转移、非生产/非金融资产交易以及其他所有引起一国经济体对外资产和负债发生变化的金融项目，是一国对资本跨国流动的统计记录。为了稳定投资水平，促进本国经济发展，各国对资本项目进行了不同程度的管制。几乎很少有国家完全自由开放其资本账户。根据 IMF 发布的报告，即便是发达的高收入国家，也有 15%~19% 的资本交易项目存在限制。

资本和金融项目下资本外逃方法有两种：一是以对外投资的名义将资本转移到境外。在"走出去"的战略指导下，我国目前已经成为三大投资母国之一，但是其中有些企业借对外投资的名义，通过各种方式转移资金，通过低估对外投资资产，隐瞒截留对外投资收益；以个人名义注册化公为私，以及自己收购自己等。二是通过境外融资方式。外资企业在投资款汇入东道国境内完成验资以后就以预付款或者投资收益等名义汇出到境外；中、外方合谋，由境内企业直接在境内为境外企业代垫人民币进行各种支付，境外企业在境外以约定的汇率折成外币偿还；通过高估外商投资的进口设备和技术价值以及在向境外筹资过程中改变借款或证券认购与包销条件，将部分资金留在境外，形成资本外逃①。

3. 腐败分子进行的资本外逃途径

主要包括②：（1）通过现金走私向境外转移资产。有两种方式：其一是腐败分子本人将现金夹带在行李中直接携带出境，这种方式较为简单，但走私金额小、风险较大。其二是通过某些代理机构（主要是地下钱庄），利用一些专门跑腿的"水客"以"蚂蚁搬家"、少量多次

① 张鹰：《中国资本外逃的途径、影响与治理对策分析》，《会计之友》2014年第35期，第46页。
② 中国人民银行反洗钱监测分析中心：《我国腐败分子向境外转移资产的途径及监测方法研究》，2011年11月25日发布。

的方式肩扛手提地在边境口岸（主要是深圳与香港、珠海与澳门海关）来回走私现金，偷运过境后再以货币兑换点名义存入银行户头。这种方式虽然手续比较麻烦而且还要交给地下钱庄一定的费用，但风险较小，很难追查。

（2）利用替代性汇款体系向境外转移资产。替代性汇款体系在中国主要表现为以非法买卖外汇、跨境汇兑为主要业务的地下钱庄。利用此种交易方式跨境转移资产的主体较为复杂，除了腐败分子和国企高管，还有某些企业出于避税逃税和享受外商投资优惠待遇而进行跨境转移其灰色资金，以及走私、贩毒等犯罪分子和恐怖分子以此转移其黑钱等。

（3）利用投资形式向境外转移资产。这是指利用信用卡工具向境外转移资产，形式上基本合法，以企业正常海外投资形式来操作。采用此种手法转移资金的多为大型企业高管人员或某项具体业务的负责人员。由于目前中国对一些经常项下的个人支付没有严格的外汇管制或限制，某些腐败分子或其特定关系人常常通过在境外使用信用卡大额消费或提现来实现资金向境外转移。

（4）利用离岸金融中心向境外转移资产。离岸金融中心常被中国腐败分子利用，转移、侵吞国有资产。这些人多为上市公司或国有企业的高管人员。主要采用两个步骤：第一，转移企业资产。企业管理层与境外公司通过"高进低出"或者"应收账款"等方式，将国内企业的资产掏空；第二步，销毁证据，漂白身份。

（5）海外直接收受。腐败分子并不从国内向境外转移资金，而是在境外直接完成贪污、受贿等过程。例如，发案单位在国外进行采购时，有实际控制权的腐败分子可以通过暗箱操作得到巨额回扣。这些回扣不转到中国，而是直接存入腐败分子在境外银行的账户或转换成境外的房屋等不动产。更隐蔽的做法是不涉及现金，而以安排子女留学等方式作为交易。

（6）通过在境外的特定关系人转移资产。特定关系人是指与国家工作人员有近亲属、情妇（夫）以及其他共同利益关系的人。近年破获的贪腐大案显示，通过在海外的特定关系人转移资金成为贪污腐败分子转移资金的新趋势。

## (二) 资本外逃的原因

资本外逃不仅仅是为了逃避外汇管制，也有可能是为了规避国内政治风险和经济风险，逃避税收征管，或是为了转移资本到国外①。因此资本外逃的原因有很多，如政治因素、经济因素、文化因素、历史遗留性因素和社会环境性因素等②。有些资本外逃是合法的，例如经过政府或是国家批准的外债还款付息、对外直接投资、购买外国证券等，即使在未批准的违规流出中也有正常经营的，主要是因为躲避繁冗的审核程序或是降低其他交易等③。

在实施严格的资本管制条件下，大部分的资本外逃被认为是非法的，外逃渠道主要有对外投资、贸易转移、混入经常项目结售汇等，它往往对一国的金融和资本监管带来负面影响，也损害社会公平和社会稳定。特别是洗钱行为（Money Laundering），对一国乃至世界造成极为恶劣的后果。需要"清洗"的非法钱财一般都可能与恐怖主义、毒品交易或是集团犯罪有关，犯罪分子通过一系列金融账户转移非法资金，以便掩盖资金的来源、拥有者的身份，或是使用资金的最终目的。据国际货币基金组织统计，全球每年非法洗钱的数额约占世界国内生产总值的2%至5%，介于6000亿美元至1.8万亿美元之间，且每年以1000亿美元的数额不断增加。特别是在当前经济全球化、资本流动国际化的情况下，洗钱活动对国际金融体系的安全、对国际政治经济秩序的危害极大。近年来，我国洗钱的现象也在不断增加，许多犯罪分子通过如贪污、受贿、侵吞国有资产、走私、贩毒、诈骗、

---

① 饶欣：《我国资本外逃现象探析》，《金融视线》2014年第7期。
② 陈亚群、王铭涵、宋昕：《中国资本外逃的现状及影响分析》，《经济观察》2016年第31期。
③ 曹妍雪：《中国资本外逃的成因及影响》，《产业经济》2013年第10期。

偷税漏税等各种非法渠道套取外汇资金（黑色收入或部分灰色收入）
转移到国外。

然而资本外逃现象在国际已经是一种普遍现象，自 20 世纪 80 年代
末以来，我国就存在着严重的资本外逃现象。随着中国经济的发展，这
种现象日益严重，使我国成为继委内瑞拉、墨西哥、阿根廷之后的世界
第四大资本外逃国，超额的资本外逃数量对我国经济发展造成了不可估
计的损失①。尤其是近年来，发达国家货币政策分化和地缘政治风险上
升，全球避险情绪波动较大，国际资本流动剧烈，包括我国在内的新兴
市场国家再次面临资本流出的局面。资本外逃问题的加剧恶化不仅阻碍
了我国引进外资，也成为我国经济面临的重大风险，一些国际机构也出
现了"中国面临大规模资本外逃"的论调，严重影响市场参与者对我
国的投资预期②。

### （三）资本外逃对我国的不利影响

日益严重的资本外逃现象，对中国各方面的影响逐渐显露出来。资
本外逃不仅会影响经济运行的质量，还会对宏观经济政策的调整产生影
响；不仅减少我国税收，增加财政赤字，还会增大国内交易成本进而阻
碍投资，对经济和金融改革、社会发展、金融稳定等方面产生负面作用。

1. 影响汇率的稳定，加大金融风险

当外汇市场上对外币的供给增加、需求减少时，外币就会贬值，本
币就会升值；反之，当对外币的需求增加、供给减少时，外币就会升
值，本币就会贬值。如果一国积累了大量顺差，而其中可能潜伏着较大
量的投机资本，在市场环境发生变化时，这些投机资本就会突然大量撤
出，从而造成货币贬值；如果发生大规模的资本外逃，就外汇市场而

① 陈亚群、王铭涵、宋昕：《中国资本外逃的现状及影响分析》，《经济观
察》2016 年第 31 期。
② 钟震、郭立、姜瑞：《当前我国跨境资本流动：特点、成因、风险与对
策》，《宏观经济研究》2015 年第 12 期。

言，增加了外汇的需求，相对减少了外汇的供给，本币汇率会迅速下跌，汇率不稳定情形就会出现。

2. 影响政府税基，导致税收流失

大量的资本外流之后，以过渡性资本居多，当这些资本转移到国外后，合法化的资金又将以外资形式进入中国，使得资本外逃享受多次税收优惠，严重影响了国内企业的公平竞争体制。企业在非法转移中受益，但政府的财政支出在无形中加大，进而影响了我国税基，造成大量的税收流失，最终影响我国经济实力。

3. 降低国际间的信誉度

资本外逃会增加国家对于外资外债的依赖，外资外债的增加无疑对国家的国际偿还能力提出了严峻的挑战。尽管国家有着很多的外汇储备，但资本外逃现象愈演愈烈的时候，就会影响国际对于该国的信誉评价。

4. 干扰宏观经济政策的独立性和有效性

资本外逃可以说是一国货币供应中的"漏损"项，同时它的隐蔽性又使得政府很难把握其真实的外逃规模，增加了政府制定宏观经济政策难度。政府在宏观经济管理方面主要追求四大目标：经济增长、物价稳定、充分就业与国际收支平衡。前三大目标被称为内部均衡目标，最后一个目标是针对外部经济而言的，故称之为外部均衡目标。20 世纪 60 年代初，弗莱明（J. Marcus Fleming，1962）和蒙代尔（Robert Mundell，1963）都先后提到，一国政府最多只能同时实现下列三项目标中的两项：完全的资本流动、独立的货币政策和固定汇率制，这就是著名的"蒙代尔三角"。例如，当一国货币当局想成功地在固定汇率制下紧缩银根，它就必须牺牲资本的自由流动。因此，资本外逃使得我国更难同时实现内外均衡目标。

5. 扩大收入分配不公[①]

---

① 张鹰：《中国资本外逃的途径、影响与治理对策分析》，《会计之友》2014年第 35 期，第 47 页。

资本外逃会恶化不同部门、不同群体之间的收入分配状况，进一步拉大国内收入分配差距，中低收入阶层的财富被转移到了高收入阶层手中。当资本外逃发生时，本币会面临贬值压力，出于对国内资产遭受损失的担心，国内的富有阶层会将资产转移到国外。招商银行联合贝恩公司发布的《2013 年中国私人财富报告》显示，"约 60% 的高净值人士表示自已正在考虑或已经完成投资移民"；胡润百富发布的《中国奢华旅游市场白皮书》（2012）指出，"中国富豪 1/3 有海外资产，六成考虑移民"。在本国外债增加和国内税基减少的情况下，政府的财政收支出现恶化；为了弥补财政赤字，如果政府采用增税的办法，投资者出于规避税负的考虑会进一步加大资本外逃；如果采用增发货币的方法，极易导致国内的通货膨胀。由于富有阶层的财富已经转移到国外，免受本币贬值之损，逃避了赋税，也免于被征"通货膨胀税"，而中低收入阶层由于未能将财富转移到境外，势必会在本币贬值、税负增加以及通货膨胀中进一步遭受损失。

# 第四节　离岸金融市场及重要中心

## 一、离岸金融市场的类型

### （一）离岸金融市场的含义

离岸金融市场（offshore finance market），是指主要为非居民提供境外货币借贷或投资、贸易结算，外汇黄金买卖、保险服务及证券交易等金融业务和服务的一种国际金融市场，亦称境外金融市场，其特点可简单概括为市场交易以非居民为主，基本不受所在国法规和税制限制。离岸金融市场在 1960 年代兴起，使国际金融市场的发展进入了一个全新的发展阶段。

## （二）离岸金融市场的特征

离岸金融市场主要有以下三个典型特点：

一是业务活动很少受法规的管制，手续简便，低税或免税，效率较高。二是离岸金融市场借贷货币是境外货币，借款人可以自由挑选货币种类。该市场上的借贷关系是外国放款人与外国借款人的关系，这种借贷关系几乎涉及世界上所有国家。三是离岸金融市场其存款利率略高于国内金融市场，利差很小，更富有吸引力和竞争性。

## （三）离岸金融市场的类型

离岸金融市场根据业务经营和管理可以分成三种类型：内外混合型、内外分离型和避税港型。其中避税港型离岸金融市场最受欢迎，拥有大批注册金融机构和公司（通常被称为离岸公司或国际商业公司），但这些公司通常在这里不设立实体，实际业务都在母国进行，只是通过注册的机构在账簿上进行境内外交易，以求享受在注册地的税收优惠。加勒比地区的英属维尔京群岛（BVI）、巴哈马、开曼群岛、百慕大，南太平洋上的瑙鲁、萨摩亚，英吉利海峡上的海峡群岛以及地中海上的塞浦路斯，均是典型的避税港型离岸金融地。

这些国际避税地具有一些特征：一是国家和地区较小，有些还是很小的岛国。二是财政规模小，没有庞大的国防开支。三是政治经济稳定，交通通信便利，资本自由流动，公司设立简便，社会基础设施完善。四是地理位置特殊。重要的国际避税地大多靠近资本输出国，例如百慕大群岛距离美国纽约不过 1247 公里，每隔两小时就有一次航班往返两地间；而从开曼群岛到美国迈阿密的飞行时间不过一小时。五是这些地区实行低税或免税政策。如英属维尔京群岛、开曼群岛、巴哈马、百慕大、瓦努阿图、特克斯与凯科斯群岛、安道尔、萨摩亚、伯利兹等国家或地区，不征收个人或企业所得税以及一般财产税，境外投资者只需向当地有关部门注册登记并交纳一定的注册费用，有些甚至是完全免税的国际避税地。

国际避税地的无税或低税政策有利于吸引外资，获得丰厚的财政收入（公司注册费和年检费）①，但同时也会产生一些负面影响。

首先，给予了国际游资逃避监管以及操纵资本流动的机会。现代机构投资者通常要接受严密的监管，如美国的共同基金，它必须向美国证券交易委员会登记注册，在组织结构和经营的所有方面几乎都要接受严格的监管，包括可投资证券的类别、比重等。相反，对冲基金大部分在离岸金融中心注册，无需接受上述监管要求，并可以在大多数市场参与者不知情的情况下奉行极为激进乃至不无操纵市场色彩的投资策略，而这些策略在 20 世纪 90 年代的历次大的金融危机中都发挥了重大作用。

其次，为逃税、资本外逃和洗钱犯罪创造了机会。资本外逃是世界性问题，在发展中国家和经济转轨国家尤其突出。离岸金融中心在协助逃税、资本外逃和洗钱犯罪中的作用引起了国际社会的强烈反感。2000年 6 月 21 日，反洗钱国际组织"金融行动特别工作组"（Financial Action Task Force）宣布了与打击洗钱活动合作不力的国家和地区名单，巴哈马、开曼群岛、库克群岛、多米尼加、列支敦士登、马绍尔群岛、瑙鲁、纽埃、巴拿马、圣基茨和尼维斯、圣文森特等离岸金融中心名列其中②。

## 二、离岸金融中心的地域分布

离岸金融中心最早出现于 20 世纪 60 年代欧洲的伦敦，目前从地理

---

① 资料来源：《为什么很多公司在开曼、百慕大或者英属维尔京群岛注册？》，https：//zhidao. baidu. com/question/260333724. html。

② 百度知道——《百慕大，开曼，维尔京属于什么类型的离岸金融中心？其快速发展带来的负面作用有哪些？》，https：//zhidao. baidu. com/question/617892176243167132. html。

上看离岸金融中心已遍布全球各大洲的陆地板块、海洋岛屿及沿海地区，基本形成五大集群——非洲群、欧洲群、中东群、亚太地区群和美洲群。（见表3-5）

表 3-5 　　　　　　　　　当前国际离岸金融中心分布①

| 中心群 | 时区 | 国家（地区）、领地或司法管辖区 |
|---|---|---|
| 非洲 | 零时区 | 利比里亚、摩洛哥（丹吉尔） |
| | 东三区 | 吉布提 |
| | 东四区 | 塞舌尔、毛里求斯 |
| 欧洲 | 零时区 | 英国（伦敦）、爱尔兰（都柏林）、格恩西岛、马恩岛、泽西岛、葡萄牙（马德拉） |
| | 东一区 | 安道尔、意大利（金皮庸）、列支敦士登、卢森堡、马耳他、摩纳哥、荷兰、瑞士 |
| | 东二区 | 塞浦路斯、直布罗陀 |
| 中东 | 东二区 | 以色列、黎巴嫩 |
| | 东三区 | 巴林 |
| 亚太地区 | 东七区 | 泰国 |
| | 东八区 | 新加坡、中国香港、菲律宾、马来西亚(纳闽岛)、中国澳门 |
| | 东九区 | 日本 |
| | 东十区 | 关岛、马里亚纳、密克罗尼西亚联邦 |
| | 东十一区 | 瓦努阿图 |
| | 东十二区 | 马绍尔群岛、瑙鲁、美属萨摩亚群岛 |
| | 西十一区 | 纽埃 |
| | 西十区 | 库克群岛、塔希提岛 |

① 资料来源：①Offshore Financial Centers, IMF Background Paper, 2000。②杨叠涵、陈瑛：《全球离岸金融中心（OFCs）地理特征研究》，《世界地理研究》2013 年第 22 期，第 99 页。
注：时区划分是以冬令时为准。

续表

| 中心群 | 时区 | 国家（地区）、领地或司法管辖区 |
|---|---|---|
| 美洲 | 西六区 | 伯利兹、哥斯达黎加 |
| | 西五区 | 巴哈马、开曼群岛、巴拿马、特克斯与凯科斯群岛 |
| | 西四区 | 安圭拉、安提瓜和巴布达、阿鲁巴、巴巴多斯、百慕大、英属维尔京群岛（BVI）、多米尼克、格林纳达、蒙特萨拉特、荷属安地列斯、波多黎各、圣基茨和尼维斯、圣卢西亚、圣文森特和格林纳达 |
| | 西三区 | 乌拉圭 |
| | 西五区至西十区 | 美国 |

加勒比地区是全球最受欢迎的公司注册地之一，是全球最大财富聚集地之一，同时是全球最大的避税型离岸金融中心，每年仅协助美国企业规避的税金就高达 20000 亿美元。全球出名的避税型离岸金融中心如开曼、英属维尔京群岛（BVI）、安提瓜、巴哈马等都在加勒比地区。不光美国的谷歌、微软、苹果等巨头公司注册地在加勒比，中国从地产界的碧桂园、世茂地产，到运动品牌李宁、安踏，再到阿里巴巴、百度、奇虎 360 等互联网巨头，许多国人耳熟能详的公司都选择在加勒比地区注册。

自 2007 年全球金融中心指数（GFCI）对全球国际金融中心进行排名后，以开曼群岛、泽西等为代表的典型区域性离岸金融中心的最高排名一直徘徊在 20 多位，名列前茅的泽西、根西（2010—2013）、开曼群岛、维尔京群岛等均属于英国海外领地，这些小型离岸金融中心尽管建立时间不长，但是在诸多方面已经超越了北京、温哥华、马德里、米兰等著名城市。2010 年 GFCI 单独对典型的离岸金融中心进行排名后，其地位大部分稳定处于全球著名金融中心的第 20 名至第 70 名，其中以开曼群岛、百慕大、维尔京群岛比较靠前（见表 3-6）。进入 21 世纪之后，一些亚洲国家城市如上海、曼谷、马尼拉、吉隆坡等进步迅速，它们也开始致力于成为地区性国家金融中心，一个多元化、多层次的国际金融中心格局开始形成①。

表 3-6　　　全球离岸金融中心地位排名（2014—2016 年）

| 2014 年 | | | 2015 年 | | | 2016 年 | | |
|---|---|---|---|---|---|---|---|---|
| 离岸中心 | 排名 | 得分 | 离岸中心 | 排名 | 得分 | 离岸中心 | 排名 | 得分 |
| 摩纳哥 | 29 | 674 | 开曼群岛 | 34 | 668 | 开曼群岛 | 28 | 676 |
| 维尔京群岛 | 47 | 639 | 百慕大 | 42 | 659 | 百慕大 | 35 | 654 |
| 直布罗陀 | 53 | 633 | 维尔京群岛 | 43 | 658 | 维尔京群岛 | 36 | 653 |
| 开曼群岛 | 54 | 632 | 泽西 | 53 | 633 | 泽西 | 42 | 639 |
| 汉密尔顿 | 58 | 628 | 根西 | 54 | 632 | 根西 | 47 | 630 |
| 泽西岛 | 62 | 624 | 直布罗陀 | 56 | 630 | 直布罗陀 | 55 | 622 |
| 马恩岛 | 64 | 622 | 毛里求斯 | 64 | 622 | 马恩岛 | 65 | 611 |
| 根西 | 67 | 619 | 马耳他 | 68 | 617 | 摩纳哥 | 67 | 609 |
| 毛里求斯 | 69 | 608 | 摩纳哥 | 72 | 612 | 马耳他 | 74 | 599 |
| 巴哈马 | 71 | 603 | 巴哈马 | 75 | 606 | 毛里求斯 | 79 | 594 |
| 马耳他 | 76 | 581 | | | | 巴哈马 | 86 | 566 |

## 三、国际上重要的离岸金融中心

### （一）泽西岛②

泽西岛又叫玳瑁洲，是英国三大皇家属地之一。地处英国群岛与欧

---

① 王勇：《离岸金融中心的演进及其经济效应研究》，北京：经济科学出版社 2014 年版，第 87 页。

② 资料来源：《泽西岛：全球第一海外避税天堂》，《现代快报》2014 年 1 月 26 日。

洲大陆之中，位于诺曼底半岛外海 20 公里处的海面上，面积 45 平方英里（116.2 平方公里），人口 7.6 万，距法国西海岸 14 英里之遥，也是靠近法国海岸线的英吉利海峡群岛里，面积与人口数最大的一座群岛。泽西岛从 1204 年起就有独立于英国的宪法权利，有自己的议会、司法机关和财政机构，可独立发行货币并印有英国女王头像。可以说，泽西岛类似于一个效忠于英国女王以换取军事防御等特殊保护的主权国家。

泽西岛的金融产业已有较大规模，其大部分来自英国的金融中心伦敦，但现在也吸引了越来越多来自欧洲、中东和亚洲的客户，金融产业成为了泽西岛政府财政收入的主要来源。在 2013 年全球金融中心指数发布的调查中，泽西岛一跃成为全球典型离岸金融中心中排名第一的海外避税天堂。这里吸引了全球近 2 万亿美元的财富，据泽西岛非营利组织"泽西岛金融"最新统计数据显示，2013 年第三季度岛上最新成立的公司有 667 家，公司总数增至 33272 家，平均每平方英里就有约 740 家公司和超过 400 亿美元避税资金，说它是"寸土寸金"一点也不为过。

为适应岛内的金融环境，泽西岛于 2007 年第二十八次和第二十九次修订的《所得税法》引入了"零/十税收制度"，并于 2009 年 1 月 1 日通过。在该税收制度下，所有在泽西岛内设立的银行业务、信托业务、基金业务以及投资和独资金融咨询等类似活动业务的金融服务公司①有义务缴纳 10% 的所得税。而在金融服务范围之外的实体则只征收零标准的公司税率。由于发达的金融体系和特定的环境，作为著名离岸金融中心之一的泽西岛成为全球各国富豪及企业进驻投资的优先选择②。如巴克莱兄弟、英国房地产大亨大卫·罗兰、英国 F1 冠军赛车手尼格尔·曼塞尔、威尔士职业高尔夫球手伊恩·伍思南、苏格兰流浪

① 该税法对"金融服务公司"的定义是指由泽西岛金融服务委员会管制，且严格按照泽西岛的各种法律注册或批准的公司。

② 参考资料：《泽西岛的零/十税收制度》，http：//blog.sina.com.cn/s/blog_e36fd81f0101gm2l.html。

者足球俱乐部前东家戴维·默里和地产大亨戴维·克希都是备受媒体关注的居民。2013 年戴维·克希向泽西岛上的退休人员发放 100 英镑的购物券，登上了伦敦《星期日时报》慈善排行榜的首位。泽西岛被称为现代"金银岛"，它像磁石一样吸引着名人和富翁。

### （二）英属维尔京群岛（BVI）

英属维尔京群岛，位于大西洋和加勒比海之间，现为英国属地，其行政权力来自英国女皇。维尔京群岛是世界上发展最快的海外离岸投资中心之一，被称为加勒比海避税天堂，全球获取外国投资排名第四，是外国投资首选地。以金融服务和旅游业为主导，旅游业占全国支出的45%，而近 50%的政府支出来自离岸公司的牌照费。该地虽身为英国的属地，却以美元为标准货币。

英属维尔京群岛成为最受欢迎的离岸金融中心，与其政府积极推动有关。1984 年，政府制定的国际商业公司法①生效，受到国际商业社会的欢迎；1993 年修改 1961 年制定的受托人法则②，以及在 1996 年制定合伙法及互惠基金法等。这些法律对离岸金融业务的开展非常便利，例如该地法则规定：（1）排除任何注册的需要；（2）增大受托人的投资权力；（3）离岸收入及物业一律获税务豁免；（4）可保护付款人在进行出售 BVI 信托基金的物产免受付款人所属国家的继承法例影响，等等③。宽松的金融法规令英属维尔京群岛现在成为全球最为著名的离岸金融中心。

维尔京群岛最重要的税就是所得税，雇主必须在付薪资时就将所得

---

① 该法规定注册公司享受免缴入息税的优惠，包括资产增值税及任何形式的应课税。

② BVI 沿用英国信托的一般准则，但在 1961 年的信托法则中附加了一些条款。该条法则根据 1925 年的英国信托人法，除了承认海牙会议有关信托基金的法例外，直至 1993 年都没有被修改。在当年通过的信托人修改法则令英属维尔京群岛的信托法更为现代化。

③ 资料来源：豆瓣——《维尔京群岛（BVI）离岸金融业务》。

税扣除，税率介于 0%至 20%之间，个人若有其他收入需额外申报个人所得税，公司税只针对在当地注册营业的公司课征，税率为净收入的 15%。此外维京群岛还有房屋税、土地税、关税及一些印花税、财产税。但它不征收资本利得税、资本移转税、继承税、销售税、加值型营业税或扣缴税。BVI 注册的公司，在全球所赚取的利润均无须向 BVI 政府缴税。BVI 没有外汇管制，任何货币都可以自由进出。其与英国、日本及瑞士有双边租税协议，但仅适用于一般当地营业公司。

BVI 政府为维持其良好声誉，避免与贩毒洗钱及其他可疑的行业混在一起，因此对境外公司采取了许多管理措施，如：建立不受欢迎客户的黑名单。2000 年 12 月 29 日，洗钱防治法（1999）开始生效，此法明确规定了记录保存以及其他相关事项的标准，也不鼓励境外银行的成长（但其国际商业公司却是世界上最成功的境外实体，被广泛运用于金融控股及投资以及信托管理）。此外，其在共同基金、保险，甚至船舶登记及营运方面也经营得很成功。

## （三）开曼群岛（Cayman Islands）

开曼群岛是在西加勒比群岛的一块英国属地，由大开曼、小开曼和开曼布拉克 3 个岛屿组成。与维尔京群岛相似，岛屿上聚集了世界上最知名的私募基金。开曼群岛是全球四大离岸金融地之一、世界最大的离岸银行业中心、世界第二大离岸专属保险基地、世界金融的"百慕大三角"、著名的离岸金融中心和"避税天堂"。

金融和旅游业是开曼群岛的两大经济支柱，岛内的金融业、信托业总资产已超过 2500 亿美元，占欧洲美元交易总额的 7%。开曼没有外汇管制，任何货币都可以自由进出。全世界最大的 25 家银行都在开曼设有子公司或分支机构，全球其他 700 多家银行在开曼群岛都有分支机构，且每年平均约有 4300 家公司在此注册成立。像中国地区的百度、阿里巴巴、分众传媒、人人网、奇虎 360 等优质的公司；美国地区的可口可乐、宝洁、Apple、Intel 等全球知名的企业都选择在开曼群岛注册。

开曼群岛与中国、美国等 20 多个国家签订纳税信息交换协定，但没有与任何国家签署免双重征税协议。相较于 BVI 和百慕大，开曼的保密性更高，因此所披露的信息更少。

## （四）百慕大

百慕大位于北大西洋，是英国历史最悠久的自治海外领地。这个以"魔鬼三角"闻名的旅游胜地，还有另一重身份，因距离美国北卡罗来纳州的哈特拉斯角距离最近，所以成为了美国投资者的避税之地。百慕大群岛使用百慕大元，与美元等值。

百慕大吸引着来自全球各地的财富。有一半左右的中国香港上市公司注册于此，几乎所有投资美国的大型公司都在这个小岛上设立了自己的分支或控股公司。中国一些大公司也在此设立子公司，如中海油在百慕大设立子公司（两个），中国电力新能源发展有限公司在百慕大注册成立，其股份在香港联合交易所主板上市，汇丰集团也在百慕大上市，还有著名的 Google 也选择了百慕大。2011 年 5 月，根据国外媒体报道，美国谷歌公司横跨英美、爱尔兰、荷兰、百慕大 5 个管辖范围，将旗下子公司的海外盈利合法转移，最终到达避税天堂百慕大，过去 5 年避税至少 32 亿英镑。

在百慕大设立的公司没有和任何国家签订双重税务协定，投资者们会通过在百慕大开设的公司进行投资，美国以外的海外国家投资所得或股利股息不用交税，可以有效避免原所在地的高税率税务问题。且注册公司可以在卢森堡、都柏林、温哥华和美国申请挂牌上市，百慕大被视作在美国上市的最佳跳板。

## （五）中国香港

香港地处中国华南地区，珠江口以东，南海沿岸，北接广东省深圳市，西接珠江，与中国澳门特别行政区、广东省珠海市以及中山市隔珠江口相望。全境由香港岛、九龙半岛、新界 3 大区域组成，管辖陆地总面积 1104.32 平方公里，截至 2016 年总人口达 734.7 万人，人口密度居东亚地区首位。香港是全球高度繁荣的国际大都会之一，继纽约、伦敦后的世界第三大金融中心，在世界享有极高声誉。

截至 2014 年，香港金融服务业从业人员人数超过 23 万，占就业人口的 6.1%，对香港生产总值直接贡献 16%。此外，金融业间接创造了 10 万个职位，也间接对本地 GDP 贡献 6%。单是金融服务业所产生的税收，已经高达 400 亿元。从业人员的人均生产总值，是整体经济平均值的 2.5 倍。有研究报告指出，香港人才库的规模和专业知识多样化，均优胜于亚洲其他金融中心，从事金融业的人士，大多为高学历人士，另外，38% 的从业人员属经理及专业人员[1]。

近年来，随着人民币国际化进程加速，香港的金融中心地位进一步巩固。目前，香港不仅拥有规模最大的离岸人民币存款基础——逾 7000 亿元人民币（合 1150 亿美元），而且还是中国内地以外最大的人民币交易中心；香港也是大多数以人民币计价投资产品的发行地，2010 年，首个以人民币计价的离岸债券——"点心债券"在港发行。此后，离岸人民币债券逐渐发展为一个全球认可的资产类别，许多基金以及富时旗下的一个指数都在追踪其表现。2012 年，人民币合格境外机构投资者[2]（RQFII）项目首先在香港试行并推广开来。据财华社报导，在 2015 年 4 月香港的人民币每日平均交易额已达 930 亿美元，相当于全球主要离岸中心总额 1911 亿美元的 48.7%，较 2013 年 4 月大增九成[3]。

---

[1] 《金融发展局发表香港金融服务业人力资源报告》，香港金融发展局 2015 年 1 月 26 日。

[2] 注：拥有 RQFII 额度的境外机构可用离岸持有的人民币直接投资中国内地市场。

[3] 参考资料：《金管局：香港人民币每日平均交易金额 930 亿美元》，财华社 2015 年 12 月 21 日。

### (六) 美属萨摩亚群岛 (American Samoa)

美属萨摩亚群岛，是太平洋中部偏西南方的美国领地，其标准货币为美元。1987 年，该地制定了信托公司法，以方便日后服务离岸客户，从此萨摩亚变成了一个著名的离岸注册岛屿，与百慕大、开曼、香港同属著名离岸注册地。萨摩亚国际公司及信托基金是无需缴付任何当地税项，包括印花税、资产增值税及应课税。此外，萨摩亚外汇管制不多并奉行严密的私隐保护。

除以上列举的离岸金融中心之外，还有毛里求斯和汤加等地，毛里求斯已成为"印度的香港"，来自印度的富豪都愿意在这里设立公司，控股其印度的产业。同时，毛里求斯也成为非洲的金融中心，世界大型银行几乎都在毛里求斯设有分支。汤加目前是大洋洲的投资宝地，在这一以胖为美的群岛上，同样聚集了大量的控股公司，财富遍及澳大利亚和新西兰等地。

## 四、离岸金融市场主要业务

综合目前全球主要离岸金融中心活动情况，市场上的主要业务有以下六大类①：

### (一) 离岸银行业务

离岸银行业务也称为离岸账户业务，是离岸金融中心比重最大的业务类型，主要服务于非居民。银行可以吸收非居民的资金，经营可自由兑换的货币币种，非居民资金在离岸账户与境外账户之间可以自由划拨和转移等，从事的交易范围较广泛。离岸银行业务主要涵盖了传统的存

---

① 王勇：《离岸金融中心的演进及其经济效应研究》，北京：经济科学出版社 2014 年版，第 105 页。郭云钊、张鹏：《全球离岸金融中心的发展》，《中国金融》2012 年第 15 期。

贷款和贸易融资等。融资业务包括短期的资金拆借、中长期资金借贷，还有辛迪加贷款等业务。银行同业拆借也是离岸银行的主要特色业务，国际商业银行通常通过在离岸金融中心开设的分行机构从事欧洲货币存贷款业务、欧洲债券发行以及金融衍生品的柜台交易。

### （二）私人财富管理

私人财富管理是银行或信托机构为想要改变市场条件、家庭资产转移或为未来规划的个人和机构提供专业化的财富经营管理。这种管理不仅仅在于通过财产事物安排来减轻税收或延迟税收支付，更重要的是利用税收中性的有利环境来增加利润，最大限度地使个人金融资产获得收益。一般实行税收中性政策，免征资本所得税、遗产税、公司和个人所得税、红利税和利息税，吸引世界众多大型企业和高端富人将资产转移到此。

### （三）离岸信托业务

离岸信托业务是信托公司以信任委托为基础，以货币资金和实物财产的经营管理为形式，融资和融物相结合的多边信用行为，具有较高的保密性。它允许个人或法人作为财产授予者，根据信托契约选择将其资产转移给第三方（受托人）进行管理以获取利益而建立的一种独特关系。国际型企业常在离岸管辖区设立信托投资公司，将财产转移为避税地的信托资产，从而达到避税目的。一般离岸金融中心会通过法律确认信托业务，这需要稳定的政治和经济环境。经营信托业务无需缴纳收入税、资本税或财产税。

### （四）离岸保险业务

离岸保险业务是在离岸金融市场上，境外保险机构为非居民办理保险业务来保障投保人的利益，主要包括信用与保证保险、责任保险、财产保险和国际再保险（处于核心地位）。离岸保险业务主要满足跨国企业海外投资的需要，跨国公司海外投资在母国投保需要承担高昂的保费，且保险公司的母、子公司①均受到所在国对保险业务的限制，这为在离岸金融中心设立专门从事跨国集团海外保险业务的专门保险公司提供了机会。典型的有百慕大、开曼群岛，它们分别是全球注册保险公司数量第一、第二的离岸金融中心。

### （五）离岸证券业务

离岸证券是指由外国的证券发行人在离岸证券市场上发行的，由来自不同国家的投资银行组成的承销银团承销的，在许多国家同时发行出售的证券。主要包括离岸债券、股票、集合投资计划（CIS，即离岸基金）等。国际商务公司作为离岸证券化的有效载体，以其低廉的成本优势和优惠的税收便利成为众多跨国公司及金融机构（特别是投资基金）的首选。如英属维尔京群岛、巴哈马、百慕大群岛、开曼群岛、都柏林和卢森堡等就吸引着众多基金公司前去注册。

### （六）其他金融业务

其他金融业务包括船舶、特殊目的机构、IT 等业务，分别由各类非银行金融机构在市场上开展，这些机构包括控股公司、投资公司、金融公司、信托公司、船舶公司等。通过资产持有工具的使用，降低公司风险。

---

① 注：这里是指在国内的总公司和国外的分公司。

# 第四章 国际金融危机及其应对

资本项目开放，意味着跨境资金流动将加速，在带给经济更多要素和活力的同时，也会增加金融风险。国际金融危机可能传导到国内，最终会影响一国经济社会稳定发展。2008 年国际金融危机，让各国重新审视资本开放与金融监管问题，以美国为代表，进行了自 20 世纪 30 年代大萧条以来最全面、最严厉的金融改革。但是，包括债务问题在内的金融危机仍然困扰着世界各国，到 2016 年世界主要经济体仍然未能走出衰退困境。如何防范资金跨境异常流动？如何避免发生国际性金融危机？这是世界各国金融改革和经济建设的重要内容，是国际金融领域研究的核心内容之一。本章对国际金融危机的历史变迁，以及 2008 年全球金融危机的各国应对措施予以介绍。

## 第一节 20 世纪以来主要金融危机回顾

自 1907 年美国发生银行危机以来，金融危机在世界各地不间断地发生，其类型有银行支付危机、股市震荡危机、货币汇率稳定危机、主权债务危机，以及整个金融系统性危机。这些危机，从一国或地区爆发，进而延伸到局部区域乃至全球，因此可以统称为国际金融危机。国际金融危机的发生，原因各有不同，不仅影响着危机国和地区，也改变着世界经济格局。

## 一、20 世纪以来主要金融危机

### (一) 1929—1933 年金融和经济危机

因美国股票市场投机过度导致股票暴跌，引发 1929—1933 年的世界金融危机，使得全美证券贬值总额达到 840 亿美元。危机期间，美国抽回了大量对德国的投资，通过资金链的传导作用，引发德国经济崩溃。受累于英国在德国的大量投资，英国也被推入了金融危机的深渊。这场危机重创了全球，使得各国生产出现严重衰退。

危机爆发的原因在于：一是贫富差距加剧了借贷消费，使得消费品市场过度膨胀发展。当借贷消费放缓并受阻时，一方面导致消费品生产减少和生产过剩，引发社会购买力不足；另一方面投资锐减，造成资本过剩。二是投资者对经济前景的看好并不反映在实体经济中，而是表现在股票市场上。银行信用助推了股市繁荣，至 1929 年，道琼斯指数从 75 点上升至最高的 363 点，上涨了 3.84 倍。股市泡沫高涨加速大量资金撤出再生产部门，转向更高回报率的证券投资领域。三是金融创新加快和金融监管不当。危机前，美国投资者只需支付 10% 的保证金就可以购买股票，余额由其经纪人支付，增大了整个金融体系的系统性风险。金融监管部门没有对危机期间的银行倒闭采取干预措施，使得银行业出现倒闭——挤兑——倒闭的恶性循环。美国金融监管部门对有问题的金融机构救助迟缓助推了这次危机的蔓延。

### (二) 1982—1983 年的拉美债务危机

20 世纪 60 年代，许多拉美发展中国家为了发展国内经济，举借了大量外债。但由于资金使用、制度约束等多方面因素限制，债务资金并没有提高这些国家的经济发展速度，反而造成了还本付息的困难。1982 年 8 月，墨西哥政府宣布无力偿还到期的外债本息，请求国外银行准许延期，遭到拒绝后，墨西哥政府宣布无限期关闭外汇市场的汇兑业务，暂停偿付外债，引发市场恐慌，爆发了债务危机。随后，巴西、阿根廷、委内瑞拉等拉美国家也相继因债务问题陷入危机。

危机的主要原因包括：一是两次石油危机推高了国际油价，拉美国家对石油进口依赖性很强，而石油价格的上涨又会增加这些国家的通货膨胀水平。二是拉美国家私人银行贷款增速很快，超过了政府和金融机构贷款的增速；短期和长期贷款结构不合理，短期贷款比重增长迅猛，而中长期贷款比重大幅下降；此外，贷款利率大多采用固定利率，增大了利率风险。三是因为国际金融市场风险压力增大，国际信贷紧缩，美国实行高利率，加重了拉美国家的债务负担。

### （三）1987—1992 年美国储贷危机

20 世纪 80 年代后期，美国房屋市场价格得到了逐步修正，同时，美联储加息造成了银行贷款违约率持续攀升，引发了对美国经济影响深远的储贷危机。储贷银行本质上是通过赚取存贷利率差进行运营的，但是由于美国 80 年代初期升息步伐加快，投资者纷纷将定期存款转投到货币基金中，增大了银行资金压力。而银行又面临着短期市场利率持续走高，长期贷款利率不变的利率错配状况。80 年代美国还允许储贷机构开展商业贷款和消费性贷款业务，增加其获利能力，同时放松了对房贷授信条件以及风险管理控制，储贷银行还开展了投资不动产等活动，增大了储贷银行的经营风险。

导致储贷危机爆发的原因主要有：一是 20 世纪 30 年代世界经济危机后，美国实行单一银行体制，法律禁止金融机构异地设立分支机构，迫使大多数银行只能服务于相对狭窄的区域市场，不利于银行业分散风险，使得银行在很大程度上受到区域性经济发展的影响。二是银行业内部监控机制不健全、过度信贷扩张，超出了银行控制范围。三是外部金融监管不力。美国的不同监管机构在监管理念、资本金要求、市场准入、处置措施等方面存在很大差异，缺乏相应的风险管理措施，增大了市场的道德风险。允许实际已经破产的储贷机构继续经营，增大了储贷机构在新竞争环境中破产的概率。

### （四）1992—1993 年欧洲货币体系危机

1991 年，东德和西德的合并增强了德国经济。虽然德国马克在欧洲货币单位中的份额不变，但由于马克对美元升值，使得马克在欧洲货币单位中的相对份额不断提高，马克币值变化对德国和其他欧洲国家的经济产生了很大影响。当时英国、意大利的经济发展缓慢，需要实行低利率刺激经济发展，而德国因合并出现巨额赤字，如果实行低利率则会引发通胀，德国和其他欧共体成员的经济矛盾不断加深。德国在 1992 年 6 月将其贴现率升至 8.75%，随即市场上出现了抛售英镑、里拉抢购马克的投机性攻击，致使里拉和英镑汇率大跌。尽管欧共体放宽了汇率目标区的中心汇率浮动宽幅，但仍挡不住市场的投机性攻击，造成了区域性的货币危机。

造成危机的主要原因如下：一是从外围经济环境来看，美国为刺激经济复苏，采取降低利率手段。大幅度利率差使得市场投资者抛售美元，买进马克；而德国东部经济增长缓慢，德国股票市场资金转投马克，导致马克汇率大幅上升，引发了欧洲汇率机制长达 1 年的动荡。二是欧共体各成员国各国经济发展的不平衡导致宏观经济政策的不协调，不同国家采取不同的经济政策和货币政策，从根本上违背了联合浮动汇率机制的要求。危机造成马克币值坚挺，英镑、里拉等币种贬值。

### （五）1994—1995 年墨西哥金融危机

墨西哥在 20 世纪 80 年代债务危机后采取了多项经济改革措施，使得经济取得了较快发展，但引进巨额外资为它 1994 年发生的金融危机埋下了隐患。当美国提高利率时，墨西哥比索面临巨大的贬值压力，加上国外投资者对墨西哥经济发展前景缺乏信心，大量抛售比索抢购美元使得墨西哥陷入了更深危机中。危机迅速地传染到整个拉美国家，甚至波及了欧洲、亚洲国家。

墨西哥再次发生金融危机是因为：一是进口大幅增加，耗费了墨西哥大量外汇储备；在解除资本管制后，钉住汇率制度的隐性"汇率保障"吸引了大规模私人资本流入，虽然弥补了墨西哥经常项目逆差，增加了外汇储备，但这些私人资本流入后，主要投机在有价证券上，而这些资金具有极强的流动性和不稳定性。二是民间投资严重不足，投资主要流向不动产、商业和金融市场，产业发展极不平衡；快速私有化进程迫使大量国有资产流失，国家调控经济的能力受到严重削弱，经济结构失衡问题突出；生产性投资不断下降，推动了投机性投资膨胀，经济泡沫现象严重。三是国内政治冲突以及国际经济金融环境的变化。墨西哥发生的一系列暴力事件动摇了市场投资者的信心。美国利率提高和经济恢复造成墨西哥外围经济环境恶化，引起大量资本抽逃。

### （六）1997—1998年亚洲金融危机

1997年2月至5月，国际投机资金对泰铢进行投机攻击，泰国国内银行出现挤兑事件，泰铢兑美元跌至当时10年来的最低点。泰国财政部长辞职加剧了更大规模的投机狂潮，迫使泰国央行放弃1984年以来一直实行的固定汇率制度。而由于东盟各国经济发展存在很大的相似性和相关性，在投机者的投机攻击下，菲律宾比索、马来西亚林吉特也宣布贬值和放宽浮动范围。随后东南亚各国货币均出现不同程度的贬值。资本净流出增大使得东南亚危机国家外汇储备下降，国内利率暴涨，增大了债务还本付息的困难。

以下是导致危机的重要原因：一是东南亚国家大多采用钉住美元的固定汇率制度，但是这些国家的进出口结构不合理，使得它们的汇率制度更容易受到美元对日元、美元对其他欧洲货币变化的影响，增大了货币当局的调控难度。二是银行对私人部门和企业信贷的持续快速增长，使得资产负债率大大超过了国际平均水平，由于缺乏完善的内控机制，泡沫经济破灭后，增大了银行的不良贷款金额。三是因缺乏新的主导产业，大量资金转向投机与证券市场、房地产市场，集聚了大量金融和房地产泡沫。四是东南亚各国对国外银行债务额巨大，且短期外债居多。但是国内银行对企业所拥有的是按本币计价的中长期债权，巨额外债期限的不合理搭配，增大了东南亚国家外债面临的外汇波动风险。

### （七）1998—1999年俄罗斯金融危机

1992年初，俄罗斯实施"休克疗法"进行经济改革，但却造成了俄罗斯国内生产连续降低，这种情形一直延续到1997年才有所改善，但生产增长的幅度仍然很小。俄罗斯在1996年开始对外资开放，市场投资者看好其金融市场，严重的投机使得股市和债市纷纷走高，俄罗斯的股市涨幅惊人，集聚了大量泡沫，完全有别于当时亚洲各国股票市场严重受挫的表现。

危机爆发的原因在于：一是经济政策失误。俄罗斯的经济政策采取了激进的"休克疗法"，造成恶性通货膨胀，而财政紧缩又导致了流动性不足，投资大幅降低，最终造成经济长期衰退和政府偿债能力不足。二是经济结构发展不合理。俄罗斯轻工业和重工业发展比例严重失调，主要依靠出口能源、基本原材料来增加外汇储备收入。产业结构和出口结构不合理，增大了俄罗斯国民经济对外贸的依存度。三是复杂的政治因素。俄罗斯政府更迭起伏，政局动荡加剧，对金融危机起到了推波助澜的作用。

### （八）2001—2002年阿根廷金融危机

2001年3月，阿根廷出现了一个较小的偿债高峰，但是市场却怀疑阿根廷借新债还旧债的能力。7月，阿根廷汇率市场发生了剧烈波动，印证了此前的市场预期，比索币值出现大幅贬值。随着市场预期的恶化，国内资本出现了大规模外逃，利率大幅上扬。为了抑制金融危机，政府采取了限制居民提款和防止资金外逃的措施，但这反而加剧了金融恐慌。期间，阿根廷政治上的混乱也将其金融危机推向了深渊。

危机爆发的原因也是多方面的：一是贸易自由化、经济自由化加重了国民经济对国际市场的依赖。在阿根廷推行私有化的过程中，政府的干预能力不强，并没有采取措施限制外资的自由流入和流出。二是政府没有根据实际情形对汇率政策做出恰当的调整，错过了产业升级的机会。通过举借外债发展经济的方式，反而使阿根廷背负了沉重的外债负担。

### （九）2008—2010 年全球金融危机

在 2006 年之前，由于美国住房市场持续繁荣，美国利率水平较低，加速了美国次级抵押贷款市场迅速发展。但是，随着美国住房市场的降温尤其是短期利率提高，增大了次级抵押贷款的还款利率，加重了购房者的还贷负担。同时，住房市场的持续降温也使购房者出售住房或者通过抵押住房再融资变得困难。这种局面直接导致大批次级抵押贷款的借款人不能按期偿还贷款，进而引发"次贷危机"。金融风暴很快从抵押贷款机构、投资银行蔓延到保险公司、储蓄机构和商业银行，最终发展为全球金融危机。

此次危机有着深刻的原因：一是由于过度追逐高额利润，次级信用住房抵押贷款债务证券化被开发出来后，放贷部门将贷款的风险转移出去，并利用收回的资金继续放贷。在金融市场放贷规模不断扩大的同时，房地产泡沫风险也被不断放大。二是宽松的货币政策刺激了股价和房价上涨，股价、房价相互推动的泡沫越来越大。同时，美国实体经济与虚拟经济发展不平衡，通过贸易、金融等渠道将危机传染给其他国家。三是评级机构高估了次级产品的评级，极大地促进了次贷市场的发展。但利益冲突无法让评级机构做出客观公正的评价，当市场认知和机构评级发生冲突时，信任危机加大了市场恐慌心理。四是《金融服务现代化法》等法案放松了金融管制，金融市场的激烈竞争诱使大量不具备还款能力的消费者纷纷通过按揭手段，借钱涌入住房市场。

### （十）2009—2011 年欧洲债务危机

2009 年末，全球三大评级公司下调了希腊主权评级，投资者抛售大量希腊国债。在市场情绪带动下，爱尔兰、葡萄牙、西班牙等国的主权债券收益率也大幅攀升，迫使欧元和欧洲股市双双大幅下跌，自 2010 年起欧洲其他国家相继陷入危机，欧洲债务危机全面爆发。

虽然欧洲各国危机严重程度不同，但具有相似的原因：一是欧元大幅升值使得欧债产品更加受到市场青睐，大大降低了举债成本，这在一定程度上推动了当下债务危机国的大举借债行为。二是以希腊、葡萄牙为代表的经济发展水平相对较低国家在追求高福利时，迫使政府和私人部门的负债率大幅提升。政府的巨额财政赤字也超出了欧盟《稳定与增长公约》的规定。三是全球金融危机消极影响的持续存在，促发了房地产市场不景气，银行体系的坏账数量增加，举债和偿债能力出现了不同程度的降低。四是欧元区缺乏统一的财政政策，难以调动各个国家的财政政策来应对危机。

## 二、金融危机与世界经济格局

金融危机的爆发，不仅破坏了危机发生地的金融秩序，引发金融资产大幅损失，还引起世界经济格局的改变。

### （一）1929 年危机促进了新的国际经济与金融体系产生

危机在美国爆发后，很快传到了欧洲、日本、北美，许多殖民地国家和地区也未能幸免。由于美国抽离在德国的大量投资，使得德国经济受到重创；相对美国而言，英国受危机影响较轻，日本受危机冲击时间较短，法国受危机影响时间最长。英、德、日等国在应对危机时，采取了积极措施，使得它们的国际市场贸易份额显著提高；而美、法两国对这次危机应对相对迟缓，使其国际市场贸易份额大幅下降。

这次危机很大程度上改变了美国的经济政策，使美国通过了一系列法案，如《银行紧急救助法令》《联邦证券法》《格拉斯—斯第格尔法》等，这些法律决定了美国今后的金融发展方向。苏联开始了第一个五年计划，使苏联建成了独立的国民经济体系，并从农业国转变为世界第二大工业强国。绝大多数国家在这次危机后放弃了金本位货币制度，并在1944年形成布雷顿森林体系，确立了以美元为主导的国际货币体系，形成了新的世界经济秩序和货币体系。

### （二）1992年欧洲货币体系危机促进了欧盟经济发展

这次危机深刻反映了欧共体中不同国家间经济发展的不平衡，并由此带来了各个政府间的经济政策和货币政策不协调问题。但是，这次危机加快了欧洲一体化的进程，并导致欧共体于1993年更名为欧盟。欧洲货币局、欧洲央行以及欧元体系相继建立，再次改变了世界经济格局。欧元区的建立增强了西欧国家对东欧国家经济与金融的控制和影响。欧元逐渐成为国际货币体系中的重要货币，改变了以美国为主导的世界货币体系，并引领着经济全球化向新型模式转变，同时为其他国家关于国际新秩序的建立提供了重要参考。

这次危机发生后，欧盟各国在货币政策制定上取得了较为统一的意见，但由于经济发展的不平衡，各国就财政政策的制定而言，仍然存在着很大分歧。虽然危机后，欧洲各国保持了暂时的平衡，但是存在的深层次问题仍然存在，为日后的欧债危机爆发，埋下了隐患。

### （三）1997年亚洲金融危机打破产业格局，加快东盟一体化进程

1985年广场协议后，日元持续升值，使得日本在20世纪90年代产生了大量的经济泡沫，日本经济陷入困境；而此时美国打算走强势美元的道路。在这种情形下，日本推动日元贬值，美国和日本就完全融入到"倒V"形的模式中。日元贬值增强了日本商品的出口优势，改变了亚太经济格局。金融危机爆发后，危机冲击了所有参与产业分工的国

家和地区。中国经济也陷入了通货紧缩的困境，但由于良好经济预期和改革稳步实施，中国经济在动荡的外部环境下有了长足的发展。亚洲各国货币竞相贬值，积累了大量外汇储备，为今后的金融动荡提供了一定保护，但也恶化了东南亚各国的贸易条件。危机进一步促进了东盟区域经济一体化的成立。

### （四）2008 年全球金融危机和欧债危机加剧了国际分工和国际间经济摩擦

世界经济格局在亚洲金融危机后发生了很大变化，受此影响俄罗斯、日本、欧洲相继陷入困境。由于中国未完全开放金融市场，躲过了亚洲金融危机的冲击。美国经济也经历了长期的繁荣发展，但其降息政策导致了经济泡沫膨胀，扭曲了市场发展。当利率政策引发通货膨胀时，美联储迅速提高利率，成为次贷危机导火索。

2008 年全球金融危机改变了美国掌控的经济全球化进程。美元主导的货币体系受到强烈冲击，各国强烈呼吁改革并构建新的国际货币体系。新兴市场国家的兴起取得了更多的话语权，欧元区向包括中国、印度和巴西在内的新兴市场国家寻求援助，G20 取代 G7 成为全球经济的支柱，全球经济主导力量已经开始从美欧经济体向新兴市场国家转向。

2009 年欧债危机的恶化打击了新兴市场国家经济发展的三大引擎（美、日、欧）。欧债危机的消极影响正通过贸易渠道、金融渠道传递给其他国家，使得新兴市场国家在全球的经济影响力增大的同时，也加剧了这些国家经济下滑的风险。发达经济体经济放缓，大大降低了对其他国家的进口需求，尤其对新兴市场国家的出口造成了严重的影响。为了在危机中寻求发展和出路，发达经济体和新兴市场国家都在努力扩大自己的出口，吸引投资。不同国家间的经济摩擦、贸易保护主义也不断增强。预计这一情形将在很长的一段时间内持续存在。

全球金融危机和欧债危机对美国、欧洲的影响，直接改变着全球资本流动和贸易结构的发展方向。美国、欧洲会极力削减第三产业尤其是金融业中的负债，积极实施转型策略，加快发展第一、第二产业。这将对全球资本流动的结构和流量产生巨大影响。跨国公司的资本回归，会对主要依靠国际资本投资发展经济的新兴市场国家构成威胁。经济、金融、贸易等方面的摩擦也由发达经济体与新兴市场国家的两极冲突，演变为发达经济体和新兴市场国家之间及其内部的多极冲突。

总的来说，金融危机之前世界经济格局是美日欧三足鼎立，发达经济体与新兴市场国家间的经济、贸易摩擦占据主导。危机爆发后，使得美日欧之间的竞争演变为美洲、欧洲以及亚洲大陆间的竞争；欧盟经过扩张，其版图和经济容量大幅增加，欧盟从原来的 15 国增加到了现在的 27 国；美国也竭力依托由 34 国组成的美洲自由贸易区，以新的姿态出现在世界经济舞台上；"东盟 10+3"的亚洲区域合作新格局已经形成。世界经济格局已经由国家间的竞争和合作变为更大范围的区域竞争和合作。

## 第二节　2008 年金融危机的冲击与影响

2007 年美国次级抵押贷款风险引发了美国的次贷危机，次贷危机通过金融衍生品等信用领域扩散至整个金融体系，从美国扩散至世界各国，发展成为全球性金融危机。在此次金融危机中，发达国家和新兴经济体的经济发展都经历了各种波折，呈现出了不同程度的经济衰退。在此，本书选取美国、欧元区、日本和英国作为发达国家的代表，并选取中国、俄罗斯和印度作为新兴经济体的代表，分别探讨全球金融危机造成的冲击与影响。

### 一、对主要发达经济体的冲击与影响

#### (一) 对美国经济的冲击

##### 1. 经济大幅衰退

美国的实际 GDP 的季度增长率在 2007 年还处于一个正增长的状态，但在这次危机发生后，自 2008 年第一季度以来呈现出一种负增长的状态，一直持续到 2009 年第 3 季度。2009 年后，经济缓慢恢复，增速仍处于较低水平，一度还出现负增长。2016 年第 4 季度，实际 GDP 同比增长率为 1.9%，全年仅为 1.6%，是自 2011 年以来的最低（见图 4-1）。以 2009 年美元价格计算，2016 年 GDP 总量为 16.8 万亿美元（名义 GDP 为 18.8 万亿美元）。

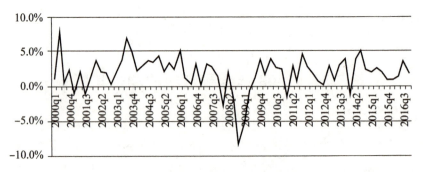

图 4-1 美国 2000 年以来季度实际 GDP 同比增长率①

从上图可以看出，在 2007 年里，美国实际 GDP 的季度增长率还处于一个上升的过程，然而在 2008—2009 年间却经历了大幅度的下降过程，美国经济在 2008 年下半年进入了负增长时代。截止到 2009 年第四季度，美国的实际 GDP 的季度增长率已经连续 6 个月呈现负增长。美

---

① 数据来源：美国国家经济研究局（https：//www.bea.gov/）。

国国家经济研究局（National Bureau of Economic Research，NBER）也
明确指出，由美国金融危机引起的国际金融危机使美国承受着自大萧条
以来最严重的经济萎缩。

在美国经济大萧条的同时，美国的消费者信心指数也不断走低，
2007 年 7 月美国消费者信心指数为 90.4，到 2008 年 9 月时，该指数下
降为 70.3，在 2008 年 10 月至 2009 年 6 月期间，该指数始终低于 70，
有的月份甚至降至 60 以下①。消费者信心的下降直接导致了消费水平
的下滑，个人消费下降了 3.1%，为近 30 年来的最大跌幅，消费水平的
下降又使得经济发展的速度进一步减缓，经济的持续衰退又反过来导致
消费信心指数的又一轮下滑，进而形成了经济大幅衰退和消费信心指数
下滑的恶性循环。

2. 失业率急剧上升

受金融危机的影响，美国经济进一步衰退，导致失业率的持续上
升。据美国劳工部数据，2008 年以来美国的失业率急剧攀升，由年初
的 5%持续上升到 2009 年 10 月的 10%。2008 年 9 月美国的非农就业人
数减少了 15.9 万人，到 10 月上升至 24 万人；进入 2009 年后，美国的
失业人数仍在增加，非农部门的就业岗位持续减少，企业大幅裁员，如
果将自愿失业者也计算在内，美国在 6 月份的失业率高达 16.5%，创下
了历史新高②。美国月度失业率直到 2015 年 10 月才下降到 5%以下，
2017 年 1 月失业率为 4.8%（图 4-2）。

3. 股市暴跌，实体企业陷入困境

截至 2008 年 11 月份，美国纽约股市的道琼斯 30 种工业股票平均
价格指数下跌 42.1%，标准普尔 500 种股票指数下跌 48%，纳斯达克

① 数据可见：美国咨商局网站（The Conference Board）https：//www. con-
ference-board. org/data/consumerconfidence. cfm。
② 裴平：《美国次贷危机引发的国际金融危机研究》，北京：中国金融出版
社 2016 年版，第 148~149 页。

图 4-2 2008 年以来美国月度失业率①

综合指数下跌 48.6%②。美国的金融业和房地产业的盈利水平也大幅下降，众多知名的金融机构和房地产企业也纷纷破产。2008 年破产银行为 23 家，2009 年增至 140 家，2010 年高达 157 家③。美国的五大投行——高盛集团、摩根士丹利、美林、雷曼兄弟和贝尔斯登都无一幸免，不是申请破产保护就是面临重组。从房地产的运营情况来看，美国的两大房贷机构房利美和房地美自 2008 年开始频繁出现季度甚至全年亏损，最终被美国政府所接管，由私有公司转变为国有公司。此外，从汽车行业来看，对美国的三大汽车巨头——福特、通用和克莱斯勒来说无疑是个受灾之年。美国汽车市场急剧萎缩，2008 年全年总销量为 1320 万辆，同比减少了 290 多万辆，降幅高达 18%④。由于资金链的

---

① 数据来源：美国劳工统计局（https：//www.bls.gov/cps/）。
② 张书君：《论国际金融危机的成因、影响与各国的应对及启示》，《经济师》2011 年第 6 期，第 12~13 页。
③ 根据中国银行业协会网站国际银行业要闻（http：//www.china-cba.net/list.php？fid=61&page=246）整理而得。
④ 杨青：《从财务角度分析美国三大汽车巨头的"破产危机"》，《中国乡镇企业会计》2009 年第 5 期，第 1~2 页。

断裂，2008 年 12 月，通用与克莱斯勒向美国政府寻求信贷支持，申请破产。与此同时，美国的制造业、交通运输业、批发和零售行业等的盈利都出现大规模下降的现象。

## （二）对欧元区经济的冲击

### 1. 经济首次出现衰退

受金融危机的冲击，欧元区的投资、消费和出口全面疲软。据欧盟统计局 2008 年 11 月份公布的数据，欧元区 15 国的经济在当年的第三季度再次出现负增长，标志着欧元区经济正式进入衰退时期，欧元区经济发展十年来首次出现负增长。欧元区 2008 年的实际 GDP 环比增长率如图 4-3 所示。

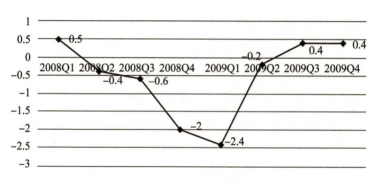

图 4-3　2008—2009 年欧元区实际 GDP 环比增长率① （%）

从上图可以看出，自 2008 年第二季度开始，欧元区实际 GDP 的环比增长率就已经开始呈现负增长，并在 2009 年上半年的时候，经济收缩程度进一步加深。欧元区的整体信心指数、消费信心指数、商业信心指数也呈现大幅下滑：2008 年 12 月，这三大指数分别降至 67.1、-30 和 -33，齐创历史最低值；2009 年上半年，这三大指数也处于低位。综

---

① 数据来源：欧盟统计局网站 http：//ec. europa. eu/eurostat/data/database。

合 PMI、制造业 PMI 和服务业 PMI 均低于 50% 的荣衰分界线①。经济发展的不景气使得各国的失业率骤然上升，2009 年欧元区的失业率在 11 月份时升至 10%，其中西班牙的失业率居首。长期的失业和更多失业的人导致国内消费市场萎靡不振，而储蓄率却逐渐提高，这无疑对促进欧元区的经济增长与繁荣产生了不利影响。

2. 引发欧洲债务危机

美国次贷危机引起的全球金融危机对欧元区带来的后续影响十分严重，不仅使得欧元区经济出现衰退，还导致欧元区许多国家面临严重的债务危机，欧元区的主成员国纷纷陷入公共财政困境。例如，希腊 2009 年 10 月宣布 "2009 年政府的公共债务占国内生产总值的比重预计会达到 113%"，到 2010 年底，该比重上升至 142.8%，希腊在破产的边缘挣扎②。爱尔兰 2010 年政府财政赤字猛增至国内生产总值的 32%，公共债务占到国内生产总值的 100%，掀开了其债务危机的序幕。由金融危机引发的主权债务危机还波及了西班牙、葡萄牙、意大利等国家：2009 年西班牙的财政赤字超过了预期，达到了 GDP 的 11.4%；2010 年意大利国家统计局最新数据显示，意大利 2009 年 GDP 下滑 5%，为该国自 1971 年以来的最大降幅；2011 年 3 月标准普尔宣布下调葡萄牙 5 家银行及 2 家附属子公司的债券评级，前景展望为负面。随着评级机构对主权国家信用评级的下调，欧元区国家在美国金融危机爆发后，面临

---

① PMI 的全称为 Purchasing Manager's Index，中文含义为采购经理人指数。PMI 指数 50 为荣枯分水线，当 PMI 大于 50% 时，说明经济在发展；当 PMI 小于 50% 时，尤其是接近 40% 时，说明经济在衰退。（来源于 360 百科，http://baike.so.com/doc/5380604-5616878.html。）

② 数据来源于网易财经：《聚焦希腊主权债务危机》，http://money.163.com/special/debtcrisis/。"国家破产" 这个概念是在 2002 年由国际货币基金组织（IMF）提出来的，指的是一个国家对外资产小于对外负债，即资不抵债，或者是其主权债务大于其 GDP。例如冰岛的主权债务为 1300 亿美元，而它的年 GDP 仅为 190 亿美元，这就是国家破产。

的债务危机正在加剧①。

　　欧洲地区的英国也遭受金融危机的冲击，经济形势趋于严峻，财政赤字严重。2007 年第三季度，英国经常账户赤字相当于国内生产总值的 5.7%，这一比例高于美国。有专家推算，英国的真实经常项目赤字可能接近国内生产总值的 7%②。在金融危机的影响下，英国实际 GDP 季度同比增长率下降的幅度逐渐增加，2009 年第一季度出现 6.12%的负增长。

　　除欧美两大主要经济地区遭受金融危机的巨大冲击外，亚洲的日本也受到一定影响。日本所受影响主要是间接影响，主要表现在——股市低迷和出口疲软。美国以及新兴工业国家的市场萎缩给日本的出口行业造成了影响，数据显示，截至 2007 年底，日本持续了 71 个月的经济扩张期已经结束，面对经济衰退和通货膨胀的双重压力，2008 年日本的实际 GDP 增长率为-4.0%③（见图 4-4）。

## 二、对主要新兴经济体的冲击

### （一）对俄罗斯经济的冲击

　　俄罗斯在 20 世纪 90 年代初受华盛顿共识的影响，采取了休克疗法实施政治经济的转型，金融体系的开放与自由化同时并举，导致其银行

---

　　① 数据和资料来源：根据中国银行业协会（http：//www.china-cba.net/list.php? fid = 60）、纵横财经论坛（http：//www.enoya.com/stock-3498528-1-1.html）整理而得。

　　② 数据来源于新华网（http：//news.xinhuanet.com/world/2008-04/09/content_7942876.htm）。

　　③ 金梅、钟晓清：《次贷危机影响下的日本经济》，《中国金融》2008 年第 23 期，第 37~38 页。

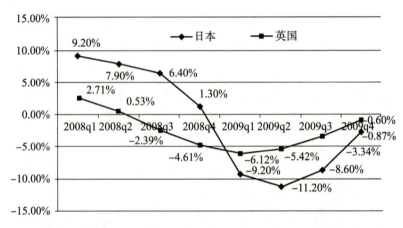

图 4-4 2008—2009 年英日两国实际 GDP 季度同比增长率①

体系规模小，数量多，资本充足率不足；资本市场开放度高，被外资主导，与国际市场的联动性非常明显。因此，俄罗斯的金融领域在这场全球金融危机中首当其冲地遭受了正面打击，表现为银行业流动性吃紧、股票市场暴跌、企业债务负担加重等方面。尤其是当世界石油价格随需求的下降而下降时，俄罗斯资源依赖型增长模式在这场危机中受到了严峻的考验，使得其产业结构与经济增长拉动机制也面临着被迫调整。

1. 银行体系遭遇"流动性危机"

俄罗斯银行体系的特点是"数量不少，规模不大"，其银行虽有1000 余家之多，但大多数资本规模有限，整个银行体系的自有资本尚不抵中国工商银行一家的资本规模。数据显示，俄罗斯银行资产中至少三分之一是靠国外"热钱"涌入形成的，2008 年上半年俄罗斯银行体系的外债就增加了 291 亿美元。当全球金融危机使国际金融市场资金严重短缺时，俄罗斯银行再也无法从西方国家获得长期资金，无法举借新

① 数据来源：英国国家统计局 https：//www. gov. uk/government/statistics；日本内阁府：http：//intl. ce. cn/specials/zxxx/201406/09/t20140609_2946619. shtml。

债偿还旧债。与此同时，资本外逃也在加速，2008 年 1—11 月，俄罗斯资本外逃数量约为 800 亿美元，全年达到了 1000 亿美元，这无异于釜底抽薪。"求债无门，资本外逃"瞬间引发了俄罗斯银行体系的流动性危机[①]。此外，股市的下跌造成银行证券类资产缩水，卢布的币值面临着较大的贬值压力，使得金融市场危机重重。

2. 石油价格下跌、经济增速下降

俄罗斯是典型的能源出口依赖大国，其石油和天然气的出口收入在全国 GDP 总量中所占比例约为三分之一，因此国际能源价格的变化（包括需求的变化）将会对俄罗斯的经济产生巨大的影响。金融危机爆发后，国际油价的雪崩式下跌和能源需求的下降，使世界市场的石油价格从 147.27 美元/桶的高位跌至了 40 美元/桶的低位，在不足 5 个月的时间里下跌了 72% 左右，创下了 3 年以来的新低。这对经济结构尚未发生实质性改变的俄罗斯来说无疑是致命性的打击。经济增速出现断崖式下降，2008 年第一季度时为 9.2% 的增长，到 2009 年第二季度经济增速为 -11.2%（见图 4-5）。

3. 企业减产和倒闭，失业率上升

一方面，俄罗斯有近三分之二的企业利用贷款作为流动资金，信贷紧缩、利率上升使得其资金周转困难；另一方面，俄罗斯的很多大型企业都是通过抵押企业股票来向国际市场融资，当股价暴跌之后，这些企业遭遇了融资困境，不得不搁置一系列的项目，因此许多实体经济部门的企业资金链断裂，尤其是建筑业、加工工业、汽车制造业的情况十分严重。随之而来的就是企业亏损、减产和裁员，俄罗斯的失业率在 2008 年 10 月份的时候上升到了 8.7%，失业人数也达到了 460 万，到了 2009 年 4 月已增至 770 万。

---

① 刘军梅：《金融危机对俄罗斯的影响》，《红旗文稿》2009 年第 6 期，第 12~13 页。

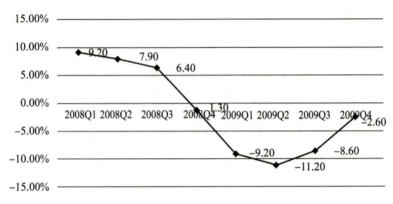

图 4-5　2008—2009 年俄罗斯实际 GDP 季度同比增长率①

## (二) 对中国经济的冲击

### 1. 对进出口贸易造成负面影响

中国的直接出口对美国市场的依赖较大,据美国普查局测算,2006年我国对美国的出口占我国 GDP 总量的 7%。中国人民银行研究显示,我国对美出口数据与美国消费数据的变化高度相关,美国经济增长每放慢 1 个百分点,中国出口将下降 6 个百分点。因此当美国次贷危机引起美国经济下滑时,必将会对中国的出口需求产生严重的负面影响②。海关总署的统计数据显示,2008 年 11 月,中国出口总额为 1149.87 亿美元,同比首次出现负增长,为-2.2%③;2008 年全年中国的出口总额为 142854.57 亿美元,同比增长幅度为 17.2%,与 2007 年相比,增幅下滑了 8.5 个百分点。

---

① 数据来源:俄罗斯联邦统计局和前瞻网数据库 (http://d.qianzhan.com/xdata/details/92136d5b21d940b4.html)。

② 郭芳:《美国次贷危机对中国经济的影响》,昆明:云南财经大学出版社2008 年版,第 45 页。

③ 数据来源于中国海关总署官网 (http://www.customs.gov.cn/publish/portal0/tab49666/info623974.htm)。

2. 引发出口企业倒闭和失业

由于此次次贷危机主要发生在发达国家和地区，而我国一般贸易出口的目标地也主要集中于发达国家和地区，因此此次危机尤其对我国出口导向型企业带来强烈的冲击，许多出口导向型企业都面临资金回收困难、订单减少的困境。其中，不少中小型进出口公司由于资金链断裂和市场需求不断减少而被迫关门倒闭。

金融危机期间，我国东南沿海地区很多企业停工甚至破产，进而使得劳动力市场遭受较大的冲击，尤其是导致大量的农民工失业，国内面临的就业压力不断加大。特别是由于农民工处于社会收入较低的阶层，如果不能有效地解决其就业问题，将会使得就业矛盾日益突出，进而引发各种社会问题。

3. 经济增速回落

国家统计局调查显示，受美国金融危机的影响，中国经济的增长速度从2008年第三季度开始下滑，第三季度的GDP同比增长率降至9.7%（见图4-6）。这是中国经济增长速度近年来首次降至个位数，中国经济受次贷危机的影响已经初步显露①。

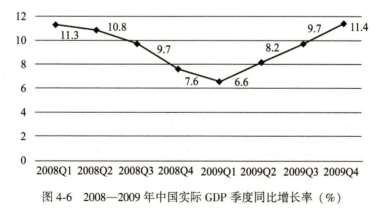

图4-6　2008—2009年中国实际GDP季度同比增长率（%）

———————————

① 数据来源于国家统计局（http：//data. stats. gov. cn/easyquery. htm？cn＝B01）。

# 第三节 2008 年全球金融危机的应对

## 一、美国应对国际金融危机的措施

2008 年的全球金融危机首发于美国，对美国产生较大冲击。在 2007 年开始爆发次贷问题后，美国政府和美联储开始了长期而艰巨的拯救之路。

### （一）实施扩张的货币政策

货币政策是美国应对国际金融危机最有力的武器，具体表现在通过降低利率、增加货币发行、降低准备金率和贴现率等传统扩张性货币政策工具为低迷的经济注入流动性，刺激消费和投资，拉动经济增长，如表 4-1 所示。

表 4-1 扩张性的货币政策措施①

| 措施类别 | 措 施 内 容 |
| --- | --- |
| 向金融体系和实体经济注入流动性 | 2007 年 8 月 11 日，美联储一天之内向银行体系注资三次，注资金额共达 380 亿美元；12 月 19 日，美联储又进一步向银行体系注资 200 亿美元 |
| | 2008 年 2 月 3 日，美国国会通过 1680 亿美元的经济刺激法案 |
| | 2008 年 3 月 11 日，美联储向金融机构发行 2000 亿美元的国债 |

① 资料来源：中国银行业协会官网"国际银行业要闻"栏目（http://www.china-cba.net/list.php? fid＝61&page＝247）。

续表

| 措施类别 | 措 施 内 容 |
|---|---|
| 向金融体系和实体经济注入流动性 | 2008 年 10 月 3 日，保尔森计划（美国财政部通过增发国债的方式筹资 7000 亿美元购买金融机构坏账）获得通过，其中 2500 亿美元用于购买银行优先股 |
| | 2008 年 10 月 11 日，收购"两房" 400 亿美元的不良抵押贷款 |
| | 2008 年 10 月 21 日，为保持货币市场共同基金的流动性，降低流动性风险，美联储为其提供了上限为 5400 亿美元的融资支持 |
| | 2008 年 10 月 26 日，美国财政部向美国银行、美林证券、花旗银行、高盛、摩根大通等九家银行注资 1250 亿美元，并以购买优先股的方式进一步向 19 家区域金融机构注资 350 亿美元。截至 2008 年 12 月底，美国政府共为 30 家银行紧急注资 1600 亿美元 |
| 降息和下调存款准备金率 | 2007 年 9 月 18 日，美联储下调联邦基金利率 0.5 个百分点，由原来的 5.25% 下降至 4.75% |
| | 2007 年 11 月 1 日，美联储下调联邦基金利率 0.25 个百分点，其后多次下调 |
| | 2008 年 10 月 8 日，美联储下调联邦基金利率 0.5 个百分点，下调至 1.5% |
| | 2008 年 10 月 29 日，美联储进一步下调联邦基金利率至 1%，为 50 年来历史最低点，到 2008 年 12 月底降至 0.25%，近乎为零 |
| | 2009 年之后，美联储宣布将基准利率维持在 0%~0.25% |

为了应对来势汹汹的国际金融危机，美联储还先后采取了许多创新性的货币政策措施，以加大市场的信贷规模，增强市场中的流动性。这些创新性的货币政策主要分为四种：

第一种是针对存款机构的工具创新，包括期限拍卖工具（TAF）、定期贴现措施（TDWP）、不良资产救济计划（TAPP）。期限拍卖工具（TAF）是由美联储于 2007 年 12 月 12 日设立的一种新型的贴现窗口，即通过招标的方式向财务健康的存款类金融机构提供贷款。在抵押物方面，贴现窗口接受的抵押资产即可作为 TAF 的抵押资产。在资金数量方面，每次 TAF 拍卖的资金总量总是高于美联储预先确定并公布的数量，利率通过存款机构之间的竞争程序确定，投标利率最高的机构将得到资金。

第二种是针对交易商的工具创新，包括一级交易商信贷工具（PDCF）、定期证券贷款工具（TSLF）。一级交易商信贷工具（PDCF）是美联储于 2008 年 3 月 16 日推出的，旨在紧急状况下为市场交易商提供援助以拯救濒临倒闭的公司。PDCF 使一级交易商获得了与存款机构相同的进入贴现窗口的权利，2008 年 9 月 14 日 PDCF 抵押品的范围进一步扩大到三方回购市场的抵押品，这样，政府通过 PDCF 改善了一级交易商的融资能力。

第三种是针对货币市场的创新，包括资产支持商业票据货币市场共同基金工具（AMLF）、货币市场投资基金便利（MMIFF）等。资产支持商业票据货币市场共同基金工具（AMLF）是 2008 年 9 月 19 日由美联储设立的，AMLF 允许存款机构、银行控股公司和外国银行在美的分支机构以高质量的资产支持商业票据（ABCP）① 为抵押，从美联储获得相应的资金，最长不超过 270 天。AMLF 提高了 ABCP 的流动性，维护了货币市场的正常运行。

第四种是针对向借款人和投资者提供的流动性，包括投资者融资便利工具（MMIF）、定期证券借贷工具（TSLF）、商业票据融资工具（CPEE）、定期资产抵押证券贷款工具（TALF）等。

这些金融创新工具旨在延长贴现贷款的期限、扩大贴现贷款的对象范围和抵押品范围，降低金融机构的融资门槛和融资成本。美联储通过发挥美国市场的成熟性优势将货币政策传导机制灵活运用，使得美国在

---

① 资产支持商业票据是一种具有资产证券户性质的商业票据，它是由大型企业、金融机构或多个中小型企业把自身拥有的、将来能够产生稳定现金流的资产出售给受托机构，由受托机构将这些资产作为支持基础来发行商业票据，并向投资者出售以换取所需资金的一种结构安排。

此次危机过后逐渐恢复元气，金融市场也趋于稳定。

## （二）实施扩张的财政政策

美国应对金融危机的另一项重要举措就是实施增加政府公共支出、减税和增加转移支付等扩张性的财政政策。其中，政府购买主要用于投资基础设施建设领域，包括教育、医疗、新能源技术研发等。2009 年 2 月美国国会批准通过的总额为 8390 亿美元的经济刺激计划中，包括 2930 亿美元的减税方案和 5460 亿美元涉及大规模的基础设施建设和新能源创新研究领域的政府购买。由于房地产市场是这次次贷危机的导火索，为了从源头上解决危机以刺激国内需求，布什政府数次调整了税收政策，其中减税政策引人关注。

美国政府应对次贷危机的税收政策主要包括：一是减免抵押贷款相关的税收；二是大幅度提高家庭退税与个人退税；三是实施企业税收优惠；四是地区税收优惠与部分企业税收刺激①。2008 年 2 月 14 日，布什签署了总额约为 1680 亿美元的法案，通过大幅度退税刺激消费和投资，避免经济衰退。该法案的核心是减税，主要内容包括：年收入在 7.5 万美元以下的纳税人将得到 600 美元的一次性退税；以家庭为单位进行纳税的，如果家庭年收入不超过 15 万美元，每个家庭将得到 1200 美元的退税；有儿童的家庭，每个儿童将得到 300 美元的额外退税。此外，年收入超过 7.5 万美元的纳税人或者年收入超过 15 万美元的家庭也将获得部分退税。同时，大量中小型企业还可获得总额为 500 亿美元的税收优惠。最终签署的法案把低收入群体也纳入减税对象，年收入超过 3000 美元但不必纳税的低收入者也可获得 300 美元的退税②。退税与减税政策在很大程度上维持了金融投资者的信心，保护了普通纳税人特别是抗风险能力低的纳税人的利益。

---

① 阮永平、李艳、陆政：《美国次贷危机的应对：税收政策及其效应评价》，《税务研究》2009 年第 2 期，第 3 页。

② http：//news. sohu. com/20080215/n255167463. shtml。

### (三) 其他措施

为应对金融危机，美国将存款保险制度限额从原先的 10 万美元提高至 25 万美元，还于 2008 年 3 月提出一系列改革金融监管体系的举措，包括创建"金融审慎管理局"、"商业行为监管局"、"抵押贷款创设委员会"和"全国保险管理局"分别加强对银行、商业交易、抵押贷款和保险业的监管。此外，通过国际金融危机，美国政府意识到"高消费、低储蓄、储蓄小于投资"的经济发展方式是不可持续的，于是美国政府对本国产业结构进行调整，倡导居民适度消费，增加储蓄和提高出口，重视实体经济的发展。除了对内出台一系列的政策以外，美国还发动主要发达国家央行在国际协调合作层面上实施联合行动，如央行之间签订临时性互惠货币协议，实行联合降息等。

### 二、欧元区及日本应对国际金融危机的措施

自国际金融危机爆发以来，欧元区的各个国家采取了积极的救市措施，主要措施有以下三个：

一是通过增加银行体系的流动性，向银行体系注入资金。例如，2008 年 9 月 28 日，比利时、荷兰、卢森堡政府宣布出资 112 亿欧元挽救因流动资金短缺而股价大跌的富通银行；2008 年 9 月 30 日，法国、比利时和卢森堡向德克夏银行注资 64 亿欧元，爱尔兰政府宣布为该国银行存款和债务提供担保；2008 年 10 月 3 日，荷兰政府宣布出资 168 亿欧元收购富通集团在荷兰的全部业务；2008 年 10 月 19 日，荷兰政府宣布向本国最大的金融机构荷兰国际集团注资 1000 亿欧元，等等。

二是降低利率，采取扩张性货币政策。2008 年 10 月 8 日，欧洲中央银行与其他主要银行采取一致行动，降低央行主要利率 50 个基准点。随后，考虑到不容乐观的经济前景和逐步减弱的中期物价上行风险，欧洲央行主管理事会决定进一步降低主要利率水平。从 2008 年 10 月到

2009 年 5 月，这八个月期间再融资利率共计下降 325 个基准点，达到历史最低值 1%。

除了以上所说的常规的降低利率货币政策外，欧洲中央银行还采取了一系列非标准的货币政策来应对金融危机的冲击。例如延长流动资金的供应期限，欧洲央行引入了三个月和六个月期的补充再融资操作，在雷曼兄弟破产后最长期限临时延长到 12 个月；固定利率的足额分配，符合条件的欧元区金融机构只要有足够的抵押品就可以以主导再融资利率无限量地获得中央银行的流动资金；签订货币互换协议；资产支持证券购买计划，从 2009 年 5 月到 2010 年 10 月，在该计划范围内，在欧元区范围内发行价值 600 亿欧元的欧元资产支持证券，这一购买计划旨在恢复资产支持证券市场的活力①。

三是通过公开市场操作拯救证券市场。2010 年 5 月，欧元区引入证券市场计划来应对某些金融市场，特别是欧元区主权债务市场的紧张局面。具体方法是，欧洲央行主要通过公开市场操作的方式买入欧债危机国家的政府债券，同时为保证央行货币政策不受证券市场方案的影响，欧洲央行还将采取其他货币政策操作工具，每周定期从市场上吸纳多余的流动性。2010 年 5 月 28 日，欧洲中央银行购买了希腊、爱尔兰、葡萄牙、西班牙的政府债券，价值 400 亿欧元，其中希腊政府债券超过了总额的一半，达到了 250 亿欧元。欧洲央行采取的证券市场方案有效降低了欧洲债务国主权债务的收益率，例如希腊主权债务的收益率从最初的超过 10% 迅速下降到 5%。2011 年 11 月底，欧洲中央银行再次购买政府和私人债券，共计 2000 亿欧元。在这之后，欧元体系内的成员国银行也开始纷纷买入欧元区国家的政府债券②。

英国应对国际金融危机的措施主要是：（1）向市场注入流动性，采取流动性支持政策。例如，2008 年 10 月 8 日英国政府公布将向银行

---

① 资料来源：《The Monetary Policy Of ECB》（2011）一书的第 126~127 页。网页版为：http：//www.docin.com/p-359953910.html。

② 《The Monetary Policy Of ECB》2011 年版，第 128 页。

业至少注资 500 亿英镑。（2）降低利率，实施扩张性货币政策。2007年 12 月 6 日英国央行首次降息，到 2009 年 8 月基准利率由 5.75%降至0.5%的空前新低。（3）降低增值税税率。自 2008 年 12 月 1 日至 2009年 12 月 31 日，降低增值税税率 2.5 个百分点，由 17.5%降到最低水平15%。（4）削减财政支出。2010 年至 2011 年削减部分公共开支，提高资金的使用效率，计划节省开支 50 亿英镑。

日本应对全球性金融危机主要措施为：（1）向市场供应充足的流动性，大量注资以稳定金融体系。例如，2008 年 9 月 16 日，日本银行通过公开市场操作向短期金融市场注资 2.5 万亿日元，次日再次注资 3万亿日元，到 2008 年底，日本银行向市场注资高达 101.261 万亿日元。（2）下调利率。2008 年 10 月日本银行决定将无担保隔夜拆借利率从年利率 0.5%（2007 年 2 月实施）降为 0.3%，同年 12 月日本银行再一次将利率从 0.3%降为 0.1%，基本上又回到了实行长达 7 年之久的零利率政策。（3）支持企业融资。金融危机发生后，股价下跌使金融机构资产大幅缩水，而日本的金融机构一般都持有多家融资企业的大量股份，在股价下跌后，纷纷要求收回贷款，结果使很多企业尤其是中小企业面临资金周转的困难。为此，日本银行采取了一系列支援企业融资的措施。第一，买进公司票据。日本的商业票据市场是企业筹集资金的重要渠道，日本银行为了满足企业的融资需求而出台的措施之一就是收购企业发行的票据，直接向企业提供资金。第二，买进公司债券。2009年 2 月，日本央行还决定开始从银行手中直接购买至多 1 万亿日元、信用评级在 A 或 A 以上、到期日在 1 年期以内的公司债。

### 三、中国应对国际金融危机的政策措施

#### （一）稳健的财政政策转变为积极的财政政策

中国政府在进行宏观调控时，总是选择"相机抉择"的调控政策。

2007 年底美国次贷风险爆发后，中国政府及时调整政策目标，于 2008 年 6 月将原先的"双防"政策目标（防经济增长过热和防通货膨胀）改为"一保一控"的政策目标，即一方面确保经济的稳定快速增长，一方面控制通货膨胀。随着国际金融危机的加剧，中国面临的外部环境也进一步恶化。2009 年，中国将"一保一控"的政策目标改成单一的"保增长"目标，原先稳健的财政政策转变为积极的财政政策，从紧的货币政策转变为宽松的货币政策，试图通过政策的转变来扩大内需，防止经济过快下滑，确保经济的稳健运行。

危机发生后，中国采取的积极的财政政策主要包括大规模增加政府支出、实施结构性的减税政策、调整国债资金投向和财政投资结构、降低甚至取消一些行政事业项目的收费，从而发挥财政收入的再分配功能。最有名的是 2008 年 11 月 4 万亿元经济刺激计划的出台，它在一定程度上刺激了地方投资。

### （二）由从紧的货币政策转变为适度宽松的货币政策

在应对国际金融危机的过程中，中国人民银行采取了一系列宽松的货币政策：通过大幅度降息为银行体系增加流动性；通过增加信贷投放规模，扶持中小企业，解决企业融资难问题；通过逐步减调央行票据发行规模和频率，降低回笼资金规模和速度，为市场注入流动性。这一系列宽松的货币政策为应对国际金融危机起到了积极的作用。

在金融危机发生后，主要新兴经济体，例如俄罗斯、印度等国政府也采取了大多数国家都积极实施的大规模救市措施，如向金融市场注资、实施扩张性财政和货币政策，以及调整产业结构、加强对外经贸合作等，均取得了一定成效。

# 第四节　主权债务危机及其解决方案

主权债务（sovereign debt），是指一国以自己的主权为担保向外界，不管是向国际货币基金组织还是向世界银行，还是向其他国家借来的债务。主权债务危机，也就是该国在国际借贷领域中大量负债，超过了其自身的清偿能力，造成无力还债或必须延期还债的现象。20 世纪 80 年代以来，国际上发生了两次较大、影响较深的主权债务危机。

## 一、拉美主权债务危机（20 世纪 80 年代）

### （一）爆发债务危机的原因

在第二次世界大战后，拉美地区的经济获得了迅速的发展，特别是在 1979 年西方经济普遍不景气的情况下，拉美国家的经济增长速度仍然较快，国内生产总值的增长率高达 6.6%，而欧洲国家仅为 3.7%。拉美地区的人均国内生产总值在 1979 年也已达到 1828 美元，成为发展中国家经济发展最快的一个地区。但自 1980 年开始，拉美经济开始陷入困境。1981 年的 GDP 增长率仅为 0.25%，到了 1982 年甚至开始出现负增长①，从而引发了债务危机。

1982 年 8 月 12 日，墨西哥因外汇储备已下降至危险线以下，无法偿还到期的公共外债本息（268.3 亿美元），不得不宣布无限期关闭全部汇兑市场，暂停偿付外债，并把国内金融机构中的外汇存款一律转换为本国货币。墨西哥的私人财团也趁机纷纷宣布推迟还债。继墨西哥之

---

① 数据来源于世界银行：http://data.worldbank.org/indicator/NY.GDP.MKTP.KD.ZG? locations=ZJ。

后，巴西、委内瑞拉、阿根廷、秘鲁和智利等国也相继发生还债困难，纷纷宣布终止或推迟偿还外债。到 1986 年底，拉美发展中国家债务总额飙升到 10350 亿美元，且债务高度集中，短期贷款和浮动利率贷款比重过大，巴西、阿根廷等拉美国家外债负担最为沉重，史称"拉美债务危机"。

债务危机爆发的原因，一般认为是外部环境和拉美各国内部因素综合作用所导致的。

从国际上看，一是发达国家大量输出过剩资本，转嫁经济危机。在 1974—1975 年间，西方的一些工业国家在遭遇经济危机时面临严重的通货膨胀，出现资金过剩。国际垄断资本为了获得高额的利润，向拉美国家输出过剩的资本，而拉美国家在急需资金发展本国经济的情况下接受了大量的国际贷款，债台高筑。拉美债务的迅速上升本该引起各国政府的重视，但由于各国能够随意得到大笔贷款，于是债务危机被掩盖。

二是国际贸易增长缓慢，贸易条件恶化。拉美国家的外汇收入主要依赖于出口，这一部分在其国内生产总值中占了很大比重。在 1980 年世界经济出现衰退情况下，发达国家为了保护自身的利益，实行贸易保护主义，极大地限制了拉美国家的出口，其国际收支逆差增大，无法以国际收支来支付外债，加重了他们的债务负担①。据联合国调查，美国对从拉美国家进口的 1000 多项物品采取了 400 多项非关税壁垒措施；欧洲共同体对从拉美进口的近 500 项物品采取了 300 多项非关税壁垒措施；日本对从拉美进口的 43 项物品采取了 100 多项非关税壁垒措施。

三是国外利率过高而国内利率偏低，导致债务负担加重。拉美国家所负外债有 80%～90% 来源于外国的银行贷款，这类贷款还款期限短、

① 尤安山：《拉美债务危机：原因及对策》，《拉丁美洲研究》1986 年第 1 期，第 24 页。

利率随美国利率上下波动。而当时的美国政府一再提高利率，大大增加了拉美国家的利息支出，让其不得不借新债还旧债，使拉美国家蒙受了严重的损失。而且，拉美国家国内利率偏低，在高利率的诱惑下，大量集团企业和个人为了追逐高利率，纷纷从本国银行提取存款存入外国银行，资本外逃现象严重。在 1982 年 8 月 12 日，墨西哥率先宣布推迟支付债务本息，促使拉美债务危机最终爆发。

从国内来看，一是经济发展计划过于庞大，对资金的需求超出了本国所能承受的能力。战后，拉美国家为了加速本国经济的发展，不顾国内的实际情况，实行"高目标、高投资、高速度"的三高政策，资金需求超过了本国财政实际所能承受的压力，只能大量举借外债。二是长期推行赤字财政和信用膨胀政策。由于拉美长期以来一直采用这种政策来刺激经济的增长，导致国家和私人的债务都猛增，且通货膨胀日益严重，生产与消费之间的矛盾进一步恶化，再加上公共支出的增加，拉美多数国家一直处于财政赤字的状态。三是经济结构单一。拉美多数国家的经济结构都是以出口少数农矿产品为主的单一经济结构，易受世界经济的影响。20 世纪 70 年代末，由于世界经济危机，国际原材料市场和农矿产品的价格走低，使拉美国家的出口收入锐减，国际收支严重不平衡，债务清偿能力下降，拉美国家不得不借助国外资金维持运转。

## （二）债务危机的解决方案

债务危机给拉美经济造成巨大损失，为尽快从债务危机中解脱出来，拉美国家采取了一些有效措施，国际社会也对其进行拯救。

从拉美国家自身来看，主要采取应急性调整和战略性调整两大类政策措施。其中，应急性调整的措施包括：（1）压缩公共开支，减少财政赤字。例如，巴西在 1983 年和 1984 年削减预算 10%，1987 年把该年占国内生产总值 6.7% 的公共赤字降至 3.5%；阿根廷政府也下令削减公共开支，把预算赤字从 1983 年占国民生产总值的 18% 降到 1984 年的 4%①。（2）调整金融政策，以促进出口，防止资金外逃。危机开始后，拉美各国都先后放弃固定汇率政策，加强外汇管理。例如，巴西从 1982 年开始对银行和外汇进行管制，把私人银行外汇存入国库的最低限额从 40% 提高到 60%，并规定一切向国外汇出外汇的业务，统一由巴西中央银行集中办理。（3）鼓励出口，限制进口，推行"出口导向型"的经济战略以改善国际收支。与出口导向相配套，拉美国家还推行贸易自由化，汇率自由浮动并降低出口关税、提高进口关税，取消各种贸易壁垒，努力加入关税贸易总协定以推动自由贸易的发展。

战略性调整措施包括：（1）修改发展计划，放慢经济增长速度。80 年代以后，拉美许多国家修改了原定的国民经济发展计划，使国内经济发展速度与本国国力相适应。（2）调整工农业比例，加强农业部门的经济发展，使国内经济在部门关系协调基础上稳定增长。主要通过增加农业贷款，减免农业税收，培育良种，推广先进技术等措施来促进农业发展。（3）深化经济结构改革，整顿国有企业，推行国有企业私有化，并关闭部分长期无经济效益的企业，以减轻亏损与国家的债务负担。（4）实行能源多样化措施，以避免只依赖一种能源所带来的危害。一些国家在发展石油的同时，注意煤炭、水力、核能、地热能等能源的发展。

从国际角度看，以美国为主体提供了多项拯救方案。最初的援助措施（1982—1984 年），是在 IMF 的协调下，一方面各国政府、银行和国际机构向债务国提供贷款以缓解资金困难，另一方面，重新安排债务，IMF 要求债务国国内财政紧缩，债权银行延长债务本金的偿还期限，但是并不减免债务总额。中后期，主要是美国参与的两个计划：（1）贝克计划（1985—1988 年）——通过安排延长原有债务期限、新增贷款来促进债务国的经济增长，同时要求其调整国内政策。在贝克计划执行

---

① 余文健：《拉美债务危机：成因与对策》，《求是学刊》1992 年第 2 期，第 65~66 页。

中，产生了一系列创新手段，如债务资本化、债权交换、债务回购等。
（2）布雷迪计划（1989 年后）——鉴于许多银行对不良债务失去了信
心，因此，它们提出在自愿的、市场导向的基础上，对原有债务采取各
种形式的减免。1990 年后，随着美国利率显著下降，债务国的政策调
整也初见成效。1992 年，拉美债务危机基本宣告结束。

## 二、欧洲主权债务危机（2009 年开始）

欧洲主权债务危机，简称"欧债危机"，是指自 2009 年以来在欧
洲部分国家爆发的主权债务危机。欧债危机是美国次贷危机的延续和深
化，是全球金融危机的一部分，其本质原因是政府的债务负担超过了自
身的承受范围，而引起的违约风险。

### （一）欧债危机的形成和演进

2007 年的美国次贷危机发生，其后演化为全球金融危机，这次
危机几乎波及世界所有的发达国家和许多新兴经济体。为了应对全球
金融危机的冲击，各个国家的不同政府都实行了不同程度的扩张性的
财政政策，这一措施确实刺激了经济，增加了市场的流动性，但同时
也造成了各国政府财政赤字严重。到 2009 年，全球的财政赤字问题
越来越严重，特别是欧洲国家的公共债务沉重。按照欧盟《稳定与增
长公约》规定，欧元区各国政府的财政赤字不得超过当年国内生产总
值（GDP）的 3%、公共债务不得超过 GDP 的 60%。但自全球金融危
机发生以来，欧盟有 27 个成员国的财政赤字都超过了警戒线（见图
4-7）。

欧洲主权债务危机发端于希腊。为了应对 2008 年全球性的金融危
机，希腊等欧盟成员国大量举债。2009 年 10 月，希腊政府对外宣布

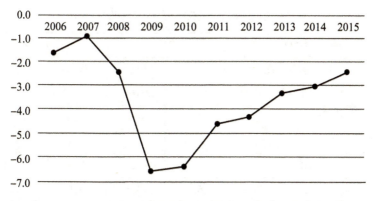

图 4-7　欧元区财政赤字占 GDP 的比重① （%）

2009 年财政赤字高达 3000 亿欧元，占国内生产总值的比例预计为 12.7%，公共债务占比约为 113%，远远超过欧盟所规定的 3% 和 60% 的上限②。标准普尔、惠普和穆迪全球三大信用评级机构相继下调了希腊的主权信用评级，导致希腊政府在市场上的借贷成本大幅上升，举债更加困难，由此陷入了严重的债务危机。

　　希腊发生了主权债务危机之后，投资者开始担心西班牙和葡萄牙等一些债台高筑的欧元区国家的经济状况。这种担心并非空穴来风，欧盟统计局公布的数据显示，2009 年欧元区成员国财政赤字占国内生产总值的比重名列前茅的国家分别是希腊、爱尔兰、西班牙、葡萄牙，这些国家的财政赤字比重和债务比例均大大超过了欧盟标准（见表 4-2）。庞大的政府债务加剧了市场投资者的担忧与恐惧，因此市场交易者竞相抛售希腊、爱尔兰、葡萄牙、西班牙等欧元区成员国的政府债务，评级机构也降低了这些国家的主权信用等级，欧债危机进一步扩散蔓延。

① 数据来源：欧盟统计局 http：//ec. europa. eu/eurostat/data/database。
② 宋学红：《欧洲主权债务危机的演进、影响与应对措施研究》，长春：吉林大学出版社 2012 年版，第 42 页。

表 4-2　　　　　　　欧盟主要国家的财政赤字及负债水平① （%）

| | 2009 年 | | 2010 年 | | 2011 年 | |
|---|---|---|---|---|---|---|
| | 财政赤字/GDP | 政府负债/GDP | 财政赤字/GDP | 政府负债/GDP | 财政赤字/GDP | 政府负债/GDP |
| 希腊 | 15.1 | 126.7 | 11.2 | 146.2 | 18.3 | 172.1 |
| 爱尔兰 | 13.8 | 61.7 | 32.1 | 86.3 | 12.6 | 109.6 |
| 西班牙 | 11.0 | 52.7 | 9.4 | 60.1 | 9.6 | 69.5 |
| 法国 | 7.2 | 78.9 | 6.8 | 81.6 | 5.1 | 85.2 |
| 意大利 | 5.3 | 112.5 | 4.2 | 115.4 | 3.7 | 116.5 |
| 葡萄牙 | 9.8 | 83.6 | 11.2 | 96.2 | 7.4 | 111.4 |
| 德国 | 3.2 | 72.6 | 4.2 | 81.0 | 1.0 | 78.7 |
| 欧元区 | 6.6 | 78.4 | 6.4 | 83.8 | 4.6 | 86.1 |

## （二）欧债危机的救助措施

1. "欧猪五国" 的自救措施②

欧元区主权债务危机爆发后，葡萄牙（Portugal）、意大利（Italy）、爱尔兰（Ireland）、希腊（Greece）和西班牙（Spain）等 "欧猪五国" （这五个欧洲国家因其英文国名首字母组合 "PIGS" 类似英文单词 "Pigs"，故名），以及法国、英国纷纷出台相应的财政紧缩政策来减少主权债务危机对本国经济的影响。

（1）希腊的财政紧缩政策

2009 年底，希腊主权债务危机爆发后，政府陆续实施了一系列财政紧缩政策。在欧盟的压力下，希腊政府于 2010 年 3 月 3 日出台了总

---

① 数据来源：欧盟统计局 http：//ec. europa. eu/eurostat/data/database。
② 国家外汇管理局资本项目管理司课题组：《欧洲主权债务危机主要应对措施评估及启示》，《金融发展评论》2013 年第 7 期，第 77~90 页。

额为 48 亿欧元的一揽子财政紧缩计划。这套新紧缩计划包括：①削减工资——削减公务员 30% 的第 14 个月工资，其他奖金最高将削减 12%；降低 50% 的政府高级官员工资。②提高税收——增值税率提高 2%，对烟酒类商品征税再提高 20%，燃油税每升增收 0.08 欧元，对价值超 3.5 万欧元的汽车等奢侈品征收特别税；对年收入不足 10 万欧元的希腊人征收 1% 的特别税，对年收入超过 10 万欧元的希腊人征收 45% 的特别税；在未来 3 年对固定资产超 500 万欧元的希腊人征税率提高 2%；对离岸公司的征税率由 3% 提高至 15%。

2010 年 5 月 2 日，希腊政府又公布了 300 亿欧元的财政紧缩计划。该计划在 3 年内将增收节支 300 亿欧元，将财政赤字占国内生产总值的比重降低至 2014 年的 3%，3 年内将节省政府支出数额达国内生产总值的 5.25%；削减工资薪金和养老金支出冻结 3 年，取消季节性奖金；增加税收以使赤字占国内生产总值比重降低 4%。

（2）爱尔兰的财政紧缩计划

2010 年 11 月 24 日，为满足获得欧盟和国际货币基金组织的救助条件，爱尔兰政府出台了一项为期四年的财政紧缩计划。根据这项计划，爱尔兰将在未来四年内采取削减财政支出、增加税收的增收减支措施以减少赤字 150 亿欧元，使财政赤字占国内生产总值的比重在 2014 年减至欧盟要求的 3% 以内。

2010 年 12 月 7 日，爱尔兰议会通过了 2011 年削减 60 亿欧元的年度紧缩预算方案，该方案的重点是降福利、增税负。2011 年 12 月 6 日，爱尔兰总理宣布了 2012 年将实施的新一轮总金额为 38 亿欧元的财政紧缩方案，该方案涉及削减公共支出 22 亿欧元和增加税收 16 亿欧元两部分内容。

（3）葡萄牙的财政紧缩政策

作为继希腊、爱尔兰之后第三个接受国际货币基金组织及欧盟援助的欧元区国家，葡萄牙自 2010 年以来，实施了一系列财政紧缩政策，希望通过削减公务员奖金、减少公共投资、增加税收以及提高股市收益税等措施来降低政府赤字水平，控制债务规模，避免出现希腊式的主权债务危机，从而推动经济的快速复苏及稳步增长。

（4）意大利的财政紧缩方案

2010年7月底，意大利政府通过了总额为250亿欧元的财政紧缩方案，该方案计划通过削减各级政府财政支出及严厉打击偷税避税行为以提高政府财政收入等措施，使财政赤字规模在2011年至2012年间缩减250亿欧元，将财政赤字占国内生产总值的比重在2010年降至5%，2011年降至3.9%，到2012年最终降至2.7%①。2011年7月15日，意大利国会批准了规模为766亿欧元的财政紧缩计划。该项计划将通过削减政府开支、减少税收优惠和公共福利、提高退休年龄等措施减少财政赤字。该计划还提出了推动经济增长的具体措施，包括对科研领域的信贷支持、推动旅游业发展以及出售部分国有资产以获得融资等措施。

（5）西班牙的财政紧缩计划

西班牙议会于2010年5月27日批准了规模为150亿欧元的财政紧缩法案，紧缩措施包括削减公务员工资、减少官方援助、减少公共投资，削减自治区和市级政府的开支以及开征"富豪税"等措施。2011年8月，西班牙发布了进一步的财政紧缩方案，计划节约50亿欧元。12月30日，西班牙新政府公布了一份规模达89亿欧元的2012年公共开支削减计划和上调所得税、房产税及其他税种等增税措施。

2. 欧盟和国际货币基金组织（IMF）的救援

欧元区国家经济之间有着千丝万缕的联系，因此，从维护本国经济安全的角度考虑，欧元区内的各国通过协调共同出资来援助"欧猪五国"，避免债务危机进一步恶化和蔓延。

2010年4月12日，欧元区国家达成协议，援助希腊总计610亿美元；4月29日，欧盟将对希腊的援助金额提高到1590亿美元。

---

① 陈昕雨：《财政紧缩计划支撑：意大利独善其身远离"降级俱乐部"》，《中国证券报》2010年8月25日。

2010 年 11 月 28 日，欧盟成员国财政部长通过对爱尔兰总额为 850 亿欧元的救助计划。

2011 年 4 月 6 日，IMF、欧盟、欧洲中央银行通过对葡萄牙提供的 950 亿欧元的救助金。

2011 年 7 月 21 日，欧元区国家将向希腊提供 1090 亿欧元的融资，另外私人部门提供 370 亿欧元①。

此外，欧元区各国就建立永久性救助机制——欧洲稳定机制（European Stability Mechanism，ESM）的主要细节达成一致，ESM 从 2013 年 7 月开始启动，接替到期的欧洲金融稳定工具（EFSF）和欧洲金融稳定机制（EFSM），并继续履行稳定欧洲金融系统的职能。

3. 欧洲中央银行的救助措施

（1）购买成员国国债。根据《马斯特里赫特条约》的规定，欧洲央行和各成员国中央银行禁止为成员国的财政赤字提供财政透支和其他信贷便利，禁止在一级市场上购买成员国政府发行的债券，以防止成员国通过此种方式来弥补本国的财政赤字。2010 年 5 月 17 日，欧洲央行公布已买入欧元区国债 165 亿欧元，这标志着欧洲央行已打破 11 年来的禁忌，正式启动国债购买计划。在此之前，欧洲央行从未购买过欧元区成员国的国债，此番行动可谓史无前例。

（2）降低基准利率。欧债危机的爆发使得欧元区经济萎靡不振，为鼓励经济发展，恢复银行间流动性，欧央行开始降息。自 2008 年全球金融危机爆发以来，欧洲央行基准利率从 2008 年 9 月的 4.25% 逐渐下跌至目前的 0.5%，这主要是在 2009 年 6 月前完成的。2011 年，欧洲央行曾有过短暂的升息，但其后因债务危机升级，欧洲央行于 2011 年 11 月开始再次降息。2013 年 5 月，欧洲央行的基准利率已降至历史最低，存款利率已降为零。

---

① 数据资料通过中国银行业协会网站 http：//www.china-cba.net/list.php？fid=61&page=181 整理而得。

（3）推出长期再融资操作。自 2008 年金融危机后，欧元区多个国家接连面临"主权债务危机"。在市场对于债务国经济复苏及偿债能力深度担忧的情况下，大量投资资金撤出欧元区周边国家，债务国政府及整个欧洲银行体系的融资成本也同时飙升。这导致欧洲银行业陷入融资难、惜贷、流动性差以及企业及家庭借款难的恶性循环。大量欧洲银行依靠从本国央行和欧洲央行借贷来维持流动性。欧洲央行在 2011 年 12 月和 2012 年 2 月推出了两轮三年期的"长期再融资计划"（LTRO）贷款，向欧元区银行提供 1%固定利率的无限制贷款。欧洲央行表示，已向 523 家欧洲银行提供了为期 3 年的 4890 亿欧元贷款，此次贷款额度为欧元成立 13 年以来的最大规模。欧洲央行推出低成本融资的做法旨在帮助欧洲银行业缓解流动性危机，并重振市场信心。

在各国紧缩财税政策和国际救助下，自 2015 年开始，欧洲部分债务危机国正逐渐摆脱危机[1]。但是，由于各国紧缩政策导致居民福利水平下降，收入长期得不到提高，失业问题仍然严重，以及国际社会救助政策措施的条件较高，致使部分危机国国内反对声音高涨，债务问题仍然没有得到解决。例如希腊，2015 年成为第一个未能向 IMF 还债的发达国家；IMF 认为希腊的债务是"高度不可持续的"，预计 2030 年该国债务将达到 GDP 的 160%，但"随后债务将爆炸性增长"，2060 年将达到 GDP 的 275%[2]。2017 年 1 月，欧洲欧元区和希腊的债务谈判陷入僵局，希腊的下一笔援助金也因此不能发放，如果希腊不能获得下一笔援助金，可能会面临违约风险，更有可能离开欧元区。"Grexit"（希腊脱欧）一词，已经取代了之前的"Brexit"（英国脱欧），再度成为了媒体热词。我们认为，在当前欧洲政治危机不断发酵的情况下，欧洲各国能否在短时间内摆脱债务危机仍然充满变数。

---

[1]　牛颖惠：《欧洲部分国家逐渐摆脱债务危机》，《京华时报》2016 年 9 月 22 日，和讯网 http：//news. hexun. com/2016-09-22/186130527. html。

[2]　《希腊债务危机卷土重来？救助谈判陷入僵局》，2017 年 1 月 28 日，华尔街见闻网 http：//wallstreetcn. com/node/287294。

# 第五章　全球金融监管及区域合作

2008 年全球金融危机发生后，国际社会反思此次危机发生原因，认为缺乏全球性的有效监管是其中之一。因此，以美国为代表的发达经济体提出构建新的全球监管体系，对包括投资银行、对冲基金等在内的组织和工具进行监管。世界各国就加强金融监管与协调合作达成共识，采取灵活多样的方式保证金融稳定。

中国在促进全球金融稳定进程中做出了巨大贡献，不仅体现在积极倡导和参与全球金融监管体系改革上，还体现在努力构建区域性金融合作体系，以区域金融稳定带动全球金融稳定上。中国先后发起创建金砖国家新开发银行、亚洲基础设施投资银行等区域性投资机构，以及设立"丝路基金"等融资平台，为区域性金融经济合作起着示范作用。

## 第一节　全球金融监管及其改革

历史上出现大的金融危机后都会对原有金融监管体系进行改革，如 1929 年大萧条之后美国通过的《1933 年银行法》，1974 年联邦德国赫斯塔特银行和美国富兰克林银行倒闭导致《巴塞尔协议》出台，日本 1990—2003 年危机后推出《金融再生法》等。2008 年全球金融危机发生后，各国均重新审视国内及国际金融监管，大力推进金融监管改革，以图促进金融稳定；而且，主要经济体达成共识：加强国际金融监管协调和合作，防范全球性金融危机发生。

## 一、全球金融监管的内容及框架

金融监管（financial regulation）是金融监督和金融管理的总称。从词义上讲，金融监督是指金融主管当局对金融机构实施的全面性、经常性的检查和督促，并以此促进金融机构依法稳健地经营和发展。金融管理是指金融主管当局依法对金融机构及其经营活动实施的领导、组织、协调和控制等一系列的活动。

金融监管有狭义和广义之分。狭义的金融监管是指中央银行或其他金融监管当局依据国家法律规定对整个金融业（包括金融机构和金融业务）实施的监督管理。广义的金融监管在上述涵义之外，还包括了金融机构的内部控制和稽核、同业自律性组织的监管、社会中介组织的监管等内容。

金融监管的传统对象是国内银行业和非银行金融机构，但随着金融工具的不断创新，金融监管的对象逐步扩大到那些业务性质与银行类似的准金融机构，如集体投资机构、贷款协会、银行附属公司或银行持股公司所开展的准银行业务等，甚至包括对金边债券市场业务有关的出票人、经纪人的监管等。目前，一国的整个金融体系都可视为金融监管的对象。

金融监管主要包括：（1）对金融机构设立的监管；（2）对金融机构资产负债业务的监管；（3）对金融市场的监管，如市场准入、市场融资、市场利率、市场规则等；（4）对会计结算的监管；（5）对外汇外债的监管；（6）对黄金生产、进口、加工、销售活动的监管；（7）对证券业、保险业、信托业的监管；（8）对投资黄金、典当、融资租赁等活动的监管。其中，对商业银行的监管是监管的重点。

金融监管是现代经济体系的重要组成部分。一些发达经济体的金融监管体系不仅将监管的对象延伸到国外，监管内容也延伸到涉外金融交易，如美国、英国、德国、日本等发达国家的金融监管，已然突破其本国意义，具有区域性、国际性金融监管的作用。

真正意义上的全球性金融监管，是随着经济和金融全球化进程而产生和发展的。最早的全球性金融监管体系建立可以追溯至二战结束后布雷顿森林体系，主要是由国际货币基金组织、世界银行、世贸组织、国际清算银行等国际组织对涉及全球性的金融事务进行磋商和协调，是一种偏于国际货币体系的一个体系，金融监管不是最主要的任务和内容。20 世纪 70 年代至 80 年代，随着金融自由化和资本国际流动加速，金融风险在国际间传染可能性进一步扩大，加之各国金融监管体系和方式存在较大差异，使有效监管跨国金融机构并非易事，这就要求国与国之间加强合作。1974 年成立的"巴塞尔银行监管委员会"及其颁布的一系列有关国际金融监管的重要协议，约束、引导着各国金融监管行为，标志着全球性的金融监管体系开始构建。经济合作与发展组织（OECD）、七国集团（G7）和欧共体等区域性组织也在各自的范围内协调合作成员国间的金融事务，为国际金融监管合作做出了贡献。进入 20 世纪 80 年代以来，金融全球化趋势更加明显，金融创新不断加快，金融产品和金融机构数量不断增加，业务日益多元化、国际化，金融业竞争加剧，国际金融危机发生概率大大增加，这些情况和问题，既需要各国审慎对待，又需要加强国际间的合作。1984 年和 1992 年，在巴塞尔银行监管委员会基础上，相继成立了国际证券委员会和国际保险业监管者协会，借以加强对证券和保险业的国际监管。新成立的国际金融监管机构与先前的国际组织一起形成了错综复杂的全球金融监管体系。国际性的金融监管框架就演化为由国际货币基金组织、世界银行、世贸组织、国际清算银行等原有国际组织与后来新成立的巴塞尔银行监管委员会、国际会计准则委员会、国际证监会组织等国际金融监管机构共同组成。

这样，全球性国际金融监管的三大框架基本形成：一是主要发达国家的金融监管体系，二是国际货币基金组织（IMF）的货币金融监督体系，三是巴塞尔银行监管委员会的银行、证券及保险业监管体系。这三大框架通过发达国家（G7）、国际经济组织来实现对全球金融活动的协调治理，也即所谓的全球治理体系。从治理体系可以看出，原有的全球金融监管存在不足，没有将发展中国家及新兴市场国家的金融监管体系纳入其中，也反映不了它们的呼声。进入21世纪以来，全球金融治理结构逐步优化，如G20替代了G7，以及区域性金融组织作用得到发挥。

在目前的全球金融监管框架下，新近成立的金融稳定论坛已经成为协调各个国际金融监管机构的重要协调者；巴塞尔银行监管委员会（监管银行）、国际证监会组织（监管证券）、国际保险监管协会（监管保险）、独立审计机构国际论坛（监管审计）四个监管机构形成了全球重要的金融监控组织。它们与其他金融监管机构和国际组织一起共同行使着全球金融稳定的职能①。

但是，这样的全球金融监管框架存在明显缺陷，无法对全球性金融市场活动做出快速反应和风险防范。

一是金融监管全球化趋势与金融监管国别化的矛盾②。进入20世纪80年代以后，金融全球化的势头异常明显，而且金融创新不断，金融机构、金融工具和全球金融市场的联动性大为增强。在金融机构、金融工具和金融市场的相互作用下，金融风险跨国传递和金融危机国际蔓延的途径、机会和速度也大大超过以前。1994年墨西哥危机、1997年东南亚金融危机、2008年全球金融危机，均是在短时间内波及全球就是很好的例证。如何对新产生的跨境证券交易进行监管？对冲基金和私募基金是否对金融稳定性和交易市场的正常运作产生了原有监管体系无法解决的威胁？伊斯兰金融力量增长迅速，但其拒绝接受传统的利息概念，应如何将其融入现有的国际金融监管框架？这些新问题的出现都给

① 苗永旺、王亮亮：《全球金融危机与国际金融监管框架变革》，《亚太经济》2010年第1期，第25~29页。
② 苗永旺、王亮亮：《全球金融危机与国际金融监管框架变革》，《亚太经济》2010年第1期，第25~29页。

原有的国际金融监管框架带来了新的挑战。

重要的是，现有的全球金融监管框架是基于传统的银行、证券、保险分业经营模式而搭建的，是相对松散的体系，特别是相关国际组织及各国金融监管机构之间缺乏有效协调机制，实行各自为政的方针，监管功能割裂。因此，事实上的全球金融监管仍是各个国家视角下的独立监管，并且由于各国国内金融监管体制和监管框架迥然不同，无法进行有效的国际协调。监管对象的全球化和监管者的国别化必然会在国际金融领域留下监管的空白地带，在国际金融风险日益加大的今天，这种空白无疑会带来严重的后果。

二是两大国际性金融监管框架体系存在缺陷，并未有效发挥全球金融监管职能。主要表现在①：（1）国际货币基金组织（IMF）的监督职能存在缺位和错位。例如，《国际货币基金协定》规定 IMF 以"促进汇兑稳定"为宗旨，但它现在基本上放弃了汇率稳定的目标，一度将推进成员国金融自由化、资本市场开放作为目标，造成监督实践与宗旨日渐脱节；加之 IMF 虽然拥有对成员国经济政策监督的权力，但缺乏对私人部门进行有效监督的手段；同时，IMF 过分强调对发展中国家和新兴经济体的监督，而忽略对发达国家的监督，尤其是疏于对储备货币发行国的监督。2008 年全球金融危机恰恰是发端于金融业和监管最发达的美国，正说明 IMF 的监管职能失效。（2）《巴塞尔协议Ⅱ》② 对银行资本监管暴露较多问题。例如，《巴塞尔协议Ⅱ》虽然规定了银行资本的定义和标准，但实际上是由各国监管当局自行认定，客观上造成各国

---

①　羌建新：《国际货币金融体系变革与中国》，北京：中国发展出版社 2015 年版，第 58～60 页。

②　《巴塞尔协议》是巴塞尔银行监管委员会于 1988 年在瑞士的巴塞尔通过的《关于统一国际银行的资本计算和资本标准的协议》的简称，是巴塞尔银行监管委员会成员为了维持资本市场稳定、减少国际银行间的不公平竞争、降低银行系统信用风险和市场风险，推出的资本充足比率要求。学术界一般把 1988 年的《巴塞尔协议》称为《巴塞尔协议Ⅰ》，2004 年的《巴塞尔协议》称为《巴塞尔协议Ⅱ》，2010 年的《巴塞尔协议》称为《巴塞尔协议Ⅲ》。

的银行资本认定标准不一，存在较大差异，由此出现银行的国际"监管套利"，削弱了市场约束的效果。再例如，《巴塞尔协议Ⅱ》对 21 世纪以来迅速发展的"影子银行体系"缺乏监管，造成"监管盲区或空白"；同时，它的监管具有顺周期性，随经济周期调整财务杠杆会助长繁荣期的泡沫积累和衰退期的信贷紧缩，将周期性波动人为放大。

## 二、2008 年金融危机后全球金融监管的改革

2008 年全球性金融危机发生，普遍的看法是因全球性金融监管存在问题而造成的。因此，各国开始对其国内金融监管体系进行改革，对构建全球性金融监管和治理体系进行磋商。七年过后，全球金融监管改革取得一定成效。

### （一）主要发达经济体重构金融监管体系

#### 1. 美国金融监管体系改革

美国是当今国际上公认的金融市场最发达、金融创新最活跃、金融监管制度最完备的国家，一直是世界各国仿效对象。但 2008 年金融危机恰恰在美国引爆，引起美国政府高度重视，决心重构新的金融监管体系。

美国金融监管体系是伴随着本国金融体系的发展以及危机管理经验而逐步形成、完善的，自 20 世纪初银行危机，以及 30 年代大萧条、90 年代金融危机之后逐步建立起来的，主要通过一系列法案和机构构成"双重多头"的金融监管体制框架①。双重是指联邦和各州均有金融监管的权力；多头是指有多个履行金融监管职能的机构。从联邦一级看，美国政府的金融监管机构有：联邦储备体系（Federal Reserve System,

---

① 陈柳钦：《金融危机背景下美国金融监管改革剖析》，《湖北经济学院学报》2009 年第 5 期，第 48~56 页。

FRS)、货币监理署（Office of the Comptroller of the Currency，OCC）、联邦存款保险公司（Federal Deposit Insurance Corporation，FDIC）、证券交易委员会（Securities and Exchange Commission，SEC）、联邦住房放款银行委员会、联邦储备贷款保险公司、全国保险监管者协会（NACI）、联邦储备监督署（Office of the Thrift Supervision，OTS）和国民信贷联合会等，分别对各类金融机构实施专业的交叉监管（见图 5-1）。这种双重多头监管框架体系的弊端在 2008 年金融危机之中暴露出来：一是几十年来逐渐放任的政策环境导致市场约束不足，特别是对影子银行体系缺乏监管；二是监管体系权力分散，缺乏一个负责系统性风险防范的监管机构；三是监管体制落后于金融创新，为监管套利创造了空间；四是缺乏有效信息共享机制和监管合作；五是有序处置金融风险的工具和经验有待完善①。

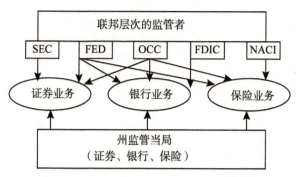

图 5-1　美国原"双重多头"金融监管体制框架

针对 2008 年金融危机暴露出来的问题与弊端，2008 年 3 月 29 日美国财政部公布了《现代金融监管框架改革蓝图》（*Blueprint for a Modernized Regulatory Structure*），提出对美国金融监管体系进行重建，设定了

①　陶玲、刘婕：《国际金融监管体制改革的基本脉络与发展方向》，《比较》2015 年第 3 期，第 120～134 页；或财新网 http：//bijiao. caixin. com/2015-09-14/100849595. html。

改革的短期、中期和长期目标和实现途径。2010 年 7 月 21 日，美国颁布《多德—弗兰克法案》，以加强系统性风险防范和化解为主线，着重通过以下五个方面对美联储的监管职责进行重塑和加强，提升系统性风险管理能力，强化金融稳定体制框架（见图 5-2）。

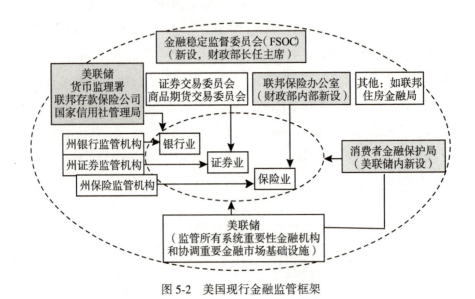

图 5-2　美国现行金融监管框架

一是设立金融稳定监督委员会（FSOC），识别和防范系统性风险。二是扩大监管范围，填补监管漏洞。美联储作为系统重要性金融机构的监管主体，不仅对资产超过 500 亿美元的银行业金融机构实施监管，还对所有具有系统重要性的证券、保险、金融控股公司等机构进行监管；将场外衍生品、对冲基金、私募股权基金和信用评级机构纳入监管范围。三是提高金融监管标准，降低金融机构"大而不能倒"的风险。针对系统重要性机构，美联储牵头负责制定一系列更加严格的监管标准和要求，包括资本、杠杆率、流动性、风险管理等要求。四是建立全面覆盖的风险处置和清算安排，保障问题机构有序退出。五是成立消费者金融保护机构，加强消费者金融保护①。

2. 英国金融监管体系改革

英国自 20 世纪 70 年代开始建立分业监管的模式，由英格兰银行负责监管银行业，贸易工业部下设的保险业董事会负责监管保险业，建筑协会委员会负责监管建筑协会，证券与投资管理局（SIB）及其下设的三家行业自律组织分别监管证券公司、投资与基金公司和养老金。90 年代，英国爆发了国际商业信贷银行破产、巴林银行倒闭、国民西敏寺银行危机等重大金融事件，迫使英国政府于 1997 年 5 月提出改革金融监管体制的新方案，剥离英格兰银行的监管职能，将银行业监管与投资服务业监管移交给金融服务管理局（FSA）。2000 年 6 月，英国通过了《金融市场与服务法案》，从法律上进一步明确了 FSA 的责任、权利和义务，实现了英国金融监管的统一②。

但是 2008 年金融危机也暴露了英国金融监管的缺陷③。一是过度强调中央银行货币政策的独立性，忽略货币政策和金融稳定的相互影响和综合作用。二是监管权分离不利于维护金融稳定。由于银行监管职能被剥离，英格兰银行无法及时获得单个金融机构和整个金融体系的风险信息，很难事先分析、评估和预警。三是单一监管机构存在治理缺陷。英国金融服务管理局作为唯一的金融监管机构，既承担对机构风险的审慎监管，又负责对机构行为的合规监管，由于缺乏来自其他机构的制衡和监督，降低了监管的有效性，容易造成监管宽容。四是监管协调不力。由于职责分工不清晰、问题银行的处置程序不明确、信息共享不及

---

① 陶玲、刘婕：《国际金融监管体制改革的基本脉络与发展方向》，《比较》2015 年第 3 期，第 120 ~ 134 页；或财新网 http：//bijiao. caixin. com/2015-09-14/100849595. html。

② 尹继志：《后危机时代国际金融监管改革：框架、内容与启示》，《云南财经大学学报》2010 年第 6 期，第 66~73 页。

③ 陶玲、刘婕：《国际金融监管体制改革的基本脉络与发展方向》，《比较》2015 年第 3 期，第 120 ~ 134 页；或财新网 http：//bijiao. caixin. com/2015-09-14/100849595. html。

时、运作效率低下等，财政部、英格兰银行和金融服务管理局在应对危机时无法有效沟通协调，直接影响了对危机形势的准确判断和救助措施的及时出台，造成危机处置和金融稳定工作陷入被动。

2008 年金融危机后，英国对金融监管体制进行了彻底而全面的改革，其核心思想是构建一个强有力的中央银行，一方面，从维护金融稳定的角度出发，强化中央银行的宏观审慎管理职责，赋予其必要的手段和工具；另一方面，重新将微观审慎监管职责收归中央银行，实现宏观审慎与微观审慎的协调统一。2013 年 4 月 1 日，新《金融服务法》生效，新的金融监管体制正式运行（图 5-3）。其中，英格兰银行负责货币政策、宏观审慎管理与微观审慎监管，在其内部成立金融政策委员会（FPC），负责宏观审慎管理，并下设审慎监管局（PRA），与金融行为局（FCA）一同负责微观审慎监管，取代金融服务管理局①。

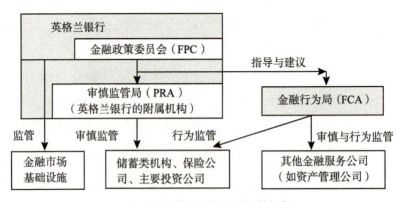

图 5-3 英国现行金融监管框架

改革后，英国的金融监管体系基本上建立起多部门多层次协调机

---

① 陶玲、刘婕：《国际金融监管体制改革的基本脉络与发展方向》，《比较》2015 年第 3 期，第 120~134 页；或财新网 http://bijiao.caixin.com/2015-09-14/100849595.html。

制。审慎监管局、金融行为局与金融政策委员会之间建立定期沟通机制。金融政策委员会有权从宏观审慎角度要求审慎监管局、金融行为局对金融机构采取具体监管行动。审慎监管局需要将金融机构的监管信息反馈给金融政策委员会，由后者进行宏观审慎分析。同时，审慎监管局和金融行为局签订监管合作谅解备忘录，加强对一些系统重要性金融机构的监管协调，避免重复监管。此外，英格兰银行和财政部签订《危机管理谅解备忘录》，明确双方在危机管理中的职责分工。

3. 欧盟金融监管框架改革

欧盟的金融监管要追溯到 1985 年欧共体首脑会通过的《建立共同市场白皮书》，提出在金融监管领域要运用"相互承认"和"最低限度协调"两项原则来促进欧洲金融市场一体化。1999 年，欧盟委员会颁布了《欧盟委员会金融服务行动计划》，为消除跨国金融服务限制和市场壁垒，建立统一的金融市场和监管体系奠定了基础。2001 年，欧盟委员会采纳欧洲央行行长莱姆法路西的建议，提出包含四个层次的"莱姆法路西立法程序框架"（Lamfalussy Process），以促进欧盟成员国金融监管政策的趋同以及政策执行的一致性。在这一框架下，欧盟监管体系划分为 4 个层级，并履行相应的职责（表 5-1）。

表 5-1　　　　莱姆法路西框架下的欧盟金融监管体系①

| 项目 | 机构 | 主要监管职责 |
| --- | --- | --- |
| 第一层级 | 欧盟理事会、欧盟委员会、欧盟议会 | 按照立法程序，制定欧盟层面的金融监管法律与规则 |

———————————
① 资料来源：尹继志：《后危机时代国际金融监管改革：框架、内容与启示》，《云南财经大学学报》2010 年第 6 期，第 66~73 页。

| 项目 | 机构 | 主要监管职责 |
|---|---|---|
| 第二层级 | 欧盟管理委员会（欧盟银行委员会、欧盟证券委员会、欧盟保险和职业养老金委员会、欧盟金融联合委员会） | 根据第一层级的法律规则，制定与金融市场和金融监管协调一致的实施细则 |
| 第三层级 | 欧盟监管委员会（欧盟银行监管委员会、欧盟证券监管委员会、欧盟保险和职业养老金监管委员会） | 根据第一、第二层级的法律和规章，开展与欧盟各国监管当局的联系与合作，向其提出实施共同监管章程的建议 |
| 第四层级 | 执行委员会 | 与欧盟成员国合作，实施各项金融监管法律和规定 |

2008 年金融危机重创欧洲金融市场，继而引发欧洲主权债务危机。欧盟财政纪律缺失、金融监管政策不统一所造成的监管套利、监管漏洞暴露无遗。一是只关注单个金融机构的稳健性，对系统性金融风险的防范措施不到位。危机爆发后，由于业务高度趋同，欧盟在次贷产品上遭受巨额损失，陷入经营困境。二是分散的金融监管权力不利于金融体系的稳定。由于在欧盟层面缺少必要的金融监管制度和安全网，大部分监管权仍然掌握在各国监管机构手中。在欧洲债务危机进一步发酵、金融机构风险持续爆发时，各国监管机构优先考虑本国利益、以邻为壑的做法给单一市场带来显著的负面影响，并严重阻滞了统一货币政策的传导渠道。加之欧盟经济金融高度一体化，客观上需要建立欧盟层面的统一金融监管体制，制定各国共同遵守的监管标准和规则。2010 年，欧盟通过《泛欧金融监管改革法案》，全面改革监管体系（图 5-4）[1]，并于2012 年着手构建涵盖单一监管、单一处置、存款保险机制的欧洲银行

---

[1] 吴韵等：《宏观审慎和金融监管框架国别案例（五）欧盟篇》，载杨燕青主编：《中国金融风险与稳定报告 2016》，北京：中国金融出版社 2016 年版。

业联盟，欧洲央行的职能从单一的货币政策向金融领域稳定延伸。

改革后的欧盟的金融监管体系从宏观和微观两个层面、单一监管和处置机制对欧盟整体金融体系进行监管。一是从宏观上在欧央行下设立由主要成员国中央银行行长组成的系统性风险委员会（ESRB），向欧盟三家微观审慎监管机构以及各成员国、各国监管机构提出警告和建议。二是构建欧洲银行业单一监管机制（SSM）。自 2014 年 11 月起，欧央行直接监管欧元区和其他自愿加入 SSM 的总资产大于 300 亿欧元或者总资产达到其所在国 GDP20%以上的系统重要性银行。三是构建欧洲银行业单一处置机制（SRM），在未来 8 年内成立一个金额为 550 亿欧元的处置基金，负责欧元区内银行的关闭与重组。

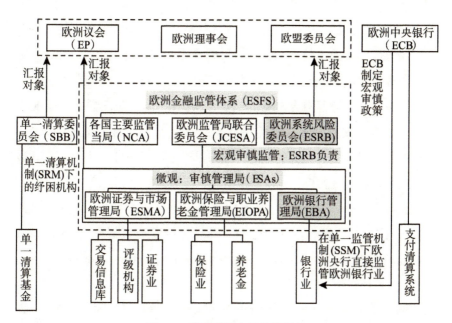

图 5-4　欧盟现行金融监管框架

在欧盟金融监管改革框架下，德国也进一步完善了监管机构设置。2013 年，德国通过《金融稳定法》，将宏观审慎管理职责授予单独成立的金融稳定委员会，以落实欧洲系统性风险委员会提出的在法律上明确各国宏观审慎机构和职责的要求。同时，建立更加有效的处置机制。
2008 年危机后，德国采取设立处置基金、颁布重组法案、建立不良资
产处置机构等措施，增强金融体系弹性。

此外，主要发达经济体，如澳大利亚、日本、韩国①、荷兰②等均
进行了金融监管体系改革，并取得一定成效。纵观各国金融监管体系改
革，有三大趋势值得关注③。

一是金融监管变革强调由微观审慎管理到宏观审慎管理和微观审慎
监管的结合。所谓"审慎监管"（prudential supervision），是指监管部
门以防范和化解银行业风险为目的，通过制定一系列金融机构必须遵守
的周密而谨慎的经营规则，客观评价金融机构的风险状况，并及时进行
风险监测、预警和控制的监管模式。2008 年金融危机前，国际社会强
调的审慎监管，实际上是微观审慎监管模式，例如巴塞尔委员会 1997
年的《银行业有效监管核心原则》中比较详细的审慎监管法规，涉及
的诸如资本充足率、风险管理、内部控制、资产质量、损失准备、风险
集中、关联交易等，相当微观。2000 年 9 月 21 日，时任国际清算银行
（BIS）总裁的安德鲁·克罗克特在一次关于银行监管的国际会议中，
首次对微观审慎管理和宏观审慎管理的目标进行了区分，认为微观审慎
管理以确保单个金融机构稳健为目标，而宏观审慎管理以维护整个金融
体系稳定为目标。2002 年 9 月，IMF 正式出版了《金融稳健指标编制
指南》，该指标体系包括两个部分，即总体微观审慎指标（Aggregated
Prudential Indicators）和宏观经济指标（Macroeconomic Indicators），其

---

① 参见陶玲、刘婕：《国际金融监管体制改革的基本脉络与发展方向》，《比
较》2015 年第 3 期，第 120 ~ 134 页；或财新网 http://bijiao.caixin.com/2015-09-
14/100849595.html。

② 参见李波：《宏观审慎政策与危机后国际金融监管改革》，2016 年 2 月 14
日，第一财经网 http://www.yicai.com/news/4749221.html。

③ 郭卫东：《全球金融监管改革及发展趋势》，《经济体制改革》2013 年第 6
期，第 112~116 页。张雪兰、何德旭：《次贷危机之后全球金融监管改革的趋势与
挑战》，《国外社会科学》2016 年第 1 期，第 94~113 页。

中微观审慎指标主要包括资本充足率、资产质量、管理和流动性指标等单个机构稳健的金融指标，而宏观经济指标则包括经济增长、国际收支平衡、通货膨胀率等影响金融失衡的重要指标。宏观经济指标的设立是对微观审慎指标进行汇总，并加入了宏观经济政策的变化对系统性风险的影响的关注①。

表 5-2　　　　宏观审慎管理与微观审慎监管的比较②

| 项目 | 宏观审慎管理 | 微观审慎监管 |
| --- | --- | --- |
| 监管目标 | 避免系统性金融风险 | 避免单一机构的危机 |
| 最终目标 | 避免经济产出（GDP）成本增加 | 保护金融消费者利益 |
| 风险的性质 | 内生性 | 外生性 |
| 机构间共同风险暴露的相关性 | 重要 | 无关 |
| 审慎控制的实现方法 | 自上而下，关注系统性风险 | 自下而上，关注单个机构风险 |

　　2008 年金融危机发生后，实务界和理论界普遍认为，要加强宏观审慎管理，它是金融监管的核心内容之一。美国、英国、欧盟等国家和地区纷纷提出了以加强宏观审慎管理为核心的金融监管改革方案。例如，欧盟理事会出台《欧盟金融监管体系改革》，英国发布《特纳报告》和《金融市场改革白皮书》，美国相继颁布《金融监管框架现代化蓝图》、《金融监管改革框架》、《金融监管改革——新基础：重建金融监管》及最终通过美国总统奥巴马签署实施的《华尔街改革与消费者

① 尹振涛：《对全球金融监管改革核心内容的再认识》，《国际经济评论》2011 年第 6 期，第 58~67 页。
② 资料来源：尹振涛：《对全球金融监管改革核心内容的再认识》，《国际经济评论》2011 年第 6 期，第 58~67 页。

保护法》。同时，金融稳定委员会（FSB）、国际货币基金组织（IMF）、国际清算银行（BIS）以及巴塞尔银行监管委员会（BCBS）、国际保险监督协会（IAIS）、国际证监会组织（IOSCO）和国际会计准则理事会（IASB）也分别就金融体系、银行、证券和保险监管及会计准则等方面出台了有关支持宏观审慎管理、促进国际监管合作的相关改革措施。

二是强调全面监管，将影子银行体系、场外衍生品等纳入监管范围，努力填补监管漏洞。美国、欧盟和英国等均将对冲基金、信用评级机构等影子银行，以及场外衍生品（OTC）① 纳入监管范围，涵盖所有具有系统重要性的金融机构，包括规模较大、关联较深的以商业银行、投资银行业务为主的金融（银行）控股公司、大型保险公司等一切可能对金融稳定构成威胁的金融企业②。同时，加强金融消费者保护，设立了专门的金融消费者保护组织机构，如英国建立消费者保护和市场管理局（CPMA），美国、欧盟在金融监管改革中均建立了专门的消费者保护机构，重视对金融消费者的教育，坚持以信息披露为本，强化风险提示的作用。

三是对监管治理结构进行变革，加强国际协调合作，建立特殊处理

---

① 欧盟将场外衍生品定义为："不在规范化市场或第三国同等规范化市场交易的衍生品。"场外衍生品品种非常丰富，标的资产涵盖利率、外汇、股权、商品以及信用五大类。从市场结构上看，金融衍生品是交易的主流。目前纳入欧盟监管的属于金融工具的衍生产品包括：（1）以现金或可选现金交割的衍生产品（标的覆盖商品、运费、通货膨胀率或其他官方经济统计数据）均属于金融工具；（2）以金融产品为标的（包括证券、货币、利率、收益率、碳排放权、其他衍生工具、金融指数）的衍生产品均属于金融工具；（3）特殊产品：信用类衍生品与差价合约（CFD）；（4）在规范化市场（RM）、有组织交易设施（OTF）、多边交易设施（MTF）交易的实物交割商品衍生品和不用于商业目的的实物交割商品衍生品。参见尹小为、吴博：《欧美场外衍生品监管范围界定及对我国的启示》，中国证券网，2015 年 6 月 3 日，http：//news.cnstock.com/industry/cyqb-201506-3450703.htm；或中国人民银行武汉分行货币信贷处课题组：《场外金融衍生品市场监管的国际实践与启示》，《中国货币市场》2008 年第 10 期，第 43～48 页。

② 尹继志：《后危机时代国际金融监管改革：框架、内容与启示》，《云南财经大学学报》2010 年第 6 期，第 66～73 页。

机制。金融危机以来，发达经济体的金融监管改革方案纷纷把加强金融监管国际合作当做主要议题予以强调，设立超级金融监管机构，如美国、欧盟、英国相继设立了金融稳定监督委员会（FSOC）、欧洲系统性风险委员会（ESRB）和金融稳定理事会（CFS）。一些国际组织也先后提交了一揽子的政策计划，诸如提高系统重要性金融机构的损失吸收能力、监管强度以及完善危机处置制度等。同时，各国政府及监管部门开始加强金融监管的国际合作。G20、巴塞尔银行监管委员会、金融稳定委员会、国际货币基金组织等国际组织是推动国际金融监管合作的重要力量，新的全球金融监管治理体系正在逐步形成。

## （二）全球性金融监管改革初见成效

2008 年金融危机发生后，国际社会一致的看法是缺乏一个全球性的金融监管体系，需要重新构建和改革。8 年多来，美国主导的全球性金融监管框架基本上初见成效。从全球金融监管框架看，G20 取代 G8 成为全球治理的新平台，金融稳定委员会（FSB）取代金融稳定论坛（FSF）成为全球金融监管制度制定和协调的机构，巴塞尔委员会的成员同样扩充至 G20 全部成员，并将重要的国际金融中心所在地新加坡和中国香港也纳入成员之中。从全球金融监管内容看，2010 年 9 月 12 日巴塞尔委员会的 27 个成员国和地区的中央银行代表就加强银行业监管达成新的《巴塞尔协议Ⅲ》，强化对影子银行以及场外市场衍生品的监管；IMF 执董会决定对那些金融部门具有系统重要性的成员国，强制实施"金融部门评估规划"（FSAP）下的金融稳定评估，促进全球金融稳定。

1. 全球性的金融监管治理体系逐步形成

过去的全球治理框架是以 G7 为核心，以美欧等发达国家为主导、以美元霸权为特征的全球经济治理体系。无论是国际贸易、国际金融还是发展领域都深深带有"一超独大"的色彩。在贸易领域主要是以世界贸易组织（WTO）为中心，以各种区域性贸易制度安排为辅的全球贸易治理机制；在金融领域主要是以国际货币基金组织（IMF）为中心，以金融稳定论坛（FSF）和巴塞尔银行监管委员会为监管等形成的全球金融治理机制；在发展领域主要是以世界银行（WB）为中心，以亚洲开发银行（ADB）等地区性发展银行为载体的全球发展治理机制。而这些全球治理框架下的机制设立基本上都是遵循"华盛顿共识"，并且由美欧等发达国家所主导，发展中国家群体话语权严重缺失，全球治理结构中利益分配不均衡，因此，原有国际组织已不能承担全球治理重任，迫切需要新的治理架构①。

2008 年前的国际金融监管，主要依靠各国分割监管，体现全球性监管的主要有：《巴塞尔协议 II》对全球银行业的监管、IMF 对全球各国货币汇率稳定性的监管。显然，这种全球性的金融治理架构主要依赖 G8 和 IMF。但是，2008 年金融危机最早发生于 G8 国家，受影响最大的也是这些国家；而且他们主导的 IMF 也没有起到预警、救助等功能。因此，危机后国际社会的总结和反思带来全球金融监管治理架构的改变，主要表现在三个方面②：

一是 G20 取代 G8 成为全球治理的新平台。2008 年危机爆发后，G20 迅速成为处理金融危机的重要对话平台。G20 开始召开领导人峰会，达成了诸多重要共识，其权威性显著增加。例如，2009 年伦敦峰会的《首脑宣言》为后续 IMF 改革奠定了基础，并确定了 FSB 的成立，此后几次峰会继续关注全球金融改革，在应对金融危机和促进全球金融治理方面发挥了重要作用。G20 平台的形成，与以中国为首的新兴市场经济国家的长期迅速发展有关。

二是金融稳定委员会（FSB）取代金融稳定论坛（FSF）成为全球金融监管制度制定和协调的机构。2009 年 4 月伦敦峰会决定，将原先

---

① 张茉楠：《亚投行催生全球新金融治理架构》，《国际金融报》2015 年 4 月 20 日，http://intl. ce. cn/sjjj/qy/201504/20/t20150420_5153257. shtml。

② 胡再勇：《国际金融监管体系改革的成就及最新进展》，《银行家》2014 年第 10 期，第 79~82 页。

由发达国家设立的金融稳定论坛改名为金融稳定委员会，负责全球金融系统性风险评估以及国际监管协调，并将成员扩充至 G20 全部成员。FSB 的成立标志着全球金融治理机构建设和全球性金融监管改革迈出决定性一步，建立了一个较好的实践平台。2013 年 1 月，FSB 在瑞士苏黎世召开全体会议，通过了新章程和工作程序指引文件，宣告正式组建成协会类法人机构，并开始运行。

三是巴塞尔委员会的成员同样扩充至 G20 全部成员，并将重要的国际金融中心所在地新加坡和中国香港也纳入成员之中。金融稳定委员会和巴塞尔银行委员会的成员扩充至所有成员，充分反映了新兴和发展中国家金融实力的快速增长，在英国《银行家》杂志的全球 1000 家大银行排名中，发展中经济体由 1990 年的 222 家上升到 2010 年的 412家。

2. 《巴塞尔协议Ⅲ》和"金融部门评估规划"构成两大监管主题①

银行稳定是金融稳定的核心。2008 年全球金融危机爆发，暴露了国际银行业监管框架——《巴塞尔协议Ⅱ》的重大制度性漏洞，对银行资本监管、流动性监管、信息披露等都存在缺陷，促使国际社会对它进行反思和改革。2010 年 12 月 6 日，巴塞尔银行监管委员会正式发布《增强银行业抗风险能力的全球监管框架》和《流动性风险计量、标准与监测的国际框架》，亦即《巴塞尔协议Ⅲ》。新协议为改善银行业风险管理、加强银行的透明度和信息披露而出台了全面性改革措施，在资本充足率、流动性监管、杠杆率监管三大支柱方面大幅度提高了监管力度。

一是统一银行资本定义，提高资本充足率监管水平。《巴塞尔协议Ⅲ》将资本工具分为一级资本和二级资本，其中一级资本只包括普通股（含留存收益）和永久优先股，规定二级资本只在银行破产清算条

① 羌建新：《国际货币金融体系变革与中国》，北京：中国发展出版社 2015年版，第 141~146 页。

件下用来吸收损失，取消了专门防御市场风险的三级资本，并要求各银行在 2017 年底必须达到一级资本的严格定义。在新的资本定义下，《巴塞尔协议Ⅲ》大幅提高资本充足率标准，规定从 2015 年 1 月 1 日起一级资本充足率的下限由 4% 提高至 6%，核心一级资本充足率（普通股一级资本/风险加权资产）的下限由 2% 提高至 4.5%，总资本充足率维持 8% 不变。为在经济恶化时期吸收银行损失，新协议建议各国根据具体情况增加资本留存缓冲（Capital Conservation Buffer），其比率不低于银行加权风险资产的 2.5%。这样，核心一级资本充足率最终将达到 7%，一级资本充足率将达到 8.5%，总资本充足率将达到 10.5%。为了保护银行在经济下滑时免受大规模违约的损失，《巴塞尔协议Ⅲ》还引入逆周期的资本充足制度，提出计提 0%~2.5% 的资本缓冲（Countercyclical Buffer）要求，以维护整个经济周期的信贷供给稳定。同时，新协议还对系统重要性金融机构提出 1%~2.5% 的额外核心一级资本充足率的要求。

二是提出杠杆率监管指标和标准。针对近年影子银行发展对银行体系稳定性的影响，《巴塞尔协议Ⅲ》提出将杠杆率监管作为风险资本框架外的补充监管指标。杠杆率被定义为资本与表内外总资产的比率，计算方法是一级资本占总资产的比率。新协议规定自 2013 年 1 月起按照不低于 3% 的杠杆率标准进行监控。

三是增加流动性监管指标，制定全球统一的流动性监管标准。《巴塞尔协议Ⅲ》提出两个流动性监管的指标——流动性覆盖比率（Liquidity Coverage Ratio，LCR）和净稳定融资比率（Net Stable Funding Ratio，NSFR），以更好地识别流动性风险。其中，LCR 度量标准是银行优质流动性资产与未来 30 日的现金流出之比，反映压力状态下银行短期流动性水平，该指标值不低于 100%，以确保银行持有充足的高质量流动性应对短期流动性风险；NSFR 计算标准是银行可用稳定资金与业务发展所需的稳定资金之比，反映银行长期流动性水平，该指标要求不低于 100%，以确保银行持有更稳定的资金来源。除此两个监管指标外，新协议还建立了多个流动性监测指标，作为监管当局评估流动性最低标准的补充。

总体看，《巴塞尔协议Ⅲ》是金融危机爆发后国际金融监管改革取得的重大成果，它的实施将对国际银行业稳健经营和全球金融稳定产生积极而深远的影响。

国际社会还对全球金融治理机构之一的 IMF 进行监管方面的改革。2010 年 9 月，IMF 执董会决定对那些金融部门具有系统重要性的成员国强制实施"金融部门评估规划"下的金融稳定评估（在此之前是完全自愿的）。金融稳定评估主要包括：（1）以对金融体系的结构和健康状况及其与其他经济部门的关联性分析为依据，评估近期宏观金融稳定的主要风险来源、概率和潜在影响；（2）评估每个国家的金融稳定政策框架，包括根据国际标准评估金融部门监督工作的效率；（3）评估当风险发生时监管当局管理和解决金融危机的能力，主要考察一国的流动性管理框架、金融安全网、应对危机的准备程度，以及解决危机的框架。强制评估每 5 年进行 1 次，成员国也可以自愿选择接受更频繁的评估。

3. 全球金融监管面临的挑战

全球金融监管改革取得显著成绩，G20 取代 G8 成为新的全球性金融监管和治理平台，金融稳定委员会（FSB）取代金融稳定论坛（FSF）成为新的全球性金融监管制度和协调机构，《巴塞尔协议Ⅲ》、《多德—弗兰克法案》、《泛欧金融监管改革法案》等的出台，必将对全球金融格局以及金融机构产生重大而深远影响。

但是，一些人士认为全球金融监管改革能否达到预期效果还有待观察。例如，英格兰银行金融政策稳定委员会执行董事安德鲁·霍尔丹（Andrew Haldane）和英格兰银行经济学家瓦西利斯·马德拉斯（Vasileios Madouros）认为，按照"狗抓飞盘"原理，金融监管规则和预测模型的复杂化会进一步增加已经十分复杂的金融体系的不确定性，继而降低金融监管的效率与效果。他们认为，巴塞尔协议的规则不断复杂化、各国监管范围不断扩展、金融监管资源的投入不断增加，但并未有效防范银行倒闭；资本计提和计量方法的复杂化并未大幅提高监管效率，监管预测模型的复杂化并未大幅增加预测效率，银行风险评估模型的复杂化并未大幅改善评估效率；因此，一个可行的方法是对已有的监管体系进行结构性改革，促使监管体系简明化①。此外，金融监管改革工具能否发挥效用、金融监管机构是否有足够的驾驭能力、金融监管改革是否以损失社会福利为代价等问题，均引起一些经济学家的怀疑②。在新环境下全球金融监管最重要的挑战之一，是反对任何形式的恐怖主义融资；另一个值得特别关注的紧迫的全球性问题是创造融资的新工具，以适应气候变化和防止污染的产生③。

特别值得关注的是，由于主要发达国家围绕《巴塞尔协议》展开博弈，由法国、德国主导的《巴塞尔协议》框架中的话语权和影响力不断扩大，美国对它的影响力和控制权在下降，以致对《巴塞尔协议Ⅲ》并不十分认同，落实相关决议动作迟缓。美国正试图重构现行全球金融监管框架和规则，如2010年11月美国财政部提出构建金融市场"法人实体识别码"（Legal Entity Identifier, LEI）系统的构想，并在2011年11月G20戛纳峰会上力主通过构建全球金融市场LEI系统的决议；金融稳定委员会（FSB）建议采纳国际标准化组织于2012年5月30日发布的《ISO17442：2012》作为全球金融市场LEI系统的标准，它对《巴塞尔协议Ⅲ》是否产生冲击还有待观察④。

因此，未来一段时间，国际清算银行、巴塞尔银行监管委员会、金融稳定委员会等国际监管机构和各国的监管机构除加强协调，按时完成

---

① 安德鲁·霍尔丹、瓦西利斯·马德拉斯：《当前全球金融监管改革的反思》，《新金融》2013年第1期，第20~24页。

② 安德鲁·霍尔丹、瓦西利斯·马德拉斯：《当前全球金融监管改革的反思》，《新金融》2013年第1期，第20~24页。

③ 柳德米拉·S. 达雅柯娃：《全球金融监管：历经七年改革和面临的新挑战》，《国际融资》2016年第10期，第42~44页。

④ 李俊江主编：《全球金融危机后的美国经济热点问题研究》，北京：社会科学文献出版社2015年版，第133~158页。

现有的监管体系改革计划，保证各国执行一致的监管水平外，还需要进一步进行监管改革，如重新设计央行的金融稳定职能，提高保险监管标准等①。

# 第二节　区域金融合作

2008 年金融危机后，国际金融监管改革成果之一是开始构建区域性金融监管框架，加强区域金融合作。一方面是由于国际金融机构（国际货币基金组织、世界银行集团）所起的效果仍然不大，在动力和资源上先天不足；另一方面是中国等新兴市场经济国家正试图通过区域金融协作进行自救，并在区域层面上增加了许多平行机构，如区域性发展银行（欧洲复兴开发银行、亚洲开发银行等）、新成立的投资银行（亚洲基础设施投资银行、金砖银行等）等。

## 一、亚洲区域金融合作

自 20 世纪 60 年代末开始，国际货币金融关系出现一个新动向，即区域性的货币和金融合作的兴起，如 70 年代开始构建的欧洲货币合作、90 年代的拉美美元化和东亚金融合作，以及新近建立的亚洲基础设施投资银行。纵观区域性金融合作历史，先是区域货币合作，目的是维持区域货币汇率稳定，应对金融危机；然后延伸到更广范围的金融合作，涵盖投资和发展等众多领域。

### （一）亚洲货币合作

区域货币合作是区域金融合作的最早形式，其特点是区域内成员国

---

① 胡再勇：《国际金融监管体系改革的成就及最新进展》，《银行家》2014 年第 10 期，第 79~82 页。

采用单一的统一货币，进行紧密的货币政策协调。迄今为止，世界上出现真正意义的区域性单一货币有三个，即西非经济货币联盟（西非8国统一使用西非法郎）、中非经济与货币共同体（6国统一使用中非法郎）、欧盟28国中的17个成员国使用统一的欧元。在亚洲，货币合作发轫于20世纪50年代中后期，1956年设立的东新澳央行组织（SEANZA）和1966年成立的东南亚央行组织（SEACEN）是最早的区域中央银行合作组织。1997年东南亚金融危机之后，亚洲各国纷纷提出货币合作的初步构想。2000年5月，东盟10国以及中、日、韩的财政部长在泰国清迈召开的第二次10+3财长会议上，倡议将东盟内部原有的货币互换机制扩展到包括中日韩三国，逐步建立双边货币互换网络，史称《清迈倡议》或《清迈协议》。2005年在伊斯坦布尔召开的第八届"10+3"财长会议就改善《清迈倡议》框架下的货币互换机制达成了具体可操作性的共识。2007年5月在日本东京召开的第十届"10+3"财长会议同意建立外汇储备库（亚洲外汇储备库），由各成员国分别划出一定数量的外汇储备作为区域储备基金，以帮助危机国家应对短期流动资金困难。2010年3月，总规模为1200亿美元的区域外汇储备库正式签约生效①。

2008年金融危机发生后，亚洲国家金融合作的意愿进一步加强。2010年《清迈倡议》多边机制正式启动，2012年《清迈倡议》多边化机制扩容，将亚洲外汇储备库的规模由1200亿美元扩展至2400亿美元，并将与IMF贷款条件脱钩的比例由20%提高至30%，并计划在2014年进一步提高至40%。2012年1月，作为东盟10+3设立的区域内部经济监测机构——"10+3"宏观经济研究办公室（ASEAN+3 Macroeconomic Research Office，AMRO）在新加坡正式成立并开始运行②。

---

① 周赞文、闫娅琦：《亚洲货币合作历程与前景》，《中国金融》2012年第4期，第65~66页。
② 张明：《人民币国际化与亚洲货币合作：殊途同归?》，《国际经济评论》2015年第2期，第55~67页。

亚洲货币合作在此基础上取得了一定成效。一是区域合作机制不断健全。1997 年亚洲金融危机之后，在各国的积极推动下，东盟财长机制、亚欧会议财长机制、"10+3"财长机制以及中日韩央行行长会议等区域合作机制相继成立。这些机制主要围绕着亚洲金融市场发展、经济形势评估、反洗钱合作、清算体系建设及宏观政策协调等方面，使得区域合作机制的功能不断增强，有效地推动了区域内的金融合作。二是地区监督机制框架基本搭建。1997 年 11 月，亚太 14 国达成了《提高亚洲地区合作促进金融稳定新框架》（即马尼拉框架）。1998 年 10 月，东盟各国签署《理解条约》，确立了东盟监督进程。此后，"10+3"每年举行两次财长会议，就所监控问题进行评估与政策对话。三是区域性危机救助机制正式建立。2010 年 3 月，"10+3"财长和央行行长以及中国香港金融管理局总裁共同宣布，正式签署《清迈倡议》多边化协议，亚洲首个区域外汇储备库正式成立，通过货币互换交易向面临国际收支和短期流动性困难的《清迈倡议》多边化参与方提供资金支持。四是区域债券市场合作初见成效，主要体现在亚洲债券市场倡议（ABMI）和亚洲债券基金（ABF）两个方面。

当然，由于经济基础、政治关系，以及历史文化等多方面原因，亚洲区域货币合作面临一些困难和挑战，一些设想和倡议还未很好地落实和推进，如《清迈倡议》框架下的双边货币互换网络未进入实施阶段，货币合作的监督机制有待加强，区域外汇储备库有待落实和完善。随着亚洲各国经贸往来加强，今后一段时间，亚洲金融合作将迎来新的发展。

## （二）亚洲基础设施投资银行

自 2014 年以来，中国倡导并推动的亚洲基础设施投资银行（Asian Infrastructure Investment Bank，AIIB，简称亚投行）引起了广泛的讨论。进入 2015 年之后，随着欧洲国家以及世界其他国家的相继加入，亚投行更加吸引世界的目光，成为国际社会关注的焦点。

亚投行的建立是顺应亚洲乃至世界经济发展的需求。近年来，亚洲经济总体发展较快，区域财经合作不断深入，但在发展中也面临不少挑战，特别是新兴市场和发展中国家的基础设施还不发达，融资需求巨大。据亚洲开发银行估计，2010 年至 2020 年间，亚洲各经济体的基础设施要想达到世界平均水平，内部基础设施投资需要 8 万亿美元，区域性基础设施建设另需 3000 亿美元，融资缺口巨大。为促进本地区互联互通建设和经济一体化进程，2013 年 10 月，习近平主席和李克强总理在先后出访东南亚时提出了筹建亚投行的倡议。中国倡议随即得到许多亚洲国家的积极响应。2014 年 10 月 24 日，包括中国、印度、新加坡等在内的 21 个首批意向创始成员国的财长和授权代表在北京正式签署《筹建亚投行备忘录》，共同决定成立亚投行。根据备忘录，亚投行的法定资本为 1000 亿美元，初始认缴资本目标为 500 亿美元左右，实缴资本为认缴资本的 20%。2015 年 6 月 29 日，亚投行 57 个意向创始成员国代表在北京出席《亚洲基础设施投资银行协定》签署仪式。2015年 12 月 25 日，《亚洲基础设施投资银行协定》正式生效，标志着亚投行在法律意义上正式成立，全球迎来首个由中国倡议设立的多边金融机构。

亚投行成立一年多来，有关各方在有条不紊地推进机构建设和建章立制，积极稳妥地拓展各项业务上取得较好成效①。一是积极支持亚洲发展中国家的基础设施建设。2016 年全年共计为 7 个亚洲发展中国家的 9 个项目提供了 17.27 亿美元贷款，撬动公共和私营部门资金 125 亿美元。这些项目的投资建设，对改善借款国的城市设施、交通、能源供给能力和使用效率，帮助其提升产业承载能力、加快工业化和城镇化进程，推进国际产能合作，促进区域互联互通具有积极意义。二是积极与其他多边开发银行开展务实合作。亚投行先后与世界银行、亚洲开发银行、欧洲复兴开发银行、欧洲投资银行等签署了合作协议。2016 年，9个贷款项目中的 6 个是与其他多边开发银行联合融资的。三是稳步推进信用评级工作，探索建立资本资源广泛动员机制。亚投行信用评级工作

① 金立群：《珍惜良好开局 积极稳妥前行——写在亚洲基础设施投资银行开业一周年之际》，《人民日报》2017 年 1 月 16 日，第 7 版。

已正式启动，与标准普尔、穆迪、惠誉和在中国注册的有关评级公司保持密切沟通，为适时进入全球资本市场发行债券作好准备。为了更加广泛有效地引导和撬动私人资本参与基础设施投资，亚投行还拟同商业保险资金和养老金等长期私人资本建立合作机制，并积极探索与各国私营部门开展务实有效合作的新途径新方式。四是接纳新成员的工作取得显著进展。除了 57 个创始成员国，不断有国家和经济体希望加入亚投行。2016 年，亚投行适时启动了新一轮接纳新成员的工作。截至 2017 年 1 月，共有近 30 个域内外国家和经济体申请加入亚投行。亚投行以发展中成员为主体，同时包括大量发达成员的这一独特优势，将使其成为促进亚洲地区和世界共同发展的重要桥梁与纽带。

亚投行的成立，是对全球金融治理框架的一个有益补充，也是国际金融合作的创新与发展。一方面，亚投行秉持开放包容的理念，倡导在现行国际金融秩序的框架内促进多边合作，推动国际银行体系的多样化，因此，亚投行是国际金融秩序改革进程的历史延续，是对现有全球性和区域性多边银行机构的补充。另一方面，作为新的多边融资平台，亚投行以基础设施建设作为融资重点，既弥补了现有国际融资机构在基础设施领域的投资不足和融资缺陷，又顺应了亚洲各国经济发展和区域合作的现实需要，拓展了多边融资合作的领域，是国际融资制度的创新和进一步发展。短短一年多时间就取得了巨大进展，不仅意味着中国倡导的亚投行得到国际社会的高度认可和广泛参与，同时也表明世界各国对国际金融秩序改革的期待[1]。

## 二、金砖国家区域金融合作

20 世纪 90 年代以来，中国、印度、巴西、南非和俄罗斯等新兴市场经济国家经济发展迅速，引起国际社会高度关注，按照其国名合成称

---

[1]　舒建中：《亚洲基础设施投资银行与国际金融秩序》，《国际关系研究》2015 年第 4 期，第 15~26 页。

为"金砖国家"（BRICKS）。金砖国家国土面积占全球的29.6%，人口占世界人口的42.6%，经济总量占到全球的21.25%，过去十年对全球经济增长的贡献率超过50%。与其他许多国家相比，金砖国家具有人口优势、市场优势，同时，金砖国家的经济发展也具有较大的差异性和互补性。因此，加强相互间的金融合作，可以促进金砖国家经济平稳发展，提高其应对金融危机的能力。

金砖国家也一直在寻求金融合作，并试图将这种合作制度化、具体化，并取得了巨大成就。一是成立了金砖国家新开发银行，二是本币结算和贷款业务规模扩大，三是探索证券市场方面的合作、成立证券交易所联盟。其中最有影响的是金砖国家新开发银行的成立和运行①。

金砖国家新开发银行（也称为"金砖国家开发银行"或"金砖开发银行"）的成立是与2008年全球金融危机相关联。金融危机以来，美国金融政策变动导致国际金融市场资金的波动，对新兴市场国家的币值稳定造成很大影响。印度、俄罗斯、巴西等国都经历了货币巨幅贬值，导致通货膨胀。而靠IMF救助存在不及时和力度不够的问题，金砖国家为避免在下一轮金融危机中受到货币不稳定的影响，计划构筑一个共同的金融安全网，一旦出现货币不稳定，可以借助这个资金池兑换一部分外汇来应急。

金砖国家开发银行的概念于2012年3月在印度新德里举行的金砖国家领导人第四次会晤期间提出。当年，英国《金融时报》对这一设想评价称：金砖国家开发银行将成为自1991年欧洲复兴开发银行成立以来设立的第一个重要多边贷款机构。

2013年3月，在第五次金砖国家领导人峰会上，参会国家决定建立金砖国家开发银行，目的是简化金砖国家间的相互结算与贷款业务，从而减少对美元和欧元的依赖。

2014年7月15日至16日，金砖国家领导人第六次会晤在巴西举行，此次峰会发布《福塔莱萨宣言》，宣布即将成立的金砖国家开发银

①　参见连平等著：《金砖国家金融合作研究》，北京：中国金融出版社2016年版。

行初始资本金为 1000 亿美元，由五个创始会员国平均出资；首期到位资金为 500 亿美元，之后逐渐增加至 1000 亿美元。金砖国家各成员国平均分配股权和投票权，轮流提名金砖国家开发银行行长。金砖国家开发银行总部设在中国上海，是由于中国拥有领先的经济总量、巨额外汇储备以及同各国密切的经贸联系和较为完善的金融体系等。同时，此次峰会同意建立一个高达 1000 亿美元的应急储备安排，各国最大互换金额为：中国 410 亿美元，巴西、印度和俄罗斯各 180 亿美元，南非 50 亿美元①。

2015 年 7 月 21 日，金砖国家新开发银行在上海开业，首任行长为印度人瓦曼卡马特（K. V. Kamath）。金砖国家开发银行成为继 IMF 和世界银行之外的另外一家重要的国际金融机构，标志着国际金融体系的一次重大变革，也是新兴市场国家南南合作的标杆性机构。它的成立，不仅有助于解决金砖国家在基础设施等领域的资金短缺，而且有助于新兴经济体抵御市场的波动性和不确定性，增强发展的信心，同时，对全

————————

① 金砖各国的承诺出资额是在统筹考虑各自发展阶段、GDP 水平、外储规模等基本国情因素后协商确定的。各国投票权与承诺出资额挂钩，但为兼顾各方诉求，设 5%的基本票由五国均分。综合计算，中国投票权为 39.95%，巴西、俄罗斯、印度各为 18.10%，南非为 5.75%。金砖各国的承诺资金是一种预防性安排，各国并不需要立即支付资金，只作名义互换承诺，不涉及直接的储备转移。仅当有成员国有实际需要、申请借款并满足一定条件时才启动互换操作、实际拨付资金。

金砖开发银行和金砖应急储备安排相互独立，在宗旨、规模、运作与决策机制等方面明显不同。（1）金砖开发银行着眼于长期发展融资，为金砖国家及其他新兴市场和发展中国家的基础设施建设和可持续发展提供资金支持；而金砖应急储备安排着眼于金融稳定，在成员国面临国际收支压力时提供短期流动性支持。（2）金砖开发银行初始认缴资本为 500 亿美元，并在金砖国家之间平均分配；而金砖应急储备安排初始承诺互换规模为 1000 亿美元，其中中国承诺出资 410 亿美元。（3）金砖开发银行在正式成立后各成员要实际缴纳一定比例的股本，用于日常运作；而金砖应急储备安排仅是出资承诺，只有在有关国家提出申请并满足一定条件时才通过货币互换提供资金。（4）金砖开发银行各成员国平均分配股权和投票权，其治理结构包括理事会、董事会和管理层等；金砖应急储备安排治理结构包括理事会和常务委员会，各成员国投票权与承诺出资额挂钩，中国承诺出资最多，因而投票权也最高。（5）金砖开发银行运作方式主要为基础设施等投融资业务，而金砖应急储备安排是以多边货币互换为基础的货币合作框架，借鉴了其他类似的区域性货币合作机制，如《清迈倡议》多边化的成功经验。

球经济的稳定发展也将起到重要作用。

2016年7月18日，金砖国家新开发银行在上海正式发行第一只绿色金融债券（green financial bond），债券规模为30亿元人民币，期限为5年，牵头主承销商及簿记管理人为中国银行，工商银行、建设银行、国家开发银行、汇丰银行和渣打银行为联席主承销商。金砖国家新开发银行行长卡马特说，绿色金融债券的推出，对金砖国家新开发银行来说具有重要的里程碑意义，不仅能帮助银行更好地实现金融支持可持续发展的宗旨，也体现了银行对成员国国内资本市场发展的支持。

2016年10月，由金砖国家新开发银行（下称"新开发银行"）投资建设的首个项目在俄罗斯卡累利阿共和国启动，项目总投资额为118亿卢布，即12.6亿元人民币。这标志着金砖国家成员国在金砖框架内的务实合作取得初步成效。12月21日，新开发银行在中国的首个项目——上海智慧新能源推广应用示范项目获得5.25亿元人民币贷款。新开发银行副行长兼首席运营官祝宪在上海接受记者采访时表示，新开发银行在2016年支持了7个项目，承诺贷款总额为15亿美元；2017年争取贷款规模能达到25亿美元，将支持约15个基础设施项目①。

### 三、双边货币互换

2008年金融危机发生后，中国参与区域金融合作的行动，除倡议和成立亚投行、金砖国家开发银行以外，还通过与危机国家双边货币互换，有效缓解国际金融危机的冲击，助推区域经济金融合作。

双边货币互换，包括政府间货币互换和商业性货币互换。政府间签署的货币互换协议并非出于降低融资成本的目的，而是出于稳定外汇市场，在异常情况下获得流动性便利等方面的考虑。而商业性货币互换的

---

① 有之炘：《2017年新开发银行贷款规模有望达到25亿美元》，2016年11月25日，中国金融信息网 http：//www.xinhua08.com/。

目的通常为控制汇率风险或降低融资成本。一般来说，政府间的货币互换是一个国家（地区）的央行与另一个国家（地区）的央行签署协议，约定在一定条件下，任何一方可以一定数量的本币交换等值的对方货币，用于双边贸易投资结算或为金融市场提供短期流动性支持；到期后双方换回本币，资金使用方同时支付相应利息。

最早的政府间货币互换可追溯至 20 世纪 60 年代十国集团创建的互惠性货币互换协议。1962 年 5 月，美联储与法国央行签署了第一个双边货币互换协议；到 1967 年 5 月，美联储已经同 14 个央行及国际清算银行签署了双边货币互换协议。这些货币互换协议的目的是为了维持布雷顿森林体系下美元—黄金比价以及美元兑其他货币汇率的稳定。2008 年全球金融危机发生后，国际货币互换进入快速发展阶段。危机期间出现了四个相互重叠的货币互换网络：美联储网络、欧元网络（包括丹麦、瑞典与挪威向冰岛提供欧元的协议）、瑞士法郎网络与亚洲和拉美网络。其中最富有代表性的包括以美联储为中心的双边美元互换体系、东盟 10+3 的《清迈协议》多边化框架、欧盟内部的货币互换协议以及中国央行与其他国家央行签署的双边本币互换协议等①。

中国政府参与国际间双边货币互换活动最早出现于 2001 年 12 月 6 日，中国人民银行同泰国银行签署了总额为 20 亿美元的货币互换协议。在 2007 年美国次贷危机发生之前，中国政府参与的双边货币互换，主要对象是亚洲诸国，如日本、韩国、马来西亚、菲律宾、印尼等，货币互换的动机主要是寻求亚洲区域合作、增强抵御外来货币冲击的能力，促进区域经济发展；货币互换规模为 185 亿美元。2008 年全球金融危机开始蔓延，为向部分危机国和地区提供短期流动性、稳定市场预期和信心、促进对外贸易和投资、防止经济增长放缓，中国政府展现出一个

---

①　张明：《全球货币互换：现状、功能及国际货币体系改革的潜在方向》，《国际经济评论》2012 年第 6 期，第 65~88 页。

负责任大国形象，与韩国、中国香港、马来西亚、白俄罗斯、印尼、阿根廷、冰岛、新加坡、新西兰、乌兹别克斯坦和蒙古等国家和地区进行货币互换，互换规模超过 8300 亿元人民币。2011 年 10 月，货币互换进入一个新阶段，互换目的主要侧重于推动人民币国际化、促进经济增长①，互换国家和地区延伸到欧美等发达经济体，如 2012 年 3 月与澳大利亚签订 2000 亿元人民币为期 3 年的货币互换协议，2013 年 10 月与欧洲央行签订 3500 亿元人民币为期 3 年的货币互换协议，2014 年 11 月与加拿大签订 2000 亿元人民币为期 3 年的货币互换协议。2015 年 12 月，中国人民银行货币政策二司有关负责人透露，到目前为止中国人民银行已经和境外 33 个国家和地区的中央银行或者货币当局签署了双边本币互换协议，目前总额度已经超过了 3.3 万亿元②。2016 年中国央行签署了总计 330 亿元人民币的货币互换，最近的一次是 2016 年 12 月 21 日，中国人民银行与冰岛中央银行续签了双边本币互换协议，旨在加强双边金融合作，便利两国贸易和投资，共同维护地区金融稳定；互换规模保持在 35 亿元人民币（660 亿冰岛克朗），有效期三年。

总之，中国政府近年参与的国际间双边货币互换，为缓解国际金融机构的短期融资压力、抑制金融危机的跨境传染、降低各国央行积累外汇储备的必要性以及强化互换货币的国际地位等方面起到一定作用。

## 本章其他参考文献：

［1］禹钟华、祁洞之：《对全球金融监管的逻辑分析与历史分析》，《国际金融研究》2013 年第 3 期，第 41~48 页。

［2］王达：《美国主导下的现行国际金融监管框架：演进、缺陷与重构》，《国际金融研究》2013 年第 10 期，第 33~44 页。

---

① 胡华锋：《中国货币互换协议的动因分析》，《国际金融研究》2012 年第 6 期，第 12~19 页。
② 央行：《双边本币互换协议总额度已超过 3.3 万亿》，2015 年 12 月 4 日，中国新闻网 http://www.chinanews.com/cj/2015/12-04/7656335.shtml。

# 第六章　中国外汇储备及其管理

2016 年中国外汇储备问题引起世界关注。因为自 2015 年 8 月以来，人民币货币汇率贬值趋势明显，这样，央行正面临目标选择：如果目标是保汇率，则面临外储消耗，一旦外储下降到临界点而汇率仍然存在强烈贬值预期，则面临挤兑风险；如果是保外储，则需要加快贬值和加强资本管制。关于中国政府究竟是要"保外储"还是"保汇率"引起学界及社会争论。据中国人民银行最新数据显示，2016 年我国外汇储备规模全年下降约 3200 亿美元，截至 2016 年 12 月 31 日外汇储备规模为 30105.17 亿美元。国家外汇管理局方面表示，央行稳定人民币汇率是外汇储备规模下降的最主要原因[1]。也就是说，央行为"保汇率"而牺牲了外汇储备。但这一做法引起质疑，例如中国社会科学院学部委员、原央行货币政策委员会委员余永定教授认为，当前中国最关键的问题是保外储，而不是保汇率，汇率不会引起太大的问题。"如果死守住汇率的话，再用一年要 1 万亿，外汇储备越来越少，当外汇储备跌破门槛的时候，贬值压力更大了。不要干预的话，我们还保留着充足的弹药，如果需要的话我们可以动用这种弹药，维持中国经济的稳定。"他总结自己的应对方法就是"停止干预，同时要完善资本跨境流动的监

---

[1]　外汇局：《国家外汇管理局负责人就 2016 年 12 月份外汇储备规模变动情况答记者问》，2017 年 1 月 7 日，国家外汇管理局网站 http：//www.safe.gov.cn/。

管"①。但是，他的"保外储不保汇率"的观点还是引发了巨大的争议。

## 第一节　国际储备构成

国际储备（International Reserve）也称"官方储备"，是一国货币当局持有的，用于国际支付、平衡国际收支和维持其货币汇率的国际间可以接受的一切资产。国际货币基金组织在《国际收支和国际投资头寸手册》第六版提出了国际储备的基本概念："一国的国际储备资产系由货币当局控制，并随时可供货币当局用来满足国际收支融资需要，用以干预汇兑市场影响货币汇率，或用于其他相关目的（例如，维护人们对货币和经济的信心，作为外国借款的依据）的对外资产。"按照国际金融学经典理论定义，国际储备要体现出其官方性，即货币当局或政府当局能够直接掌握并能够使用，非官方金融机构、企业和私人持有的黄金、外汇等资产，不能算作国际储备。其官方性，使得国际储备与国际清偿力区分开来。同时，这一概念的基础是居民和非居民之间的区分，储备资产代表货币当局对非居民的部分债权。它比外币流动性（Foreign Currency Liquidity）概念的范围狭窄：（1）储备资产指货币当局的对外资产，而外币流动性涉及货币当局和中央政府的外币资源以及对这些资源的消耗；（2）储备资产代表货币当局对非居民的债权，而外币流动性涉及当局对居民和非居民的外币债权；（3）储备资产的概念基于资产负债表框架，而流动性的概念包括当局的资产负债表表内和表外活动导致的外币流入和流出。国际货币基金组织对这两个数据都要进行统计。

---

① 余永定：《避免金融危机的关键是保外汇储备，而不是保汇率》，2016年12月19日，《中国企业家》http://mp.weixin.qq.com/s/uO62qe0SMlLDyAkxKrEvYw。

国际储备主要由黄金、外汇、储备头寸和特别提款权（SDR）等储备资产构成。下面分别对这四种储备资产进行分析。

## 一、黄金储备

作为国际储备的黄金是一国政府所持有的货币性黄金。黄金是世界货币，"天然"地具备国际储备的主要特点，因而是最早也是最重要的实际储备资产。尤其在金本位制时代，黄金是最理想的国际流通手段和国际储备资产。二战后，随着以美元为中心的国际货币制度的建立，美元、英镑和西方其他自由兑换货币相继成为各国储备的主要对象，从而导致黄金在各国储备资产中所占的比重不断下降。20世纪70年代中期以来，黄金已不能直接用于国际间支付，但IMF仍然将黄金储备列入国际储备统计中。

人类目前共开采出15万多吨黄金，其中40%左右是作为可流通的金融性储备资产，存在于世界金融流通领域，总量大约为6万多吨，其中3万多吨的黄金是各国拥有的官方金融战略储备，2万多吨是国际上私人和民间企业所拥有的民间金融黄金储备；另外60%左右的黄金以一般性商品状态存在，如存在于首饰制品、历史文物、电子化学等工业产品中。

图6-1显示世界官方持有的黄金储备情况。从1950年开始，它基本维持在3万多吨。2008年金融危机发生后，美国这个全球最大的经济体处于衰退当中，为了避免财富缩水，各国央行开始增持黄金，作为抵御美国经济不确定性带来负面效应的对冲。

表6-1显示2017年1月世界黄金协会统计的官方持有黄金储备量排位前20的国家（地区和国际组织）。可以看到美、德等国持有的黄金储备量较多。同时，该表还显示各国和地区所持有的黄金储备占其官方总储备中的比重。美、德、意、法、荷等国的黄金储备占本国官方储

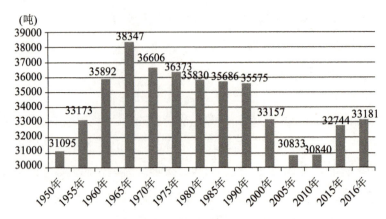

图 6-1 世界官方拥有的黄金储备量变化情况① （1950—2016 年）

备比重超过 60%，葡萄牙接近 60%。中国所持有的黄金储备比重远远低于平均水平。

表 6-1 世界官方黄金储备

| 排序 | 地区 | 数量（吨） | 储备占比（%） |
|------|------|-----------|--------------|
| 1 | 美国 | 8133.5 | 74.2% |
| 2 | 德国 | 3377.9 | 68.1% |
| 3 | IMF | 2814.0 | —— |
| 4 | 意大利 | 2451.8 | 67.2% |
| 5 | 法国 | 2435.8 | 63.9% |
| 6 | 中国 | 1842.6 | 2.2% |
| 7 | 俄罗斯 | 1615.2 | 15.6% |
| 8 | 瑞士 | 1040.0 | 5.8% |
| 9 | 日本 | 765.2 | 2.4% |

① 数据来源：世界黄金协会数据库 http://www.gold.org/reserve-asset-management/statistics。

续表

| 排序 | 地区 | 数量（吨） | 储备占比（%） |
|---|---|---|---|
| 10 | 荷兰 | 612.5 | 63.1% |
| 11 | 印度 | 557.8 | 5.7% |
| 12 | ECB | 504.8 | 26.3% |
| 13 | 中国台湾 | 423.6 | 3.6% |
| 14 | 土耳其 | 396.5 | 13.1% |
| 15 | 葡萄牙 | 382.5 | 57.2% |
| 16 | 沙特 | 322.9 | 2.2% |
| 17 | 英国 | 310.3 | 8.5% |
| 18 | 黎巴嫩 | 286.8 | 20.1% |
| 19 | 西班牙 | 281.6 | 16.7% |
| 20 | 澳大利亚 | 280.0 | 44.9% |

资料来源：世界黄金协会数据库 http：//www.gold.org/reserve-asset-management/statistics。

　　为什么发达国家如此重视黄金储备？这是因为一是黄金是一种战略储备资产，是纸币价值的信用基础，是一国经济金融安全的重要保障。二是发达国家本身发行的货币已经逐步成为国际货币，为了保持国际货币地位就必须保持大量的黄金储备，而只要有了国际货币的地位，就可以保留相对少一点黄金储备，但总体上国际货币发行国和黄金储备的主要拥有国是相对应的①。三是黄金的价值在物价不稳定的时代更加保值，特别是在汇率浮动时比外汇更为保值，具有稳定金融市场、对冲外汇风险的优越性。可以说，黄金储备是各国用来稳定国民经济、抑制通货膨胀、提高国际资信的保障，是一国货币最后的信用支撑，是抵御国家货币崩溃前的最后保障。因此，2008 年美国发生金融危机后很多国

---

　　① 储幼阳、林可：《国际黄金储备的演化及借鉴》，《海南金融》2010 年第 6期，第 55~59 页。

家增持黄金储备资产，并且试图从美国"运回家"①。

黄金自 20 世纪 70 年代布雷顿森林体系瓦解后，价格不断变动。自 2010 年突破 1000 美元/盎司大关后，不断上涨，2011 年 9 月 5—6 日甚至达到最高点 1895.0 美元/盎司。近两年，随着世界经济开始复苏，黄金价格有所下跌，到 2017 年 1 月 13 日为 1190.4 美元/盎司（参见表 6-2 和图 6-2）。

表 6-2　**1978 年以来世界黄金价格年度变动情况**②　　（单位：美元/盎司）

| 年份 | 美元 | 年份 | 美元 | 年份 | 美元 |
|---|---|---|---|---|---|
| 1978 | 193.4 | 1991 | 362.3 | 2004 | 409.2 |
| 1979 | 304.7 | 1992 | 344.0 | 2005 | 444.5 |
| 1980 | 614.5 | 1993 | 359.8 | 2006 | 603.8 |
| 1981 | 459.3 | 1994 | 384.2 | 2007 | 695.4 |
| 1982 | 375.3 | 1995 | 384.1 | 2008 | 872.0 |
| 1983 | 423.7 | 1996 | 387.9 | 2009 | 972.4 |
| 1984 | 360.8 | 1997 | 331.3 | 2010 | 1224.50 |
| 1985 | 317.3 | 1998 | 294.1 | 2011 | 1571.50 |
| 1986 | 367.9 | 1999 | 278.6 | 2012 | 1669.00 |
| 1987 | 446.2 | 2000 | 279.1 | 2013 | 1411.20 |
| 1988 | 436.9 | 2001 | 271.0 | 2014 | 1266.40 |
| 1989 | 380.8 | 2002 | 309.7 | 2015 | 1160.10 |
| 1990 | 383.6 | 2003 | 363.3 | 2016 | 1250.80 |

---

① 张竞怡：《中国等 60 个国家将黄金储备存在美国 德国欲运回被拒》，《国际金融报》2012 年 12 月 3 日，第 1 版。

② 数据来源：世界黄金协会数据库 http：//www.gold.org/research/download-the-gold-price-since-1978。

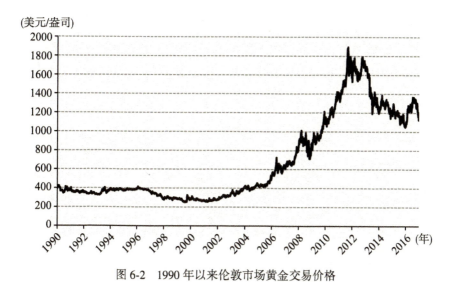

(美元/盎司)

图 6-2　1990 年以来伦敦市场黄金交易价格

## 二、外汇储备

外汇储备又称外汇存底，是指一国政府所持有的国际储备资产当中的外汇部分，是一国政府所有的以外币表示的债权，是目前国际储备中最主要、最活跃的部分。一般来说，外汇储备是一个经济体经济实力的重要组成部分，可以用于平衡国际收支、稳定汇率、偿还债务等多个方面；同时，外汇储备也是一个国家国际清偿力的重要组成部分，代表了一国对外的支付能力。20 世纪 30 年代前，英镑是最主要的国际储备货币；50—70 年代在布雷顿森林体系下，美元几乎成为唯一的储备货币；70 年代后，出现了储备货币多元化的趋势，但至今美元仍然是最主要的储备货币。现阶段，美元、欧元、日元、英镑等共同成为国际储备货币，是市场选择而非政策强制形成。

按照国际货币基金组织定期发布的《官方外汇储备构成》报告，自 20 世纪 80 年代以后，外汇储备主要由美元、欧元、日元、英镑及瑞士法郎这五大货币构成。其中，美元依旧是最受欢迎的储备货币，在国际储备货币中占比超过 60%。1999 年欧元发行后，其占比一直稳定在 20% 左右，成为仅次于美元的第二大受欢迎储备货币，改变了美元一统天下，形成多元货币并存的储备格局（见表 6-3）。

表 6-3     **1973 年以来 IMF 成员国外汇储备的货币构成（%）**

| 分配储备占比 | 1973 | 1980 | 1984 | 1987 | 1991 | 1993 | 1995 | 1996 | 1997 | 1998 |
|---|---|---|---|---|---|---|---|---|---|---|
| 美元 | 84.6 | 68.6 | 65.1 | 55.7 | 50.6 | 56.1 | 58.96 | 61.98 | 65.10 | 69.28 |
| 英镑 | 7 | 2.9 | 2.9 | 2.1 | 3.4 | 3.1 | 2.11 | 2.68 | 2.58 | 2.66 |
| 日元 | — | 4.3 | 5.2 | 6.9 | 8.1 | 7.7 | 6.77 | 6.71 | 5.77 | 6.24 |
| 瑞士法郎 | — | — | — | 1.8 | 1.0 | 1.1 | 0.33 | 0.30 | 0.35 | 0.33 |
| 德国马克 | 5.8 | 14.9 | 12 | 13.3 | 17.3 | 14.2 | 15.75 | 14.67 | 14.48 | 13.79 |
| 法国法郎 | 1 | 1.7 | 1.1 | 0.8 | 2.3 | 2.2 | 2.35 | 1.85 | 1.44 | 1.62 |
| 其他货币 | — | 7.6 | 13.7 | 7.4 | 8.8 | 16.7 | 4.87 | 4.48 | 3.86 | 4.50 |

| 分配的储备占比 | 1999 | 2000 | 2001 | 2002 | 2003 | 2004 | 2005 | 2006 | 2007 | 2008 |
|---|---|---|---|---|---|---|---|---|---|---|
| 美元 | 71.01 | 71.13 | 71.51 | 66.50 | 65.45 | 65.51 | 66.52 | 65.04 | 63.87 | 63.77 |
| 欧元 | 17.90 | 18.29 | 19.18 | 23.65 | 25.03 | 24.68 | 23.89 | 24.99 | 26.14 | 26.21 |
| 英镑 | 2.89 | 2.75 | 2.70 | 2.92 | 2.86 | 3.49 | 3.75 | 4.52 | 4.82 | 4.22 |
| 日元 | 6.37 | 6.06 | 5.04 | 4.94 | 4.42 | 4.28 | 3.96 | 3.46 | 3.18 | 3.47 |
| 瑞士法郎 | 0.23 | 0.27 | 0.25 | 0.41 | 0.23 | 0.17 | 0.15 | 0.17 | 0.16 | 0.14 |
| 其他货币 | 1.60 | 1.49 | 1.31 | 1.58 | 2.01 | 1.87 | 1.74 | 1.81 | 1.83 | 2.20 |

| 分配的储备占比 | 2009 | 2010 | 2011 | 2012 | 2013 | 2014 | 2015 | 2016Q3 | | |
|---|---|---|---|---|---|---|---|---|---|---|
| 美元 | 62.05 | 62.14 | 62.59 | 61.47 | 61.24 | 63.34 | 64.16 | 63.28 | | |
| 欧元 | 27.65 | 25.71 | 24.40 | 24.05 | 24.19 | 21.90 | 19.73 | 20.29 | | |

续表

| | | | | | | | | | |
|---|---|---|---|---|---|---|---|---|---|
| 英镑 | 4.25 | 3.93 | 3.83 | 4.04 | 3.98 | 3.79 | 4.86 | 4.50 | |
| 日元 | 2.90 | 3.66 | 3.61 | 4.09 | 3.82 | 3.90 | 4.03 | 4.48 | |
| 加元 | — | — | — | 1.42 | 1.83 | 1.89 | 1.87 | 2.00 | |
| 澳元 | — | — | — | 1.46 | 1.82 | 1.78 | 1.92 | 1.94 | |
| 瑞士法郎 | 0.12 | 0.13 | 0.08 | 0.21 | 0.27 | 0.27 | 0.29 | 0.20 | |
| 其他货币 | 3.04 | 4.43 | 5.49 | 3.26 | 2.85 | 3.14 | 3.13 | 3.30 | |

数据来源：IMF 数据库 Currency Composition of Official Foreign Exchange Reserve（COFER），http：//www.imf.org/external/index.htm。

据 IMF 统计，2016 年第三季度（2016Q3）全球外汇储备超过 11 万亿美元，达到 110092.2 亿美元，其中分配的外汇储备（Allocated Reserves）77978.5 亿美元，未分配的外汇储备（Unallocated Reserves）32113.7 亿美元①。在分配的外汇储备中，美元占 63.3%，欧元占 20.3%，日元和英镑各占 4.5%，澳元和加元各占 2%，瑞士法郎和其他货币占了剩下的 3.4%。国际货币基金组织（IMF）在 2016 年 3 月 4 日宣布，自 2016 年 10 月 1 日开始，IMF 将在其"官方外汇储备货币构成"（COFER）的季度调查中单独列出人民币，意思是 IMF 成员国可以将其持有的用以满足国际收支融资需求并以人民币计价的对外资产记为官方储备。这一变化将在 2017 年 3 月底公布的 2016 年第四季度 COFER 调查中得到体现。单独列出人民币表明，人民币将加入季度调查的货币行列，包括美元、欧元、日元、英镑、瑞士法郎、澳大利亚元和加拿大元，其他所有货币则合并列示。人民币国际化的地位得

---

① IMF "官方外汇储备货币构成"（COFER）是在自愿基础上，以统计总量的形式列出 IMF 成员国所持外汇储备货币构成。并非所有国家的央行都公布了货币分配报告，因此，IMF 数据分为两个部分：第一部分为 IMF 各成员国央行公开宣布的分配外汇储备，第二部分为未分配的外汇储备，后者为包括非 IMF 成员国所持有的外汇储备以及没有对外公布的外汇储备。

到进一步承认。

## 三、储备头寸

储备头寸（Reserve Position，或 Reserve Position in the Fund, IMF Reserve Position），是指一成员国在基金组织的储备部分提款权余额，再加上向基金组织提供的可兑换货币贷款余额，它是 IMF 成员国在 IMF 普通账户中可自由提取使用的资产，又称普通提款权（General Drawing Rights）。

根据《国际货币基金协定》原规定，会员国份额的 25% 需用黄金给付，因此这 25% 额度范围的贷款也叫黄金份额贷款。另外 75% 用本国货币给付，当基金组织持有该国的货币，由于他国的购买关系而降到份额的 75% 以下时，即属超黄金部分提款，会员国也可以自己动用。因此，一国在 IMF 的储备头寸包括：①成员国向 IMF 认缴份额中 25% 的黄金或可兑换货币部分余额；② IMF 为满足成员国借款需要而使用掉的本国货币；③IMF 向该国借款的净额，也构成该成员国对 IMF 的债权。储备头寸数额的大小主要取决于该会员国在国际货币基金组织认缴的份额，会员国可使用的最高限额为份额的 125%，最低为 0。一国若要使用其在 IMF 的储备头寸，只需向基金组织提出要求，IMF 便会通过提供另一国的货币予以满足。

据国际货币基金组织 2014 年年报数据，2008 年至 2014 年 3 月世界各国在 IMF 的储备头寸分别为 251 亿、387 亿、488 亿、983 亿、1032 亿、975 亿、946 亿 SDR 单位，其中超过 70% 是发达经济体所拥有①。

---

① IMF：Annual Report 2014（Appendix I：International Reserves），http：//www.imf.org/external/pubs/ft/ar/2014/eng/index.htm。

### 四、特别提款权

特别提款权（Special Drawing Rights，SDR）亦称"纸黄金"（Paper Gold），是 IMF 按成员国基金份额无偿分配的一种账面资产。它最早发行于 1969 年，是国际货币基金组织根据会员国认缴的份额分配的，可用于政府间结算，可以用于偿还向 IMF 的借款本息，经货币发行国同意后可以兑换成外汇；但不可以支付商品与劳务的款项，也不可以兑换成黄金。如果不使用它，可以获得相应的 SDR 利息收入。

#### （一）SDR 的定值（货币篮子）

20 世纪 60 年代初爆发的美元第一次危机，暴露出以美元为中心的布雷顿森林货币体系的重大缺陷，以一国货币为支柱的国际货币体系是不可能保持长期稳定的。在该体系下，只有黄金和美元是储备资产。由于黄金的供给很少，美国只能通过持续的国际收支逆差向世界提供更多美元作为国际基础货币。当时，很多国家尚在战后复苏期，劳动成本相对美国较低，钉住美元能够刺激出口，因此多数国家不愿意调整汇率。全球国际收支调整机制的缺位，使得美国贸易逆差持续，人们对固定的美元对黄金比率的信心一点点被侵蚀。这就面临着"特里芬难题"：世界必须在全球货币流动性匮乏与对美元的信心丧失之间做出选择。为了让布雷顿森林体系继续运转，国际货币基金组织提出创设一种补充性的国际储备资产，作为对美国以外美元供给的补充。1969 年，IMF 创设 SDR，初始价值被设为 1 单位 SDR 兑 1 美元，相当于 0.888671 克黄金。

1971 年 12 月 18 日，美元第一次贬值，而特别提款权的含金量未动，因此 1 个特别提款权就上升为 1.08571 美元。

1973 年 2 月 12 日美元第二次贬值，特别提款权含金量仍未变化，1 个特别提款权再上升为 1.20635 美元。

1973 年，多数其他主要货币对美元的固定汇率先后被放弃，布雷顿森林体系解体，SDR 开始与一篮子货币挂钩，起初是 16 个货币，1980 年 9 月 18 日，改为美、英、德、法、日五国货币。欧元在 1999 年出现后，代替三个欧洲大陆国家货币，与美元、英镑、日元一起组成了新千年头 15 年内的货币篮子。2015 年 11 月 30 日，国际货币基金组织（IMF）主席拉加德宣布将人民币纳入 IMF 特别提款权（SDR）货币篮子，决议于 2016 年 10 月 1 日生效。SDR 篮子的权重为美元 41.73%，欧元 30.93%，人民币 10.92%，日元 8.33%，英镑 8.09%。

也就是说，特别提款权采用一篮子货币的定值方法。货币篮子每五年复审一次，以确保篮子中的货币是国际交易中所使用的那些具有代表性的货币，各货币所占的权重反映了其在国际贸易和金融体系中的重要程度。

2005 年 11 月，IMF 执行董事会明确，SDR 篮子的组成货币必须满足两个标准：一是货币篮子必须是 IMF 参加国或货币联盟所发行的货币，该经济体在篮子生效日前一年的前五年考察期内是全球四个最大的商品和服务贸易出口地之一；二是该货币为《基金协定》第 30 条第 f 款规定的"自由使用货币"。而"自由使用货币"有两条认定要求：

①在国际交易中广泛使用，包括该国在 IMF 参加国中出口所占份额、以该货币计价的资产作为官方储备资产的数量；

②在主要外汇市场上广泛交易，包括外汇交易量、是否存在远期外汇市场、以该货币计值的外汇交易的买价差等指标。纳入 SDR 篮子货币要求不少于 70% 的国际货币基金组织成员国投票支持。

特别提款权定值公布在国际货币基金组织的网站上。表 6-4 显示 SDR 的定值计算方法：

表 6-4 　　　　　　　　SDR 的每日价值计算方法示例
2016 年 12 月 1 日星期三

| 货币 | 货币数量 | 名义汇率 | 美元价值 |
|---|---|---|---|
| 人民币 | 1.0174 | 6.89770 | 0.147498 |
| 欧元 | 0.38671 | 1.06230 | 0.410801 |
| 日元 | 11.900 | 114.38500 | 0.104035 |
| 英镑 | 0.085946 | 1.26210 | 0.108472 |
| 美元 | 0.58252 | 1.00000 | 0.582520 |
| 1.353327 | | | |
| 1 美元＝SDR | | | 0.738920 |
| 1SDR＝美元 | | | 1.353330 |

资料来源：IMF Data（SDR Valuation），http：//www.imf.org/external/np/fin/data/rms_sdrv.aspx

上述五种货币数量对应的等价美元之和，即为 SDR 对美元的汇率（1SDR 等于多少美元）。具体计算过程详述如下：

①先计算 SDR 货币篮子中数量不同的各种货币的美元价值：

人民币：1.0174 ×1/6.89770 = 0.147498

欧元：0.38671× 1.06230 = 0.410802

日元：11.900×1/ 114.38500 = 0.104035

英镑：0.085946 ×1.26210 = 0.108472

美元：0.58252 ×1.00000 = 0.582520

②接下来计算 1SDR 的美元价值：

SDR1 = US $ （0.147498 + 0.410802 + 0.104035 + 0.108472 + 0.582520）= US $ 1.353327

即 1SDR = 1.353327 美元，倒数结果为 1 美元 = 0.738920 SDR

SDR 自使用一篮子货币定值以来，价值基本稳定在 1.4 美元左右；其中，1998 年前、1999—2004 年两个时间段波动稍大，2007 年金融危机发生后其价值有所上升，2008 年达到最高点 1.58 美元，2015 年随着世界经济全面复苏，SDR 价值逐渐回落。图 6-3 显示了自 1984 年以来每年第一个交易日 SDR 的价值走势。

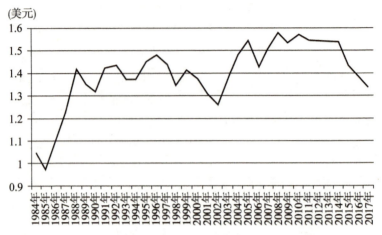

(美元)

图 6-3　1984 年以来每年第一个交易日 SDR 的价值走势①

## (二) SDR 的分配②

1970 年 1 月 1 日，IMF 首次发行了 30 亿 SDR 分配给其成员国。当成员国长期性全球发展资金需要增加时，为了获得资金满足，成员国可依据其在国际货币基金所缴纳份额的比例获得特别提款权的分配，补充现有的储备不足。按照国际货币基金组织规定，每 5 年为一个分配特别提款权的基本期，即特别提款权的分配决定相隔基期五年。决定的做出要依据总裁的提案，经执行董事会的同意，由理事会做出决定，并要求得到总投票权的 85% 多数票通过。因此，并不是每一个分配基期会进行事实上的 SDR 分配。到 2016 年 12 月底，第十个分配基期 (2012—2016 年) 已经结束，即将开始的第十一个基期 (2017—2021 年) 于

① 数据来源：IMF Data (SDR valuation history)，http：//www. imf. org/external/np/fin/data/rms_sdrv. aspx。

② IMF：Report of the Managing Director to the Board of Governors and to the Executive Board Pursuant to Article XVIII, Section 4 (c)，June 29, 2016, https：//www. imf. org/external/np/pp/eng/2016/062916. pdf。

2017 年 1 月开始。

到目前为止，国际货币基金组织已经通过三次一般性分配（general SDR allocations）和一次特别性分配（special allocation），共分配了 2041 亿的特别提款权（价值 2880 亿美元）。第一次分配是自 1970 年至 1972 年，发行 93.148 亿特别提款单位，按会员国所摊付的基金份额比例进行分配，份额越大，分配得越多。这次工业国共分得 69.97 亿，占总额的 75.12%。其中美国分得最多，为 22.94 亿，占总额的 24.63%。这种分配方法使急需资金的发展中国家分得最少，而发达国家则分得大部分。发展中国家对此非常不满，一直要求改变这种不公正的分配方法，要求把特别提款权与援助联系起来，并要求增加它们在基金组织中的份额，以便可多分得一些特别提款权。特别提款权的第二次分配是 1979—1981 年，累计分配了 215 亿特别提款权。最近的第三次分配是 2009 年，大约分配了 1612 亿特别提款权。

1997 年 9 月，国际货币基金组织理事会倡议进行特别提款权的特别一次性分配（special one-time allocations），以纠正国际货币基金组织中超过 1/5 的会员国从未得到特别提款权分配的事实。2001 年 3 月 15 日，已有 106 个会员国（占总投票权 71%）表示接受这一建议修正案。特别提款权的特别分配将使所有成员国都能在平等的基础上参与特别提款权，使特别提款权双倍累积分配达 428.7 亿特别提款权。这一倡议终于在 2009 年 8 月得以实现，共分配了 215 亿特别提款权。

## 第二节　中国外汇储备及其管理

中国外汇储备自 20 世纪 90 年代开始快速增加，特别是 1997 年东南亚金融危机后，国际社会对于一国必须保持足够外汇储备的观点深深影响了中国政府，通过结售汇等外汇管理体制，以及央行为稳定汇率在外汇市场上买进外汇，我国不断积累外汇，形成了较大规模的外汇储备。与世界上主要经济体比较，我国外汇储备的规模、构成等方面均有自己的特色。

## 一、中国国际储备资产构成

中国官方于 2015 年 7 月 17 日首次公布国家储备资产（即国际储备）数据，此后公布每月数据。数据显示，截至 2015 年 6 月底，中国大陆官方储备资产余额 37713.47 亿美元，其中外汇储备 36938.38 亿美元，基金组织储备头寸 45.67 亿美元，特别提款权 105.45 亿美元，黄金 623.97 亿美元，其他储备资产 0.00 亿美元。自 2016 年 4 月 1 日起，除按美元公布官方储备资产外，增加以 SDR 价值的数据，如 2016 年 6 月底，官方储备资产余额为 33031.72 亿美元、23613.59 亿 SDR，以便能够与国际货币基金组织成员国进行储备资产比较分析。表 6-5 显示 2015 年 6 月至 2016 年 12 月底每半年中国官方储备资产构成情况。到 2016 年底，中国官方储备资产余额为 30978.45 亿美元、23043.75 亿 SDR，其中外汇储备 30105.17 亿美元，占总资产的 97.18%。总体来看，近年中国政府开始减少外汇储备资产，增持国际货币基金组织的储备头寸和特别提款权，逐步改变其资产构成。

表 6-5 　　　　　**中国官方储备资产构成①**　　　（单位：亿美元,%）

| 项目 | 2015.06 | 2015.12 | 2016.06 | 2016.12 |
|---|---|---|---|---|
| 1. 外汇储备 | 36938.38 (97.94) | 33303.62 (97.78) | 32051.62 (97.03) | 30105.17 (97.18) |

---

① 数据来源：中国人民银行历年统计数据"货币统计概览"，http://www.pbc.gov.cn/，或国家外汇管理局网站"官方储备资产"数据库，http://www.safe.gov.cn/wps/portal/sy/tjsj_lnwhcb_gfcb。

续表

| 项目 | 2015.06 | 2015.12 | 2016.06 | 2016.12 |
|---|---|---|---|---|
| 2. 基金组织储备头寸 | 45.67<br>*(0.12)* | 45.47<br>*(0.13)* | 104.43<br>*(0.32)* | 95.97<br>*(0.31)* |
| 3. 特别提款权 | 105.45<br>*(0.28)* | 102.84<br>*(0.30)* | 104.13<br>*(0.32)* | 96.61<br>*(0.31)* |
| 4. 黄金 | 623.97<br>*(1.65)* | 601.91<br>*(1.77)* | 774.29<br>*(2.34)* | 678.78<br>*(2.19)* |
| 5. 其他储备资产 | 0.00<br>*(0.00)* | 7.27<br>*(0.02)* | -2.73<br>*(-0.01)* | 1.91<br>*(0.01)* |
| 合计 | 37713.47 | 34061.11 | 33031.72 | 30978.45 |

注：括号中是各部分占比。"其他储备资产"是指包括货币当局持有的金融衍生产品、对非银行非居民单位的贷款及其他资产。

中国官方储备资产中最主要构成是外汇储备和黄金，在 2015 年 7 月前官方主要公布的也就是这两个数据。例如，在中国人民银行网站的统计数据栏目中查找到 2010 年统计数据下"货币统计概览"项，可以查找到 2010 年 1—12 月每月的黄金储备和国家外汇储备数据，该年底黄金储备为 3389 万盎司，外汇储备为 28473.38 亿美元。中国官方储备资产中的黄金储备资产变化较小，2010—2015 年 5 月一直维持 3389 万盎司不变，2015 年 6 月增持到 5332 万盎司，此后几乎每月都在增加，到 2016 年 12 月底持有黄金储备 5924 万盎司。此外，尽管中国在国际货币基金组织的储备头寸以及特别提款权近年有所增加，但增加的幅度不大，外汇储备的增减是影响储备资产总额变动的主要原因。

相对于国际上主要发达国家和地区，中国官方储备资产有两大特征：一是总资产规模较大，二是资产构成中外汇储备资产比重较大。发达国家中，日本的官方储备资产总额较大，各部分构成比重与中国有些类似（见表 6-6）。

表6-6　　**2016 年 12 月世界主要国家和地区官方储备资产构成①**

（单位：亿美元）

| 国家或地区 | 官方储备资产总额 | 外汇储备 | IMF 储备头寸 | SDR | 黄金 | 其他储备资产 |
|---|---|---|---|---|---|---|
| 美国 | 1146.71 | 391.6 | 162.63 | 482.08 | 110.41 | 0.00 |
| 加拿大 | 827.18 | 729.49 | 21.91 | 75.78 | 0.00 | 0.00 |
| 英国 | 1585.48 | 1120.17 | 66.78 | 109.94 | 115.44 | 173.16 |
| 法国 | 1467.81 | 391.85 | 51.63 | 101.71 | 906.45 | 16.17 |
| 德国 | 1852.74 | 368.86 | 69.37 | 157.46 | 1257.04 | 0.00 |
| 日本 | 12169.03 | 11577.9 | 120.19 | 180.87 | 285.16 | 4.91 |
| 澳大利亚 | 522.27 | 442.82 | 6.19 | 38.63 | 30.25 | 4.39 |
| 欧元区 | 7459.39 | 2610.13 | 243.19 | 551.49 | 4013.83 | 40.74 |
| 巴西 | 3650.16 | 3538.51 | 22.19 | 34.93 | 25.1 | 29.43 |
| 中国大陆 | 31410.88 | 30515.98 | 98.17 | 98.02 | 697.85 | 0.85 |

注：IMF 统计"官方储备资产"包括货币当局、财政部（政府）及组织持有的国际储备资产。

美国联邦储备体系理事会（Board of governors of the Federal Reserve System）公布美国 2016 年底货币当局的储备资产构成中，黄金、SDR、IMF 储备头寸、外汇储备这四大部分的比例分别为 9.41%、41.66%、15.67%、33.26%②。相对于前几年，美联储在 IMF 的储备头寸资产减少，增加了黄金和 SDR 资产比重。

---

① 资料来源：IMF Datasets, International Reserves and Foreign Currency Liquidity, http：//www.imf.org/external/index.htm。

② 数据来源：FRB：International Summary Statistics, 2017-01, Board of governors of the Federal Reserve System。网站 https：//www.federalreserve.gov/econresdata/releases/intlsumm/current.htm。

## 二、中国外汇储备构成

### （一）外汇储备规模

中国官方储备资产中最主要部分是外汇储备，引起争议的也是此部分资产。据国家外汇管理局公布数据，截至 2016 年 12 月 31 日，中国外汇储备规模为 30105.17 亿美元。在 1990 年之前，中国外汇储备资产极少，累计不超过 100 亿美元；到 2000 年，外汇储备超过 1000 亿美元，2006 年超过 1 万亿美元，2009 年超过 2 万亿美元，2011 年超过 3 万亿美元，2014 年达到最高的 3.84 万亿美元；近两年，外汇储备资产有所下降（见图 6-4）。中国人民银行公布的最新外汇储备规模数据显示，2017 年 1 月中国外汇储备规模较 2016 年 12 月底下降了 123.13 亿美元，连续 7 个月下滑，创近 6 年新低，已略低于 3 万亿美元，为 29982 亿美元①。

近两年中国外汇储备资产减少，引发国内外关注。国家外汇管理局负责人特别就 2016 年 12 月份外汇储备规模变动情况举行记者会予以说明。该负责人介绍，12 月较 11 月底下降 410.81 亿美元，降幅为 1.3%，全年下降 3198.44 亿美元，比上年同期少降了 1928.12 亿美元。国家外汇管理局认为，影响外汇储备规模变动的因素主要包括：（1）央行在外汇市场的操作；（2）外汇储备投资资产的价格波动；（3）由于美元作为外汇储备的计量货币，其他各种货币相对美元的汇率变动可能导致外汇储备规模的变化；（4）根据国际货币基金组织关于外汇储备的定义，外汇储备在支持"走出去"等方面的资金运用记账时会从

---

① 《国家外汇管理局有关负责人就 2017 年 1 月份外汇储备规模变动情况答记者问》，2017 年 2 月 7 日，国家外汇管理局网站 http：//www.safe.gov.cn/。

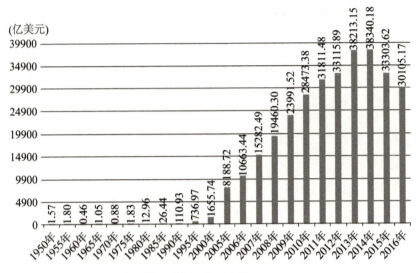

图 6-4 中国外汇储备资产变化① (1950—2016 年)

外汇储备规模内调整至规模外，反之亦然。从全年的情况看，央行稳定人民币汇率是外汇储备规模下降的最主要原因②。这是中国政府关于"保汇率"而非"保外储"的官方结论。

## (二) 外汇储备构成

中国外汇储备的构成没有对外明确公布过，目前属于国家金融机密。这主要是由于中国作为全球最大的持有者，拥有的外汇储备占全球近 30%，中国外汇储备的货币构成对全球资产价格和市场走势有着深远影响。一些学者根据国际机构及其他国家公布的相关数据来了解我国外汇储备的大致构成。例如，张斌、王勋和华秀萍（2010）基于 IMF

---

① 数据来源：国家外汇管理局 "外汇储备数据"，2017 年 1 月 17 日，国家外汇管理局网站 http：//www.safe.gov.cn/wps/portal/sy/tjsj_lnwhcb。
② 《国家外汇管理局负责人就 2016 年 12 月份外汇储备规模变动情况答记者问》，2017 年 1 月 7 日，国家外汇管理局网站 http：//www.safe.gov.cn/。

公布的官方外汇储备币种结构和 TIC 数据，将中国外汇储备中美元、欧元、英镑、日元资产的平均权重分别设定为 71.7%、23.2%、3.7% 和 1.4%；王永中（2011）基于美国财政部国际资本系统（Treasury International Capital System，TIC）的统计数据，推测中国外汇储备的币种结构为：2000 年及之前，美元、欧元、日元分别为 90%、7.5% 和 2.5%；2001—2006 年，美元、欧元和日元的资产比重分别为 80%、15%、5%；2007—2009 年，这三种货币资产比重则变为 75%、20%、5%①。余向荣和梁红（2016）基于央行统计数据和贝叶斯回归方法估算目前中国 3 万亿美元外汇储备的货币构成：美元资产为 66.7%、欧元资产为 19.6%、英镑为 10.6%、日元为 3.1%②（见图 6-5）。

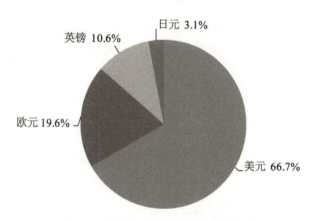

图 6-5 测算的中国外汇储备货币构成

中国政府持有的外汇储备资产的具体形式主要有：国外的短期存款

---

① 王永中：《中国外汇储备的构成、收益与风险》，《国际金融研究》2011 年第 1 期，第 44~52 页。

② 余向荣、梁红：《揭秘：中国 3 万亿美元外汇储备是如何配置的?》，2016 年 7 月 19 日，新浪财经 http：//finance. sina. com. cn/money/forex/2016-07-19/doc-ifxuapvw2291987. shtml。

或其他可以在国外兑现的支付手段，如外国有价证券，外国银行的支票、期票、外币汇票等。例如，中国将相当大一部分外汇储备配置于美国国债和机构债券，因为这是唯一可容纳中国巨额投资的一个市场，而且美元是对外支付的主要货币。根据美国财政部公布的数据，截至2015年底，中国持有1.246万亿美元的美国国债，仍是持有美国国债最多的国家①，中国持有的美国证券和长期债券在美国相关市场上的份额一直呈上升态势②。TIC数据显示，在2012年之前，中国有55%~65%的外汇储备是以美元证券资产的形式持有的；在2012—2014年，美元证券资产占中国外汇储备的比例也在45%之上，其中，对于美元债券资产的投资比例始终保持在投资总额的80%以上。在债券资产中，除2009年外，长期债券的投资额占债券总投资的比重均不低于92%，而短期债券的投资额自2010年起大幅收缩，占债券投资总额比例不足1%。从2009年起，中国对于美元股权资产的投资比例呈逐年上升趋势，在2014年达到投资总额的17.59%，取代了之前的短期债券投资，成为美国证券资产投资中第二大资产，但与债权投资相比，中国对美国股权投资比重依然较低③（图6-6）。

总体上看，目前中国外汇储备资产结构的特点是：外汇储备资产以金融资产为主，金融资产以美国证券资产为主，而在美元证券资产中，又以长期国债为主。

---

① Treasury International Capital System（TIC）- Foreign Portfolio Holdings of U. S. Securities as of 6/30/2015，2016-05-31，美国财政部网站 https：//www. treas-ury. gov/resource-center/data-chart-center/tic/Pages/fpis. aspx。

② 在美国投资的外汇主要来自中国外汇储备。因此，我们可以近似地用美国财政部公布的中国在美国投资的债券资产额来估算中国外汇储备中的美元资产比例。

③ 朱孟楠：《中国外汇储备有效管理：宏观策略与微观措施》，《财经智库》2016年第1卷第3期，第38~66页。

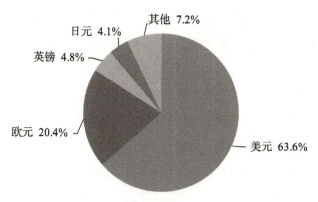

图 6-6 全球外汇储备货币构成（2016Q1）

### 三、中国外汇储备管理

关于中国外汇储备管理也一直是国际金融学界争论的话题。这是由于一方面中国外汇储备规模巨大，目前为全球第一，其规模变动既影响中国国内宏观经济、国家资产利益和质量，也影响国际金融市场和投资；另一方面是外汇储备中构成比较单一，美元资产占较大比重，中国减持美元资产不仅会影响美国经济，也预示美元汇率稳定性出现问题。因此，中国外汇储备管理还是一个敏感的论题，一些别有用心人士有时会利用中国外汇储备变动大做文章，把中国经济与国际政治问题联系起来，使得中国政府不得不及时做出回应。

### （一）中国外汇储备管理的主导权问题①

从全球看，部分国家采用财政部主导外汇储备管理的模式，部分国家采用央行主导外汇储备管理的模式，甚至还有部分国家由财政部、中

————————

① 吴念鲁、杨海平：《关于中国外汇储备管理主导权的探讨》，《国际金融研究》2015 年第 4 期，第 3~11 页。

央银行联合主导外汇储备管理，总体上由财政部主导的外汇储备管理模式占更大的比重。美国财政部和美联储均参与外汇储备管理，两者相互协作，财政部主要通过外汇平准基金实现对外汇储备的管理，美联储则依赖公开市场操作来管理其官方外汇储备资产。英国财政部在外汇储备管理方面占据主导地位，它负责逐年制定债务与储备管理年度审议事项，英格兰银行则负责按照财政部提出的目标及指导意见进行具体的操作。日本财政部同样享有外汇储备管理的主导权，有外汇储备管理的最终决策权，负责对日本央行发出操作指令，日本央行负责具体执行。新加坡外汇储备管理由财政部主导，由新加坡政府投资公司（GIC）、淡马锡（Temasek）和新加坡金融管理局（MAS）分工执行。其中，新加坡金融管理局负责外汇市场干预，可持有短期资产；新加坡政府投资公司持有和管理固定收入证券、房地产和私人股票投资；淡马锡主要运用外汇储备投资于高科技产业与国际金融。

　　一个国家采用财政部主导还是中央银行主导的外汇储备管理体制主要取决于以下因素：一是经济体的货币地位以及对于外汇储备的需求程度。二是财政部和中央银行在经济管理中的职能边界以及相互关系。一般而言，负责汇率稳定职责的部门要持有外汇储备，并主导外汇储备的管理。一般认为财政部主导对外经济政策，而央行负责内部经济平衡，因此财政部主导外汇储备管理的国家较多。三是国内外金融市场的预期收益率差异对采用哪种管理模式有一定的影响。财政部获得外汇储备的方法是通过发行特别国债或者票据进行筹资，然后购买外汇。若本国资金成本较高则采用该方法的难度较大。四是历史传统的影响。历史上，财政部的出现要早于中央银行，因而形成了由财政部持有外汇储备的传统。

　　我国是由中国人民银行主导的外汇储备管理体制，它有着深刻的历史原因。新中国成立之初，为了尽快恢复国民经济，扩大对外贸易，需要大量的外汇。为此，国家指定中国人民银行作为国家外汇管理机关。1979 年 3 月，国务院批准设立了国家外汇管理总局，并赋予它管理全国外汇的职能。此后，经过逐步演进，形成了目前的外汇储备经营管理体系，央行依据《中央银行法》负责储备的经营管理，日常管理则由外汇管理局进行，即中国人民银行是外汇储备的主导者。

从中国人民银行和财政部的部门职责来看，财政部是国民财富的代言人，外汇储备是公共资产，是一种特殊的国民财富，从这一点看，外汇储备管理的主导权应归财政部所有。但是，财政部和中国人民银行主导外汇储备管理各有利弊。由中国人民银行主导管理的优势：一是对现行的框架不进行颠覆性的设计，体现了对历史的尊重，改革成本较低；二是可以确保储备管理决策时效，具有高度灵活性；三是在完全由中央银行主导的外汇储备管理模式下，财政与货币政策在储备管理中的协调配合要求并不高。但其不足之处也很明显：外汇储备的特殊形成机制直接导致外汇成为基础货币投放的主渠道，在一定程度上影响了中国货币政策的独立性，也使得货币政策、流动性周期受美元周期的影响，增加了货币政策调控的难度。如果由目前的体制过渡到财政部主导的体制，其过渡方案的设计将成为最大的难点，而且央行和财政部的政策协调成本和难度较大。

一些研究者建议，可以在对外汇储备资产进行分类的基础上，结合各政府部门职能和传统，进行分类管理①（见图 6-7）。

实际上，主导权的转移涉及的一个核心问题是存量巨额外汇储备如何从央行转移到财政部。最理想的方式是用财政盈余来购买外汇储备，但是中国的财政盈余根本不可能兑换如此巨额的外汇储备。于是，只能由财政部向市场发行特别国债，筹措资金向央行购买外汇，交给专业的机构进行运营。具体的操作方式就是 2007 年形成的操作模式。2007 年我国注资成立中投公司发行特别国债，最终的安排是，财政部发行 10 年期 1.55 万亿元特别国债，财政部向农业银行发行，中国人民银行从

① 杨长湧：《对完善我国外汇储备经营管理的研究》，《国际金融》2014 年第 6 期，第 34~40 页。

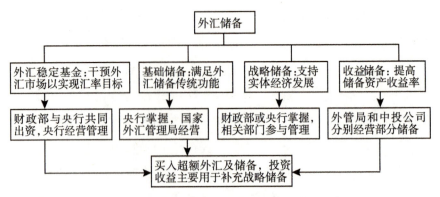

图 6-7 中国外汇储备的分类经营管理体系构建

农业银行购回。中国人民银行根据市场流动性情况，再向市场主体转让。

综合当前国内外经济形势，中国外汇储备管理仍由中国人民银行主导，启动主导权改向财政部的改革时机尚未成熟，改革节奏也不宜一步到位。在保持中国人民银行主导外汇储备管理的前提下进行部分微调是当前的最优选择。目前主要任务应该是改革外汇储备形成机制，以"消肿"为主要政策目标，并通过零星地发行特别国债，置换外汇储备应用于战略目标。现阶段可考虑适当提高财政部在储备管理中的参与度，在中国人民银行主导的大框架下，可由中国人民银行、财政部、国家发改委组成外汇储备管理委员会，围绕外汇储备协调外汇储备应用与国家战略的关系，由委员会确定外汇储备重大政策以及主要应用方向。具体地，一是拓宽中国人民银行管理运用外汇储备的渠道。中国人民银行可以委托国家开发银行、中国进出口银行、中国银行等政策性银行与商业银行共同经营外汇贷款，开展企业"走出去"发展战略的金融服务，比如贸易融资、并购贷款、其他各类融资，也可以将部分外汇储备委托投资银行经营，鼓励它们开展跨国投行业务。二是仍可沿用 2007 年的模式，发行特别国债，此模式购买的外汇只能用于支持"一带一路"等国家重大对外发展战略、企业"走出去"战略，以及建立战略储备、原材料储备等。

## （二）中国外汇储备规模和结构管理

### 1. 适度外汇规模问题

王伟等（2016）指出，到 2012 年底，中国外汇储备占 GDP 的比重、占外部资产的比重以及占总外部负债的比重分别位居全球第 18、19 和 12 位，远远超过适度规模。他们的研究发现，经济发展水平对外汇储备相对规模的影响呈"倒 U 形"特征；金融发展水平与外汇储备相对规模显著负相关；金融开放度越高，外汇储备相对规模越低；实行固定汇率制度以及中间汇率制度的经济体，其外汇储备相对规模更高①。

一些学者认为，中国持有大量的外汇储备资产是以巨大的收益率损失为代价的。一方面，中国的资本大量（储备资产）流向以美国国债以及机构债为主的国家和地区，使得国内经济获益较少，资金服务方向不利于国内经济社会发展。另一方面，外汇储备资产的收益率较低，例如张斌等（2010）通过测算发现，中国外汇储备真实有效收益率均值仅为 3.20%②。特别是 2008 年全球金融危机之后，美联储、欧洲央行以及日本央行不断降息并推行量化宽松的货币政策，使中国外汇储备资产收益率的波动幅度加大。根据 Bénétrix 等（2015）测算，仅 2008 年，汇率波动就给中国带来了 221.7 亿美元的估值损失。

国际货币基金组织在 2001 年发布的《外汇储备管理指南》中并没有明确提出一国持有外汇储备的规模，仅说明要为其清晰的目标而要

---

① 王伟等：《发展阶段、汇兑安排与中国高外汇储备规模》，《世界经济》2016 年第 2 期，第 23~47 页。
② 张斌、王勋、华秀萍：《中国外汇储备的名义收益率和真实收益率》，《经济研究》2010 年第 10 期，第 115~128 页。

"掌管足够的外汇储备资产"（adequate official public sector foreign as-sets）①。

国内一些学者对中国外汇储备适度规模提出相应看法。如李巍和张志超（2009）提出，为保持国内金融体系稳定应保有 1.5 万亿左右美元的外汇储备②；杨艺和陶永成（2011）提出中国外汇储备适度规模的合意区间为 GDP 的 25%～30%③；石凯和刘力臻（2015）认为适度规模为"8.1 个月进口+短期外债的 1.91 倍+实际利用外资的 15%"的动态标准④。

中国官方对目前外汇储备规模的看法是"合理、充裕"。中国人民银行党委委员、行长助理殷勇最近也指出："外汇储备规模受到央行市场操作、资产价格变动、汇率变化和外汇使用等多方面因素影响，结合储备规模适度性的研究分析，我国目前的外汇储备规模总体处于适度区间。"⑤ 2017 年 2 月 7 日国家外汇管理局有关负责人就 2017 年 1 月份外汇储备规模变动情况答记者问时指出，"无论从绝对规模看还是用其他各种充足性指标进行衡量，我国外汇储备规模都是充裕的。当前，我国经济继续保持中高速增长、经常项目保持顺差、财政状况较好、金融体系稳健的基本面没有改变，这些有利因素都将继续支持人民币成为稳定的强势货币，也将促进外汇储备规模保持在合理充裕的水平上"。⑥

---

① IMF：Guidelines for Foreign Exchange Reserve Management，2001-09-20，http：//www.imf.org/external/np/mae/ferm/eng/。
② 李巍、张志超：《一个基于金融稳定的外汇储备分析框架——兼论中国外汇储备的适度规模》，《经济研究》2009 年第 8 期，第 27~36 页。
③ 杨艺、陶永成：《中国国际储备适度规模测度 1994—2009——基于效用最大化分析框架的数值模拟》，《国际金融研究》2011 年第 6 期，第 4~13 页。
④ 石凯、刘力臻：《中国外汇储备管理优化论》，北京：中国社会科学出版社2005 年版，第 155 页。
⑤ 央行：《目前我国外汇储备规模总体处于适度区间》，2016 年 6 月 15 日，中国网财经 http：//finance.china.com.cn/news/20160615/3767246.shtml。
⑥ 《国家外汇管理局有关负责人就 2017 年 1 月份外汇储备规模变动情况答记者问》，2017 年 2 月 7 日，国家外汇管理局网站 http：//www.safe.gov.cn/。

中国人民银行主管的《金融时报》于 2017 年 2 月 8 日刊文指出，如果用比较简单的比例分析方法看待中国外汇储备规模问题，（1）基于 3 个至 6 个月进口额，（2）覆盖 100% 的短期外债等通行标准衡量，中国外汇储备维持 1 万亿美元左右足够；若按国际货币基金组织等机构提出的"外汇储备/M2"来衡量外汇储备充足度，对于固定汇率国家，这一比率应维持在 10% 至 20%，对于浮动汇率国家，这一比率应维持在 5% 至 10%。目前中国属实行有管理的浮动汇率制，且有着较严格的外汇流出管理，综合考虑，维持 2 万亿美元左右的外汇储备是适度的①。该报道还披露，其实除官方外汇储备之外，我国金融机构和企业还拥有 2 万亿美元左右的境外资产。这其中的一部分资产从广义上看也是一种潜在的国际清偿能力。

综合目前情况，中国政府正在逐步小幅减少外汇储备资产规模，也就是外界所说的"消肿"过程。我们预计，随着人民币国际化程度的提高，外汇储备规模还将下降。在我国国家储备资产中，外汇储备将下降到 70% 左右，也就是 2 万亿美元左右；黄金、SDR、IMF 的储备头寸等部分的资产比重和数量规模将上升，达到 30%（1 万亿美元）左右。

2. 外汇储备结构问题

外汇储备结构包括币种结构和期限结构。从币种来看，目前中国外汇储备中美元占绝对主导地位，大约占 70% 左右，欧元、英镑、日元等其余货币资产占 30% 左右。余向荣和梁红（2016）认为，相对于全球外汇储备货币构成比例，中国外汇储备中高配了美元和英镑，低配了日元②。

一些研究发现，发达国家选择储备货币时更重视经常账户差额、出

---

① 李国辉：《外汇储备降幅明显收窄　2017 年跨境资本流动有望趋稳》，《金融时报》2017 年 2 月 8 日，第 1~4 版。

② 余向荣、梁红：《揭秘：中国 3 万亿美元外汇储备是如何配置的？》，2016 年 7 月 19 日，新浪财经 http://finance.sina.com.cn/money/forex/2016-07-19/doc-if-xuapvw2291987.shtml。

口比重等经济效益因素，而发展中国家选择储备货币时更重视国内生产总值、人均 GDP 等总量因素①。世界主要经济体管理外汇储备货币币种结构的数据显示，储备币种结构的演变是缓慢的过程，取决于路径依赖、惯性和各储备货币本身的特性。各国中央银行选择储备币种结构时，一般考虑汇率制度的性质、与储备货币国的贸易和金融联系及两者间的互动关系②。

孔立平（2010）综合考虑外汇储备风险和收益、贸易结构、外债结构、外商直接投资来源和汇率制度等因素对我国外汇储备币种结构的影响，提出中国当前合理的储备币种权重为：美元占比大致在 31% ~ 37% 之间，已不处于主导地位；欧元的占比有实质性提高，在 50% ~ 55% 之间；日元储备的占比在 8% ~ 11% 之间；英镑及其他货币应占 9% ~ 13% 左右，其他货币包括马来西亚林吉特、泰铢、新加坡元、俄罗斯卢布、加元等。该研究者提出从长期看应逐步减持美元、增持欧元，同时要积极推进人民币国际化③。

综合目前观点，中国外汇储备币种结构管理中应减少美元资产，增加欧元、英镑和日元等货币资产。我们认为，在未来一段时间，中国外汇储备资产中可将美元资产减少到 50% 左右，英镑保持在 10% 左右，增加欧元和日元资产分别到 30%、10% 左右，这样能够保持外汇储备资产的收益性和安全性。

外汇储备的币种结构管理实际上是与其金融产品和工具相联系的。一般来说，一国政府管理外汇储备应当处理好储备资产中的债券、股票、外汇、黄金及特别提款权（SDR）等产品的比例关系。按照国家外

① 姚大庆：《国际储备货币影响因素的国家结构差异研究》，《世界经济研究》2016 年第 2 期，第 26~33 页。

② 徐永林、张志超：《外汇储备币种结构管理：国际研究综述》，《世界经济》2010 年第 9 期，第 3~27 页。

③ 孔立平：《全球金融危机下中国外汇储备币种构成的选择》，《国际金融研究》2010 年第 3 期，第 64~72 页。

汇管理局中央外汇业务中心的介绍，中国外汇储备的货币资产从 1994 年的以美元和短期政府债为主扩展到涵盖 30 多种货币、50 多类资产品种、6000 多家投资对象的投资格局，几乎涉及了全球主要货币和资产品种①。一些人士建议，中国应该在外汇储备资产中将国债比例减少，增加股权持有比例。

就期限结构来看，中国外汇储备资产结构中，呈现债券投资重于股权投资、长期债权投资重于短期债券投资、长期国债投资重于长期机构债与公司债投资的特点。也就是中国外汇储备资产主要为美国长期国债和机构债。由于外汇储备管理应以资产的安全性第一、盈利性和流动性目标次之为目的，因此期限结构仍然要以长期美国国债为主。当然，考虑到我国当前 3 万亿美元外汇储备规模巨大，可以将其中 1 万亿美元界定为"超额外汇储备资产"，此部分可以在长、短期结构和资产结构上进行调整。石凯和刘力臻（2015）建议在分档（必要储备、超额储备）基础上，对 2 万亿必要储备（由货币或存款以及长期债券组成）和 1 万亿超额储备（由长短期债券、股权及其他资产组成）进行区别管理，主动积极增加超额储备的投资收益，对超额外汇储备的长短期资产进行合理配置（见图 6-8）②。

（三）主权财富基金与中投公司

外汇储备管理既是一个宏观政策性问题，也是一个经营管理性问题，也就是要对外汇储备进行投资，在保证资产安全和流动基础上，提高资产的收益性。早在 2001 年，中国政府就借鉴国际上大规模资产管理的经验，引入了投资基准管理模式。经过十多年的建设完善，已形成多个层次的系统化投资基准体系。自 20 世纪 90 年代起，国家外汇管理

---

①　国家外汇管理局中央外汇业务中心：《探索有中国特色的外汇储备经营管理之路》，《中国外汇》2014 年第 12 期，第 58～60 页。

②　石凯、刘力臻：《中国外汇储备管理优化论》，北京：中国社会科学出版社 2005 年版，第 118～120 页。

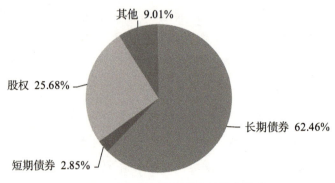

图 6-8　中国超额外汇储备的资产构成

局先后在新加坡、中国香港、伦敦、纽约、法兰克福等国际金融中心设立了华新、华安、华欧、华美 4 家投资公司和 3 家交易室，负责开拓股票、新兴市场等战略性投资，开展全球 24 小时连续经营。目前，驻外机构已成为外汇储备多元化投资的重要平台，构建了市场、信息、人员全覆盖的全球网络，提升了外汇储备在不同时区和不同市场的投资管理能力。

中国政府对外汇储备注重多层次运用，既服务国内实体经济发展，大力支持国家重点用汇项目，包括 2003 年建立汇金公司支持国有商业银行改革，2007 年支持配合相关国家设立中投公司，2011 年成立外汇储备委托贷款办公室，2013 年注资国新公司、建设支持企业"走出去"平台等，也广泛参与国际合作，树立负责任大国形象。如次贷危机期间，认购了国际货币基金组织和世界银行下属国际金融公司债券，配合相关国家开展国际救助；参与设立东盟十国与中日韩三国（10+3）区域外汇储备库、金砖国家应急储备安排，提升亚洲和金砖国家应对危机的能力；与国际金融公司、泛美开发银行、非洲开发银行等国际多边机构合作设立联合融资基金，支持世界经济发展，为中国企业"走出去"创造有利的外部环境；支持丝路基金，服务国家"一带一路"战略①。

1. 主权财富基金

2007 年成立中国投资公司成为中国外汇储备经营管理引人关注的事件。从国际金融理论来看，这涉及主权财富基金问题。主权财富基金（Sovereign Wealth Funds，SWFs），又称主权基金，是指一国政府利用外汇储备资产创立的，在全球范围内进行投资，以提升本国经济和居民福利的机构投资者；其资金来源可能是由财政盈余和外贸盈余累积的外汇储备，也可能是出口资源获得的收益。国际货币基金组织认为，SWFs 是由政府所有的、具有特殊目的的投资基金或机构，一般由政府建立，用来持有或管理资产以实现金融上的目标。按照主权财富基金协会（SWF Institute）的界定，主权财富基金不包括货币当局为传统的国际收支或货币政策目的所持有的外汇储备资产、传统意义上的国有企业及政府雇员养老基金（由雇员/雇主供款），或为个人利益管理的资产。

主权财富基金的分类有多种，主权财富基金协会按照传统将其分类为：稳定基金、储蓄或未来世代基金、养老金储备基金、储备投资基金、战略发展主权财富基金（SDSWF）共五种②。按照资金来源，主权财富基金可以分为两类：第一类是利用商品出口收入创建的主权财富基金，包括阿联酋、科威特、委内瑞拉等 OPEC 成员国创建的基金，以及美国阿拉斯加、加拿大阿尔伯特、挪威、俄罗斯、文莱、智利、阿曼、哈萨克斯坦等非 OPEC 成员国或地区创建的基金；第二类是利用非商品出口收入，通常是国内高储蓄导致的外汇储备收入创建的主权财富基金，主要包括新加坡、中国、韩国、马来西亚、中国台湾等国家或地区创建的基金③。

---

① 国家外汇管理局中央外汇业务中心：《探索有中国特色的外汇储备经营管理之路》，《中国外汇》2014 年第 12 期，第 58~60 页。

② SWF Institute：http://www.swfinstitute.org/。

③ 张明：《主权财富基金与中投公司》，《经济社会体制比较》2008 年第 2 期，第 93~100 页。

主权财富基金起源追溯到 20 世纪 50 年代。1953 年科威特投资局（Kuwait Investment Authority，KIA）正式成立，旨在将石油收入盈余进行投资。20 世纪 70—80 年代，SWFs 进入第一次快速发展时期，中东国家从外汇储备中划出部分资金，设立专门从事石油美元经营管理的机构——投资局，如阿布扎比投资局，以及新加坡政府投资公司。21 世纪初以来，随着俄罗斯（2004 年成立联邦稳定基金）和中国（2007 年成立中投公司）等大国相继涉足主权财富基金，引来全球主权财富基金发展繁荣时期。仅 2008 年 1 月以来成立的主权财富基金就有 32 家①。到 2016 年 11 月底，全球主权财富基金总资产估计达到 74375.3 亿美元，其中与石油和天然气相关的有 42453.3 亿美元，非商品类有 31922.0 亿美元。资产总额超过 100 亿美元的有 39 个，排名第 10 位的新加坡接近 2000 亿美元②（见表 6-7）。按照中投公司发布的《2015 年度报告》数据，截至 2015 年底，中投公司总资产已超过 8100 亿美元，达到 8137.62 亿美元，年度净利润 739.44 亿美元③。

表 6-7　　　**全球主权财富基金前 10 位④（2016 年）**

| 国家或地区 | 基金名称 | 资产总额<br>（10 亿美元） | 成立时间 | 资金来源 |
|---|---|---|---|---|
| 挪威 | 政府养老基金 | 885 | 1990 | 石油 |
| 中国 | 中投公司 | 813.8 | 2007 | 非商品 |

---

① IFSWF: The Sky did not Fall--Sovereign Wealth Fund Annual Report 2015, 2016-7-28, http: //www.ifswf.org/sites/default/files/Bocconi% 20SIL% 202016% 20Report.pdf。

② 数据来自：SWF Institute: Sovereign Wealth Fund Rankings, 2016-11-08, http: //www.swfinstitute.org/sovereign-wealth-fund-rankings/。

③ 数据来自：《2015 中国投资有限责任公司年度报告》，2016-07-22，中投公司网站 http: //www.china-inv.cn/。

④ 资料来源：SWF Institute: Sovereign Wealth Fund Rankings, 2016-11-07, http: //www.swfinstitute.org/。

续表

| 国家或地区 | 基金名称 | 资产总额<br>（10亿美元） | 成立时间 | 资金来源 |
|---|---|---|---|---|
| 阿联酋—阿布扎比 | 阿布扎比投资局 | 792 | 1976 | 石油 |
| 沙特阿拉伯 | 沙特货币局外资控股 | 576.3 | 1952 | 石油 |
| 科威特 | 科威特投资局 | 592 | 1953 | 石油 |
| 中国香港 | 香港金融管理局投资组合 | 456.6 | 1993 | 非商品 |
| 新加坡 | 新加坡政府投资公司 | 350 | 1981 | 非商品 |
| 卡塔尔 | 卡塔尔投资局 | 335 | 2005 | 油/天然气 |
| 阿联酋—迪拜 | 迪拜投资公司 | 200.5 | 2006 | 非商品 |
| 新加坡 | 淡马锡控股 | 193.6 | 1974 | 非商品 |

进入 21 世纪以来，全球主权财富基金的投资发展迅速，出现三大特点①：一是多元化投资进程加快。主要表现是：（1）投资区域多元化。2008 年以前 SWFs 主要投资区域为北美和欧洲国家；2008 年后逐渐转向新兴市场，如 2010 年投资比重达到 58%。（2）投资行业多元化。2008 年前后，SWFs 投资行业明显偏向金融业，其后受金融危机影响，逐步减弱对金融行业的投资，转向资源性行业、房地产、消费等领域。如淡马锡公司开始将投资重点转向实体经济，追求实体经济与虚拟经济平衡投资格局，增加制造业、运输、医疗保健等行业的投资比例。（3）投资资产类别多元化。SWFs 投资不再仅限于考虑资金安全性而集中于传统的低风险、无风险的低息债券类工具，而是着眼于包括股票、金融衍生品、私募股权和其他风险性金融产品组合。二是积极主动投资的趋势更加明显，主要表现是：（1）委托经营转向自主经营；（2）加大直接投资力度；（3）从动态环境中寻找投资机会。三是多边协调更加频繁。与一般基金不同，SWFs 的投资可能出于保护国家利益的动机

---

① 张海亮：《中国主权财富基金对外投资战略研究》，北京：中国社会科学出版社 2014 年版，第 45~49 页。

而参与地缘政治博弈，因而透明度较低、有效约束机制较欠缺，西方发达国家对此颇有微词。因此，建立 SWFs、东道国和国际组织之间的多边协调机制极为重要，也成为一个趋势。2008 年，《华盛顿约定》《圣地亚哥原则》《OECD 关于主权财富基金及接受国的宣言》等相继通过，2009 年"全球主权财富基金国际论坛"成立，为多边协调起到了积极作用。

2. 中国投资有限责任公司

2007 年 9 月 29 日，中国人大常委会批准财政部发行 1.55 万亿元人民币特别国债，用以向央行购买 2000 亿美元的外汇储备作为注册资本金，依照《中华人民共和国公司法》组建中国第一支主权财富基金——中国投资有限责任公司（China Investment Corporation，CIC）。中投公司的成立是我国在新时期积极探索和拓展外汇储备使用渠道和方式的第一步，能否建立起科学合理的管理架构，制定和推行积极有效的投资策略对于未来更多中国主权财富基金的发展具有标杆意义。

中投公司建立了董事会和监事会并存发展的公司治理架构，董事长、副董事长、监事长均由国务院指定，并按照"董事会—执行委员会—首席执行官"的形式，在执行委员会外增设国际咨询委员会，首席执行官下设有投资决策委员会和风险管理委员会，还分别设有首席投资官、首席风险官及首席运营官，及资产配置与战略研究部、风险管理部、人力资源部等 12 个部门。监事会设监事长，下辖监察局和监事会办公室（内审部）2 个部门。

中投公司下设三个子公司，分别是中投国际有限责任公司（简称"中投国际"）、中投海外直接投资有限责任公司（简称"中投海外"）和中央汇金投资有限责任公司（简称"中央汇金"）。中投公司的境外投资和管理业务分别由中投国际和中投海外承担。中投国际和中投海外均坚持市场化、商业化、专业化和国际化的运作模式。其中，中投国际于 2011 年 9 月成立，承接了中投公司当时所有的境外投资和管理业务。中投国际开展公开市场股票和债券投资，对冲基金和房地产投资，泛行业私募基金委托投资、跟投和少数股权财务投资。中投海外于2015年1月成立，是中投公司对外直接投资业务平台，通过直接投资和多边基金管理，促进对外投资合作，力争实现投资收益的最大化。

中央汇金是根据国务院授权，对国有重点金融企业进行股权投资，以出资额为限代表国家依法对国有重点金融企业行使出资人权利和履行出资人义务，实现国有金融资产保值增值。中央汇金不开展其他任何商业性经营活动，不干预其控、参股的国有重点金融企业的日常经营活动。也就是说，中投公司的资金运营共分为两大块：在2000亿美元的注册资本金中，略超过50%的资金用于境外（人民币区域外）的全球投资，其余部分则通过其全资子公司——中央汇金投资有限责任公司投资境内金融机构，中投国际和中投海外开展的境外业务与中央汇金开展的境内业务之间实行严格的"防火墙"措施。目前，中央汇金公司注资的国内重点金融机构主要有国家开发银行、中国工商银行、中国农业银行、中国银行、中国建设银行、中国光大银行共六家大型商业银行及申银万国和国泰君安两家证券公司、中国建投和中国银河金融控股两家综合性机构以及中国再保险股份有限公司。

国内外比较关注中投公司的境外投资业务。据介绍，中投公司一直致力于在全球范围开展投资，资产类别包括公开市场股票、固定收益、绝对收益、长期资产，以及现金产品。其中，公开市场股票指对上市公司的股权投资；固定收益包括国债、公司债等各种债券产品；绝对收益包括对冲基金等；长期资产包括泛行业直接投资、泛行业私募基金、资源/大宗商品、房地产，以及基础设施等；现金产品包括现金、隔夜存款，以及短、久期美国国债等。据中投公司《2015年度报告》显示，截至2015年底，在中投公司的境外投资组合分布中，公开市场股票、固定收益、绝对收益、长期资产和现金产品分别占比47.47%、14.44%、12.67%、22.16%和3.26%（见图6-9、图6-10）。公开市场股票投资中美国股票占比46.32%，非美发达国家股票占比42%，新兴市场股票占比11.68%；行业分布中，金融业占21.54%、信息科技业占 14.66%、可选消费品占 12.62%、医疗卫生占 11.61%、工业占 9.72%、必需消费品占 9.23%、能源和原材料占 9.09%、电信服务和公用事业占 5.66%，其他占 5.87%。

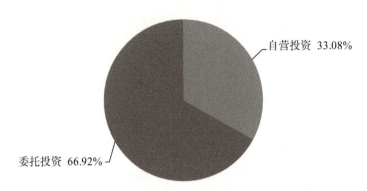

图 6-9 境外投资组合委托与自营投资比例

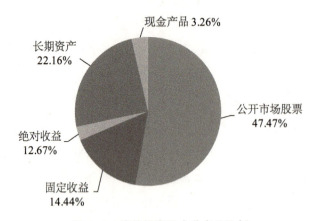

图 6-10 境外投资组合分布及比例

作为中国主权财富基金，中投公司面临国际金融保护主义、投资规制缺失、政治偏见盛行、国际经济环境恶化的挑战，投资管理压力较大，特别是其收益问题令人质疑。据中投公司《2015 年度报告》显示，2015 年其境外投资净收益率为-2.96%，自公司成立以来境外投资的累计年化净收益率为 4.58%。中投公司新闻发言人刘芳玉表示，拖累

2015 年度业绩的主要因素体现在三个方面：一是大宗商品价格深度下跌，对公司部分直投项目的估值影响较大。2015 年，高盛大宗商品指数下跌 32.86%，原油、铁矿石价格分别下跌 36.28%、37.37%。二是负利率政策造成债券、股票类投资收益低于预期。2015 年，MSCI（摩根士丹利全球股票指数）下跌 2.36%，新兴市场股票下跌 14.86%，债券下跌 11.15%。三是公司业绩以美元衡量，去年美元大幅升值 9.26%，导致总组合出现较大汇兑损失①。

实际上，不仅中投公司的投资收益率在 2015 年出现负数，全球大多数主权财富基金收益率均不高，以至《主权财富基金年度报告 2015》将此形容为"天塌下来"。历史上，全球主权财富基金总体收益率也只有 2.90%，即便公认为最成功的淡马锡控股公司在 2009 年的收益率也低至-30.40%，同期中投公司为 11.7%。因此，从长期来观察一国或地区的主权财富基金收益率比较有意义。

---

① 陈兰君子：《中投公司：总资产已超 8100 亿美元》，《金融时报》2016 年 7 月 23 日，第 2 版。

# 第七章　国际收支失衡与国际货币体系改革

进入 21 世纪以来，世界经济不平衡现象更加突出，表现之一为主要大国间的国际收支失衡问题比较严重。例如，美国长期出现贸易赤字，2015 年出口 3.17 万亿美元，进口 3.64 万亿美元，逆差 4700 多亿美元。并且，货物和服务赤字趋势在 2016 年还未扭转，如 2016 年 10 月贸易赤字达到 426 亿美元，比 9 月的 362 亿美元增加了 64 亿美元①。一些国家将国际收支失衡原因归结为其他国家实施了货币贬值的操纵性政策，并提出贸易或汇率制裁建议。

2008 年全球金融危机发生后，各国为防范金融风险、刺激经济发展，出台了一系列货币、汇率和贸易政策，导致国际金融秩序更加分化，国际货币体系遭受强有力冲击。在此背景下，国际金融秩序重构、国际货币体系改革的话题重新提到国际经济事务议程上来。一些国际经济学家和经济大国纷纷提出改革主张，将对 21 世纪的国际金融事务产生深远影响。

## 第一节　国际收支失衡及其调节

2011 年 10 月 11 日，美国会参议院通过了《2011 年货币汇率监督

---

① 数据来自美国商务部经济分析局 https：//www.bea.gov/。

改革法案》。该法案的主要内容包括：（1）分析货币市场发展以及美元与主要经济体及美国主要贸易伙伴货币的关系；（2）评价主要经济体及美国主要贸易伙伴经济和货币政策，以及评估这些政策对货币汇率的影响；（3）描述美国，或者其他主要经济体，或者美国主要贸易伙伴的货币干预情况，或者其他与美元相关的汇率调整措施；（4）构成货币市场条件的国内和全球因素的评估；（5）列举根本偏离币值的货币清单等。美国试图通过国内立法将货币汇率低估与反倾销、反补贴贸易救济工具挂钩，要求政府对所谓"汇率被低估"的主要贸易伙伴征收惩罚性关税①。这一法案的出台背景是美国出现长期贸易赤字，对国内经济增长、促进就业等作用减弱。中国人民银行金融研究所对人民币汇改的历程和成果进行了长期跟踪研究，撰写了《人民币汇率形成机制改革进程回顾与展望》报告，以事实和数据反驳美方关于我国操纵汇率、人民币币值大幅低估等错误言论。报告指出，中美两国贸易不平衡的主要原因不在于人民币汇率，而是美国的出口限制政策导致。本节以此引题，旨在说明当今世界一些国家的国际收支失衡问题的复杂性，调节国际收支失衡不能以损害他国贸易、货币等主权利益为措施。

## 一、国际收支失衡基本情况

按照国际经济学的经典解释，国际收支失衡是指一个经济体的经常账户、金融与资本账户出现大量赤字或盈余，影响其经济发展需要调整的情形。从国际收支平衡表角度看，失衡类型包括贸易失衡、金融与资本失衡、总体失衡等几种，通常关注的是贸易失衡，以及跨境资金流动异常现象。国际收支失衡或不平衡，是经济失衡的一种表现。在 2005年前后，国际经济学界把全球大范围国家出现国际收支失衡现象归纳为

① 朱广东：《美国 2011 年货币汇率监督改革法案的内容及启示》，《对外经贸实务》2011 年第 12 期。

"全球经济失衡"（global imbalance），即一国拥有大量贸易赤字，而与该国贸易赤字相对应的贸易盈余则集中在其他一些国家。2005 年 2 月 23 日，国际货币基金组织原总裁罗德里戈·拉托（Rodrigo de Rato）在题为《纠正全球经济失衡——避免相互指责》的演讲中正式使用了这一名词，并指出当前全球经济失衡的主要表现是：美国经常账户赤字庞大、债务增长迅速，而日本、中国和亚洲其他主要新兴市场国家对美国持有大量贸易盈余。

## （一）主要经济体国际收支失衡状况

按照国际货币基金组织的金融统计数据，美国自 1990 年代开始出现较大规模的经常项目赤字，在 1995 年以前年赤字额在 1000 亿美元内，1996 年突破 1000 亿美元，1999 年突破 2000 亿美元，2000 年达到 3725.2 亿美元，2002 年为 4189.6 亿美元，2004 年和 2005 年连续超过 6000 亿美元、7000 亿美元大关，2009 年下降到 4000 亿美元以内，2011 年又重新突破 5000 亿美元，到 2015 年为逆差 5003.5 亿美元。

与此同时，亚洲国家的经常账户盈余趋势显现。如中国大陆自 1994 年后开始保持经常账户盈余，1995 年突破 100 亿美元，2005 年突破 1000 亿美元，2006 年达到 2089.2 亿美元，此后基本维持在年均 2000 多亿美元水平，2015 年为 3846.4 亿美元。

德国自 1993 年开始出现经常项目盈余，1995 年突破 100 亿美元，后在亚洲金融危机期间有所下降，到 2001 年开始重新出现较大幅度盈余，2004 年突破 1400 多亿美元，2007 年突破 2000 亿美元，2009 年因受全球金融危机拖累有所下降，但仍然保持 1700 多亿美元，2012 年后开始复苏，到 2015 年盈余 2572.0 亿美元。

日本也是自 90 年代保持经常项目盈余。1996 年就达到 213.1 亿美元，此后一直维持在 1000 亿美元盈余额度。2011 年后出现赤字，为 395.4 亿美元，2012 年开始超过 1000 亿美元，2015 年从上年的 1286.1

亿下降到 190.7 亿美元，2016 年开始出现盈余①。

表 7-1　　　　　　　**主要经济体经常项目统计②**　　　（单位：亿美元）

| 国别 | 2014 年 | 2015 年 | 2016 年 1 季度 | 2016 年 2 季度 |
|---|---|---|---|---|
| 美国 | −4901.8 | −5003.5 | −1030.2 | −1343.4 |
| 英国 | −596.2 | −592 | −134.7 | −153.8 |
| 德国 | 2534.4 | 2572 | 647 | 821.9 |
| 日本 | −1286.1 | −190.7 | 94.8 | 92.5 |
| 中国大陆 | 2626.9 | 3846.4 | 462.9 | 700.2 |
| 韩国 | 852.1 | 1045.8 | 237.1 | 288.7 |
| 新加坡 | 748.9 | 786.7 | 175.5 | 211.6 |

纵观世界主要经济体过去 20 多年贸易收支状况，美国持续出现赤字，亚洲和德国基本上保持盈余。但是，美国将产生贸易赤字原因归结为中国的贸易盈余，实际上这是有失偏颇的。从世界范围看，一国出现经常项目盈余和赤字情形是与全球贸易环境、贸易产品结构、贸易链条等多个方面紧密相连的。

## （二）中美贸易逆差问题

2016 年 8 月，世界贸易组织（WTO）发布了《国际贸易统计 2015》数据和评论报告。从贸易额看，2005—2015 年世界货物贸易和服务贸易增长了近 1 倍；在经历了 2012—2014 年的温和增长后，2015 年有所下降，产品价格下降是导致贸易额下降的主要因素，仅 2015 年世界能源价格就下降了 45%。从地区看，亚洲、欧洲和北美占 WTO 成员国货物贸易总量的 88%，发展中国家在出口中的占比由 2005 年的

①　以上美国、德国、中国、日本数据均来自 IMF：International Financial Statistics（IFS）。

②　数据来自 IMF：International Financial Statistics（IFS）。

33%上升至 2015 年的 42%；同时，10 年间发展中国家之间的贸易从 41%上升至 52%①。在此期间，中美贸易差额引人关注。美方认为其贸易赤字主要是跟中国贸易引起，中国出口太多货物到美国。

根据美国商务部统计，近年美国外贸前四大逆差来源地依次是中国、德国、日本和墨西哥（见表 7-2）。其中，2015 年美国对华出口 1161.9 亿美元，下降 6.1%；从中国进口 4818.8 亿美元，增长 3.2%；美国对华贸易逆差为 3656.9 亿美元，增长 6.6%。2016 年 1 月至 6 月，美国对华出口 512.2 亿美元，下降 8.2%；美国从中国进口 2122.5 亿美元，下降 6.9%；美国对华贸易逆差为 1610.3 亿美元，下降 6.5%。这意味着，中国仍然是美国最大的贸易顺差国，每年都从美国赚取 3000 亿美元以上的贸易差额。

表 7-2 美国商务部统计 2015 年 1—12 月美国贸易差额主要来源②

| 国家和地区 | 逆差值（亿美元） | 占比（%） |
|---|---|---|
| 美国 | −7371 | 100.0 |
| 中国 | −3657 | 49.6 |
| 德国 | −742 | 10.1 |
| 日本 | −686 | 9.3 |
| 墨西哥 | −584 | 7.9 |
| 越南 | −309 | 4.2 |
| 爱尔兰 | −304 | 4.1 |
| 韩国 | −283 | 3.8 |

① 数据来自 International Trade Statistics 2015 和 World Trade Statistical Review 2016，WTO 官网 https：//www.wto.org/。

② 资料来源：国别数据网 http：//countryreport.mofcom.gov.cn/record/view.asp? news_id=48100。

续表

| 国家和地区 | 逆差值（亿美元） | 占比（%） |
|---|---|---|
| 意大利 | -278 | 3.8 |
| 印度 | -232 | 3.1 |
| 马来西亚 | -215 | 2.9 |

按照美国商务部统计，在美国贸易逆差中，来自中国的逆差占比近半。2015 年，美国对华商品贸易逆差规模达 3660 多亿美元。许多国内研究早已指出，美国对华贸易逆差是很多因素造成的，比如美国实施严厉的出口管制、美国宏观经济失调、亚洲产业结构调整、美国企业扩大对华投资、中国生产成本较低等。但是，很多美国人并不这样认为。他们就认准了一点，即中国的对美贸易顺差并非是依靠自由贸易、公平竞争实现的，而是中国政府"非法操作"的政治结果。特朗普经济顾问团队中的皮特·纳瓦罗（Peter Navarro）就坚持这样的看法。2011 年，他在一篇文章中强调，我们必须粉碎一个神话，即中国的主要生产优势在于廉价劳动力；实际上，真正造成美国对华贸易赤字的，是中国政府实行的一系列不公平贸易政策，比如实行出口补贴、窃取美国技术和商业秘密、仿制耐克和雪佛兰等品牌、巧妙操纵汇率、强制转移特定技术等。纳瓦罗认为，这些"非法的"贸易政策使得中国产品占领美国市场，导致成千上万的美国工厂关门，数百万美国工人成为间接受害者①。

中国政府对此类言论多次进行反驳。2011 年 10 月，中国人民银行发布《人民币汇率形成机制改革进程回顾与展望》报告指出，中美两国贸易不平衡的主要原因不在于人民币汇率，中美贸易失衡很大程度反映了贸易顺差的转移效应。2005—2010 年间，中国累计一般贸易顺差

---

① Linda：《特朗普上台，中美贸易路在何方？》，2016-11-13，FX168 财经网 http：//news. fx168. com/opinion/column/hujiajun/1611/2048853. shtml。

2729 亿美元，加工贸易顺差 1.46 万亿美元。特别是，中国主要承接了欧美、日本以及东南亚国家产业转移的最终加工组装环节，出口体现为全部商品价值，其中有很大一部分是来自美国以外国家的进口，而中国在整个产业链中取得的收益为少量的加工费用。美国出口限制是造成中美贸易不平衡的重要原因之一。美国作为全球技术领先国家，在高科技产品方面较中国具有明显的竞争力，本可以充分发挥这种比较优势。但美国始终奉行冷战思维，以所谓的安全为由，对中国高科技出口贸易采取各种限制措施。事实上，美国前商务部部长骆家辉也曾表示，扩大对中国出口，而非限制从中国进口，是美国解决贸易逆差问题的最好办法。中国一直高度关注中美之间的贸易失衡问题。近年来，中国采取了多项措施扩大进口。过去 10 年里，中国是美国增长最快的主要出口市场，美国对中国出口增幅远大于美国对中国进口增幅。因此，应该客观、公正地认识中美之间的贸易不平衡问题。对人民币汇率的无端指责，将人民币汇率问题政治化，不仅解决不了美国储蓄不足、贸易赤字和高失业率等问题，而且可能严重影响中国正在进行的汇率改革进程①。

美国政府的立场也遭到国际社会的反驳。2016 年 11 月 28 日，德银大中华区首席经济学家张智威和经济学家曾黎（Li Zeng）发布研究报告指出，中美贸易逆差中存在一定误解。因为大约有 37% 的中国对美出口商品是由来自其他国家的进口商品组成的。经过适当的全球供应链调整之后，该团队发现，若以商品附加值为基础来计算美国 2015 年贸易赤字中的商品构成，中国的占比只有 16.4%，略高于日本和德国（见图 7-1）。

该报告分析，中国是一个"世界加工厂"，从事着大量加工贸易。iPhone 的生产就是典型例子：手机芯片来自韩国和中国台湾，显示屏

---

① 中国人民银行金融研究所：《人民币汇率形成机制改革进程回顾与展望》，中国人民银行网站，2011-10-12，http：//www.pbc.gov.cn/yanjiuju/124427/124429/124431/2854950/index.html。

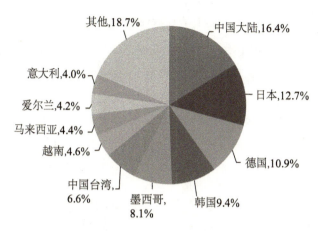

图 7-1　美国 2015 年货物贸易经附加值调整后的赤字组成

来自日本和韩国，设计来自美国，最后这些零部件在中国组装，成为一部完整的 iPhone。从商品附加值的角度看，一部从中国大陆运往美国的 iPhone，实际上是韩国、中国台湾、日本、中国大陆和美国自己在向美国出口。但在美国商务部统计中，都算在中国的出口份额上，这就是为什么美国认为中国是其逆差的造成国，中国则认为背了"黑锅"。

　　无独有偶，美国联邦储备银行的迈克尔·司珀斯和珍妮特·科奇（Michael Sposi and Janet Koech）在 2013 年 7 月发表研究论文时指出，中国出口产品基本上是全球生产链的末端，如果从附加值方法衡量中美贸易失衡情况，将下降33%。他们举例，日本出口价值350 美元的计算机组件到中国，美国出口价值 100 美元的监控集成器到中国，最后由中国将日美这些中间商品加以组装集成一台计算机，出口到美国价值 500 美元，在此过程中中国只获利 50 美元，但在美国统计时却按照 500 美元计算中国出口到美国的货物价值量，这样中美贸易赤字就是 400 美元了。如果从附加值和全球价值链角度算，美国 400 美元的贸易赤字构成中则为日本 350 美元、中国 50 美元①。

　　德银研究报告指出，美国贸易赤字规模巨大并非是这几年才有的问题，早在 1999 年开始，贸易赤字在 GDP 中的占比就超过了 3%。中国在其中的占比攀升速度明显落后于美国贸易赤字比重扩增的速度，2009 年还出现下滑，过去五年的占比基本维持不变，在 1.9% 左右（见图 7-2）。

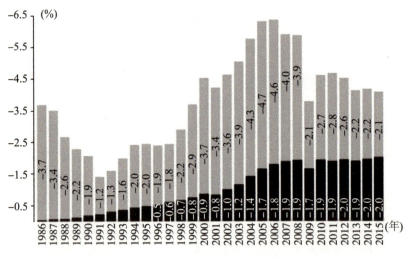

图 7-2　美国货物贸易赤字占 GDP 比重及中国份额（1986—2015 年）

　　美国当选总统特朗普竞选期间曾称贸易逆差导致美国失业问题，威胁要对中国等贸易顺差国家征收高关税。近期中美两国时有经贸摩擦，中国因美国拒绝如期终止对华反倾销调查使用"替代国"做法而向世贸组织起诉，美国则针对钢铁产品、农产品关税配额管理措施等对华发难。这触发了外界对贸易战开打的担忧。中国政府指出，中美经贸关系是互利共赢的，双边贸易给两国生产者和消费者都带来了巨大收益；投

---

①　Michael Sposi and Janet Koech: Value-added data recast the U. S. ——China trade deficit, Economic Letter, Federal Reserve Bank of Dallas, July 2013, http: // www. dallasfed. org/assets/documents/research/eclett/2013/el1305. pdf。

资方面，美国对华投资一方面对中国的就业和开放起了重要作用，另一方面也给美国企业和美国经济带来巨大财富。

目前中美两国互为第二大贸易伙伴。美国是中国第一大出口市场和第六大进口来源地，中国是美国第三大出口市场和第一大进口来源地。据中国官方数据，2016 年前 11 个月中美双边贸易额超过 3 万亿元人民币。同期，美国对华投资同比增长达 55.4%①。如果仅以单方面的贸易赤字问题掀起制裁行动，无疑对两国乃至世界经济带来危害，也将会导致全球经济失衡情况更趋严重。

## 二、国际收支失衡的调节

国际收支较长时间、较大规模的失衡对本国及他国的宏微观经济、产经政策，以及内外部平衡方面均产生负面影响。因此，国际上普遍积极主动采取措施进行调节。

### （一）理论上的政策和措施

国际收支失衡的调节政策是指当国际收支不平衡时，一国通过改变其宏观经济政策，或者加强国际间的经济合作，主动地对本国的国际收支进行调节，以使其恢复平衡。理论上的调节政策和措施有：

1. 财政和货币政策

当一国出现国际收支赤字而需要进行调整时，当局可以实行紧缩性的财政和货币政策。在财政政策方面，可供采用的措施主要是减少财政支出和提高税率；在货币政策方面，当局可以调高再贴现率，提高法定存款准备金比率，或在公开市场卖出政府债券，等等。下面以紧缩性财政和货币政策为例说明其影响机制。

---

① 《贸易战有无可能？商务部：中美不会做双输之事》，2017 年 1 月 7 日，中国新闻网 http://www.chinanews.com/。

　　紧缩性财政和货币政策可以通过三个渠道来影响国际收支：第一，它通过乘数效应减少国民收入，由此造成本国居民商品和劳务支出的下降。只要它能够降低本国的进口支出，就可以达到改善国际收支的目的。这一收入效应的作用大小显然取决于一国边际进口倾向的大小。

　　第二，它通过诱发国内生产的出口品和进口替代品的价格下降，提高本国贸易品部门在国际和国内市场上的竞争能力，刺激国外居民将需求转向本国出口品，也刺激国内居民需求从进口品转向进口替代品，从而获得增加出口、减少进口的效果。这一相对价格效应的大小取决于进出口供求弹性。

　　第三，紧缩性货币政策还会通过本国利息率的上升，吸引国外资金流入的增加，本国资金流出的减少，从而改善资本账户收支。这一利率效应的大小取决于货币需求的利率弹性与国内外资产的替代性高低。

　　然而，紧缩性政策的局限性在于，国际收支的改善是以牺牲国内经济为代价的，往往与国内经济目标发生冲突。紧缩性政策在减少进口支出的同时也抑制了本国居民对国内产品的需求，由此会导致失业和生产能力过剩。如果所造成的负担主要在投资上，还会影响长期的经济增长。因此，在本国经济业已不振、失业已经严重的情况下，国际收支赤字的出现，常常使当局的宏观经济政策陷入左右为难的泥潭。只有在国际收支赤字是因总需求大于充分就业条件下的总供给引起的情况下，采取紧缩性经济政策才不至于牺牲国内经济目标。因此，这类政策适宜于用来纠正国际收支的周期性赤字。

　　2. 外汇缓冲或国际借贷政策

　　当国际收支失衡时，一国政府可以运用官方储备的变动或临时向外筹借资金来抵消超额外汇需求或供给，通过这一政策来减少一次性或季节性的国际收支赤字，是一种既简便又有益的做法。

　　外汇缓冲政策是指一国运用所持有的一定数量的国际储备，主要是黄金和外汇，作为外汇稳定或平准基金（Exchange Stabilization Fund），来抵消市场超额外汇供给或需求，从而改善其国际收支状况。它是解决一次性或季节性、临时性国际收支不平衡简便而有利的政策措施。当一国国际收支发生逆差或顺差时，中央银行可利用外汇平准基金，在外汇市场上买卖外汇，调节外汇供求，使国际收支不平衡产生的消极影响止于国际储备，避免汇率上下剧烈动荡，有利于本国对外贸易和投资的顺利进行，保持国内经济和金融的稳定。

但是动用国际储备，实施外汇缓冲政策不能用于解决持续性的长期国际收支逆差，因为一国官方储备规模毕竟是有限的，因此不能完全依靠这种资金融通的办法来弥补那些巨额的、长期的国际收支赤字；否则将导致外汇储备的枯竭或外债的大量累积，对于赤字问题的解决仍是无济于事。当那些长期性国际收支赤字出现时，外汇缓冲政策只能用来作为辅助手段，放慢调整速度，为调整创造宽松的环境，使国内经济避免因调整过猛所带来的难以承受的震动。

国际借贷政策是指通过国际金融市场、国际金融机构和政府间贷款的方式，弥补国际收支不平衡。国际收支逆差严重而又发生支付危机的国家，常常采取国际借贷的方式暂缓国际收支危机。但这种情况下的借贷条件一般比较苛刻，这又势必增加将来还本付息的负担，使国际收支状况恶化，因此运用国际借贷方法调节国际收支不平衡仅仅是一种权宜之计。

3. 汇率政策

一国可以主动运用汇率的变动来消除国际收支赤字，即通过法定贬值来改善出口条件，法定升值提高进口条件，从而改善国际收支失衡状况，通常最多的做法是法定贬值本币。

一国通过汇率的贬值改善国际收支的效果，主要取决于以下几个方面：①进出口需求弹性之和是否大于1。②本国现有生产能力是否获得充分的利用，这是因为贬值后的需求转换还需要依靠本国贸易品（出口品和进口替代品）部门供给的增加来满足。③贬值所带来的本国贸易品与非贸易品（包括劳动）的较高相对价格之差是否能维持较长的一段时期。在充分就业的条件下，贸易品供给的增加主要依靠生产资源从非贸易品部门释放出来；汇率贬值所引起的国内物价上涨，是否能为社会承受，也是汇率贬值政策实施时所要考虑的重要因素。一般来说，在经济处于满负荷运行状态的情况下，汇率贬值政策必须结合紧缩性财政政策来实施，否则将导致严重的通货膨胀。

### 4. 直接管制

实行贬值政策和紧缩性财政货币政策来纠正国际收支的长期性失衡，必须通过市场机制才能发挥作用，而且还需要经过一段较长的时间。对于结构性变动所引起的国际收支失衡，以上政策均难以取得良好的效果。因此，在出现国际收支结构赤字的情况下，许多发展中国家都对国际经济交易采取直接干预办法，即实行直接管制。

直接管制包括外汇管制和贸易政策。从实施的性质来看，直接管制的措施有数量性管制措施和价格性管制措施之分。前者主要针对进口来实施，包括进口配额、进口许可证制、外汇管制等各种进口非关税壁垒。后者既可用于减少进口支出，主要指进口关税，也可用来增加出口收入，如出口补贴、出口退税、外汇留成、出口信贷优惠等。从实施的效果来看，数量性管制措施能够在短期内迅速削减进口支出，立竿见影，而价格性管制措施的作用则基本上等同于汇率政策。

直接管制和汇率贬值同属支出转换政策，但前者属于选择性控制工具，而后者属于全面性控制工具。直接管制措施的特点是比较灵活，各国可以对维持生产和生活水平所必需的中间产品和消费品进口、扩大生产能力所需的资本品（机器设备等）进口不实行限制，或者限制程度轻一些，而对奢侈品进口则严加控制，同时在出口方面可以重点奖励重要的或非传统的产品生产和出口。因此，适当地运用直接管制措施，可以在纠正国际收支赤字的同时不影响整个经济局势。

但是，采用这种直接管制的调整政策来维持国际收支平衡，仅仅是变显性赤字为隐性赤字。一旦予以取消，除非经济结构相应得到改善，否则国际收支赤字仍然会重新出现，因此许多国家采用直接管制措施，主要是为了配合产业政策的实施。再者，直接管制还十分容易引起贸易伙伴国的报复。一旦对方国家也实行相应的报复性措施，往往导致国与国之间的"贸易战"。另外，实行直接管制，也容易造成本国产品生产效率低下，对外竞争能力不振，引起官僚作风和贿赂风气的兴起。因此，西方国家对采用这项措施一般比较谨慎。

5. 国际经济与金融合作

当国际收支不平衡时，各国根据本国的利益采取的调节政策和管制措施，有可能引起国家之间的利益冲突和矛盾。因此，除了实施上述调节措施以外，有关国家还试图通过加强国际经济、金融合作的方式，从根本上解决国际收支不平衡的问题。其主要形式有：①国际间债务清算自由化。第二次世界大战后成立的国际货币基金组织和欧洲支付同盟（European Payment Union，EPU）的主要任务便是促使各国放松外汇管制，使国际间的债权债务关系在这些组织内顺利地得到清算，从而达到国际收支平衡。②国际贸易自由化。为了调节国际收支，必须使商品在国际间自由流动，排除任何人为的阻碍，使国际贸易得以顺利进行，为此可订立国际间的一些协定，或推行经济一体化，如欧洲共同市场（European Common Market）、拉丁美洲自由贸易区（Latin American Free Trade Association）、石油输出国组织（Organization of Petroleum Exporting Countries，OPEC）等。③协调经济关系。随着 20 世纪 80 年代全球性国际收支不平衡的加剧，西方主要工业国日益感到开展国际磋商对话，协调彼此经济政策以减少摩擦，共同调节国际收支不平衡的必要性和重要性。如自 1985 年起一年一次的西方七国财长会议，就是协调各国经济政策的途径之一，通过西方七国财长会议的协调，近几年来，在纠正全球性国际收支不平衡方面已取得了一些积极成果。

（二）汇率操纵

在经济和金融全球化的环境下，一国实施的调节政策和措施有可能影响到其他国家利益。例如，前面论及的汇率贬值政策，国际上又称为外汇倾销（Foreign Exchange Dumping），会引起国家间的竞争性贬值行为，引发贸易战。但在实践中，一些国家往往采取较为隐蔽的贬值政策，例如，对资本流动进行管制，防止资金外流引起本币贬值；或者频繁发行货币、增加本币供应量；或者在外汇市场上大量买进外汇、大幅度冲销干预外汇供给，造成外汇升值本币贬值情形出现。同时，一国政府对外汇市场的管理政策调整有时也会加大汇率贬值幅度，例如扩大外汇浮动范围，可能被市场认为是操纵汇率行为。

运用资本管制方法来影响外汇市场供求，进而间接影响外汇汇率（亦即本币汇率）情形，在第三章国际资本流动中有所论及，本节不作具体介绍。下面主要探讨以美国为首的西方国家通过"汇率操纵"方法来改善贸易逆差的情况。

汇率操纵（Currency Manipulation）与货币干预（Currency Intervention）有些类似但并不相同，后者主要指央行在外汇市场上进行买卖外汇进而稳定汇率的行为，其市场行为的最终目的是稳定汇率；前者指政府采取某些行为来干预外汇市场，促使本币贬值或升值，最终达到改善贸易逆差目的。汇率操纵的界定有两个来源，一是国际货币基金组织有关条款规定，二是美国财政部有关认定标准。

现行《国际货币基金组织协定》（以下用《IMF协定》）对汇率操纵的界定主要体现在第4条第1款第iii项规定的"不得操纵汇率或国际货币制度来妨碍国际收支有效的调整或取得对其他成员国不公平的竞争优势"。这一规定既是成员国义务的规定，又是IMF汇率操纵标准的规定。从这一规定看，构成《IMF协定》所禁止的汇率操纵判断标准为：妨碍国际收支调整或取得竞争优势，但认定这个目的缺乏具体的标准和方法，因而缺乏可操作性。1977年，IMF通过了《汇率政策监督决定》；2007年6月21日通过了《双边监督决定》。这两个《决定》重申了成员国"不得操纵汇率或国际货币制度来妨碍国际收支有效的调整或取得对其他成员国不公平的竞争优势"这一义务，还列出了为履行这些义务，IMF应与成员国协商的几种情形，例如：①根本性汇率失调，②大量和持续的经常账户逆差或顺差，③私人资本流动导致对外部门显著的脆弱性，包括流动性风险等。有些学者将这些情形认为是IMF界定的汇率操纵的标准或指标。但在2007年通过的《双边监督决定》的执行董事会决议中明确指出"以上提到的干预和资本管制不应被理解为采用这些正当的政策手段本身具有指责的意思，也不应被理解为禁止成员国采用这些措施"，换句话说，上述列出的情形不是汇率操纵的标准或指标。

龙骁（2013）从国际法角度将国际货币基金组织认定的汇率操纵分成四个方面：（1）客观要件——第4条第1款iii项a规定"一个成员国在操纵其汇率或国际货币体系"，即政府干预汇率的行为既包括干预市场影响本币交易，又包括除干预本币交易外的其他国际货币体系；既包括造成汇率低估的变动结果，又包括造成汇率高估的变动结果，还包括阻止汇率的变动结果。（2）主观要件——第4条第1款iii项b规定"为阻止有效的国际收支调整或取得对其他成员国不公平的竞争优势"。对于何为"阻止有效的国际收支调整或取得对其他成员国不公平的竞争优势"，2007年执董会只解释了何为"取得对其他成员国不公平的竞争优势"，即只有当基金组织认定：（A）该成员国是为了造成汇率低估的根本性汇率失调而实施这些政策，并且（B）造成这种失调的目的在于扩大净出口时，该成员国才会被认为有上述目的。（3）客体要件——破坏了国际货币秩序。（4）主体要件——IMF的成员国。在实践中，国际货币基金组织至今未认定任何成员操纵了汇率[1]。

美国政府对汇率操纵的界定比较详尽。从技术程序上看，评估汇率操纵的程序是由美国财政部决定，财政部对主要贸易伙伴汇率政策的评估目前受到两项法律约束，分别是《1988年综合贸易与竞争力法案》和《2015年贸易便利和执法法》。《1988年综合贸易与竞争力法案》规定了汇率操纵标准，即存在汇率干预行为和危害因素。根据美国财政部

---

[1] 龙骁：《存或废：现实窘境下的美国汇率操纵标准》，《福建论坛（人文社会科学版）》2013年第5期，第35~41页。

多年的报告，认定汇率干预行为分为两步：第一步是认定汇率偏差的存在。汇率偏差是市场汇率与均衡汇率之间的不一致，即市场汇率被高估或低估。为认定是否存在汇率偏差，美国财政部需先收集和整理相关数据。这些数据包括国际经常项目收支余额、外汇储备、实际有效汇率、外贸数据、近五年的 GDP 数据、短期外债、双边贸易顺差等。财政部在获得这些数据后，会使用宏观经济分析和微观经济分析的方法，并运用经验判断来确定是否存在汇率偏差。第二步，认定汇率偏差是否归责于政府行为。造成汇率偏差的原因可以是多方面的，但市场因素造成的汇率偏差不属于汇率操纵①，只有政府行为造成的汇率偏差才有可能被认定为汇率操纵。为此，财政部要审查可能影响汇率波动的政府措施。危害因素指的是汇率偏差损害了美国利益，如导致美国贸易逆差继续扩大或其他损害。因此，美国财政部审查的重点是那些与美国有着显著的双边贸易顺差和重大的国际收支经常项目盈余的国家和地区②。

美国财政部在 1988 年 10 月发布了第一份《国际经济和汇率政策报告》，这份报告认定韩国和中国台湾地区操纵了汇率。到 1988 年，两者呈现出巨大的国际收支经常项目盈余和对美国的双边贸易顺差。该报告指出，韩国连续多年以十位数的经济增长、巨大的正在增长的外部盈余、外债大量提前支付以及储蓄增长，都要求汇率应当相应升值，但韩国汇率未相应升值，这些因素说明韩国存在汇率低估，即汇率偏差。报告认为这两个经济体的货币汇率低估是其央行进行货币干预的直接结果，以及对资本的控制、阻碍汇率市场的行政管理机制等政府行为。1992 年 5 月，中国被认定为汇率操纵国。中国因对汇率的管制和干预且与美国有着较大的双边顺差和国际收支经常项目盈余而被认定为汇率

①　在 2007 年 6 月的报告中，美国财政部分别使用了三种模型评估出瑞士位于汇率偏差值之首，但美国财政部最终认定是市场因素导致了瑞士汇率偏差，瑞士政府没有干预汇率市场，瑞士法郎仍是独立的浮动货币。

②　龙骁：《存或废：现实窘境下的美国汇率操纵标准》，《福建论坛（人文社会科学版）》2013 年第 5 期，第 35~41 页。

操纵国。1994 年，中国开始汇率制度改革，实行以市场供求为基础的
"有管理浮动汇率"制度。1994 年 7 月以后，中国未再被认定为汇率操
纵国。美国财政部在 2009 年 4 月的报告中对过去美国依据 1988 年法案
对重点对象的汇率情况进行了回顾（表 7-3）。

表 7-3　　　　　　　**美国财政部认定的汇率操纵经济体①**

| 报告时间 | 主要结论 |
|---|---|
| 1988 年 10 月 | 中国台湾、韩国操纵汇率 |
| 1989 年 4 月 | 中国台湾、韩国再次被认为汇率操纵经济体，认为其调整还不充分 |
| 1989 年 10 月 | 韩国为汇率操纵国 |
| 1992 年 5 月 | 中国大陆和中国台湾操纵汇率。中国大量贸易盈余是因汇率被官方控制 |
| 1992 年 12 月 | 中国大陆和中国台湾再次操纵汇率 |
| 1993 年 5 月 | 中国为汇率操纵国 |
| 1993 年 10 月 | 中国为汇率操纵国，报告支持中国计划朝市场体制改革 |
| 1994 年 7 月 | 中国为汇率操纵国，认为中国在汇率市场是分割的 |

2016 年 2 月，美国总统签署通过《2015 年贸易便利和执法法》
（Trade Facilitation and Trade Enforcement Act of 2015），对美国贸易联系
体的货币行为进行监察。美国财政部对主要贸易伙伴（年度双边贸易
额在 550 亿美元以上）汇率政策的评估指标进行了细化，主要参考三
项标准：①过去一年该贸易伙伴与美国货物贸易顺差超过 200 亿美元
（大体为美国 GDP 的 0.1%）；②过去一年该贸易伙伴的经常账户顺差

---

① 资料来源：U.S. Department of the Treasury Office of International Affairs：Report to Congress on International Economic and Exchange Rate Policies，Appendix II：Past U.S. Treasury Determinations with Respect to Economies Considered to have Manipulated their Exchange Rate，April 15，2009。

占其国内生产总值（GDP）的比重超过 3%；③该贸易伙伴持续单边干预外汇市场，过去一年累计净购买外汇占 GDP 的比重超过 2%。如果某个贸易伙伴全部满足上述三项标准，美国将会与该贸易伙伴就汇率政策加强商谈，并可能出台惩罚性措施。而如果只满足其中两项标准，该贸易伙伴将会被纳入美国财政部的汇率政策监测名单进行密切观察。一旦纳入监测名单，该贸易伙伴将会保留在至少连续两份汇率政策报告的监测名单上，以确保某些指标的改善是可持续的，而非受到一次性因素的暂时影响。

根据上述法案，2016 年 4 月美国财政部发布的汇率政策报告中称还没有一个经济体满足以上三条标准。但是，五个主要贸易伙伴满足其中两条标准。因此，财政部列出一个新的观察名单：中国大陆、日本、韩国、中国台湾和德国。2016 年 10 月报告中将瑞士列入名单之中（见表 7-4）。

表 7-4  美国财政部评估汇率操纵对象的三条标准①（以 2015 年为例）

| 主要贸易伙伴 | 双边货物贸易赤字(亿美元) | 经常账户 | | 干预外汇市场 | |
|---|---|---|---|---|---|
| | | GDP 中的占比 | GDP 中占比的 3 年变化 | 净购买外汇占 GDP 比重 | 持续的外汇净购买 |
| 中国 | 3651 | 2.4% | 0.0% | −5.1% | 否 |
| 德国 | 711 | 9.1% | 2.3% | — | 否 |
| 日本 | 676 | 3.7% | 2.6% | 0.0% | 否 |
| 墨西哥 | 626 | −2.9% | −0.8% | −2.2% | 否 |
| 韩国 | 302 | 7.9% | 2.0% | −1.8% | 否 |

① 资料来源：U. S. Department of the Treasury Office of International Affairs: Foreign Exchange Policies of Major Trading Partners of the United States, October 14, 2016, https: //www. treasury. gov/resource-center/international/exchange-rate-policies/Pages/index. aspx。

续表

| 主要贸易伙伴 | 双边货物贸易赤字(亿美元) | 经常账户 | | 干预外汇市场 | |
|---|---|---|---|---|---|
| | | GDP 中的占比 | GDP 中占比的3 年变化 | 净购买外汇占GDP 比重 | 持续的外汇净购买 |
| 意大利 | 283 | 2.3% | 1.9% | — | 否 |
| 印度 | 240 | −0.8% | 4.2% | 0.3% | 否 |
| 法国 | 180 | −0.5% | 0.4% | — | 否 |
| 中国台湾 | 136 | 14.8% | 5.2% | 2.5% | 是 |
| 瑞士 | 129 | 10.0% | −1.6% | 9.1% | 是 |
| 加拿大 | 112 | −3.4% | 0.1% | 0.0% | 否 |
| 英国 | −3 | −5.7% | −2.0% | 0.0% | 否 |
| 欧元区 | 1305 | 3.2% | 1.3% | 0.0% | 否 |

美国财政部 2016 年 10 月 14 日发布奥巴马政府八年任期内最后一份半年度《国际经济和汇率政策报告》，中国、日本、韩国、中国台湾、德国等贸易伙伴继续保留在监测名单上，但中国只满足其中一项标准；瑞士则由于满足两项标准而被新加入监测名单。报告重申包括中国在内的贸易伙伴并未操纵汇率以获取不公平贸易优势，同时肯定了人民币汇率市场化改革取得的进展。但该报告认为中国严重干预外汇市场以阻止人民币汇率贬值，主要表现是在加强资本控制、外汇环境以及提高市场沟通后，最近几个月净外汇交易额下降到 200 亿~300 亿美元；同时，美国财政部估计 2015 年 8 月到 2016 年 8 月，中国卖出超过 5700 亿美元的外汇储备资产来阻止汇率贬值。如果在美国财政部明年 4 月公布的下一份汇率政策报告中，中国经常账户顺差占 GDP 比重继续低于 3%，同时未干预汇市让人民币贬值，中国将会被美国财政部从汇率政策监测名单中剔除。曾多年批评人民币汇率低估的美国彼得森国际经济研究所名誉所长伯格斯滕（C. Fred Bergsten）最近在一场研讨会上也反复强调中国并未操纵汇率。《经济参考报》观察人士认为，该报告公

布表明曾多年困扰中美关系的人民币汇率争端已走向缓和，人民币汇率问题不再处于风口浪尖①。

## 第二节　国际金融秩序与货币体系改革

国际货币金融体系是由国际货币体系和国际金融体系两部分组成。国际货币体系是世界各国之间关于货币安排的制度体系。从所包含要素角度来看，国际货币体系包括国际资本流动性供给、国际收支调节机制、国际货币治理机制等子系统；从空间角度看，国际货币体系由世界各国的货币制度子系统组成，通过汇率和资本流动等方式将子系统相互连接起来。而国际金融体系是世界各国的金融机构、金融市场、金融工具以及相应的各种金融制度安排构成的集合。从其包含要素角度看，国际金融体系主要包括金融机构、金融市场、金融工具、金融治理机制等子系统；从空间角度看，国际金融体系是各国金融体系子系统相互连接而成。

国际货币体系与国际金融体系是相伴而生、相伴发展、你中有我、我中有你的相互嵌套关系，二者共同构成当今密不可分的国际金融环境。很多时候，国际金融体系发生问题就会影响到国际货币体系，例如2008年发生国际金融危机，本是国际金融体系内出现问题，但很多人士寻找原因和对策时是从国际货币体系方面进行的。包括中国政府在内，世界主要经济体均提出通过改革国际货币体系，来实现国际金融体系的稳定。因此，本节将国际金融体系与国际货币体系联系起来作一些介绍。

---

① 高攀：《中美汇率争端走向缓和》，《经济参考报》2016年10月18日，第4版。

## 一、国际金融秩序

国际金融秩序是国际秩序的一部分，是各国在国际金融体系中通过汇率、信贷、参与国际金融组织等手段，对以金融方式表达的世界资源所作的相互争夺与妥协，是一种国际间为便利国际间贸易与金融活动的游戏规则。它是国际金融体系和国际货币体系运转的一个表现和结果。

### （一）美国主导的国际金融秩序

现行国际金融秩序是 20 世纪 40 年代中期，以美国主导形成的，通过布雷顿森林体系及牙买加货币体系完成对世界主要金融活动的控制。从基本架构看，总体上延续了布雷顿森林体系，即美元主导的国际货币体系与国际货币基金组织、世界银行集团两大支柱。

第二次世界大战之前，国际金融和货币体系普遍遵循自愿、自发、自觉原则，以服务国际贸易为目标。但二战前后国际货币和金融秩序陷入混乱格局，阻碍了全球贸易经济的发展。为重建国际金融秩序，1944年 7 月 44 个同盟国 300 多名代表在美国新罕布什尔州的布雷顿森林召开国际金融会议，确立了国际金融秩序——布雷顿森林体系。这一体系通过确立美元的国际货币和霸权地位，以及凭借其在国际货币基金组织和世界银行中的资金优势，确立了以美元为中心的"游戏规则"，实现了美国对国际金融领域事务的控制权。

1973 年，布雷顿森林体系正式解体，国际金融体系进入有管理的浮动汇率制度——牙买加体系。但是，美元霸权并没有随着布雷顿森林体系本身的瓦解而终结，各国仍然把美元作为国家储备，美元霸权地位仍存，国际金融秩序仍然由美国主导，美国仍然在国际金融和货币体系中居于主导地位。

进入 21 世纪以来，随着欧元的顺利发行和汇率的逐渐趋稳，欧盟要求改变美元霸权地位的呼声越来越高，欧元也确实具备了与美元抗衡的实力。欧盟一直是要求改革现今国际金融秩序的主要倡导力量。虽然受到欧元区等区域经济体的冲击，美国经济地位有所下降，美元储备地位有所下降，多元储备趋势明显，但美国仍然是当前国际金融秩序的主导者。不过，主导权有所分化，以G7为代表的发达大国在国际金融秩序中拥有绝对的领导地位，美元、欧元、日元及英镑四种货币在全球外汇储备份额中占据90%以上的份额，国际货币基金组织总裁由欧洲人担任，世界银行行长由美国人担任。美国在国际货币基金组织及世界银行集团等机构的运行中拥有重大事项的否决权。

值得关注的是，美国主导的国际金融秩序正遭受到多重冲击。第一重冲击是新兴经济体的经济和金融快速发展，它们呼唤在国际金融事务中得到更多话语权。20世纪80年代后，亚洲的韩国、新加坡、中国、印度，非洲南非，以及拉美的墨西哥、巴西等国家经济发展较为迅猛，在国际贸易与经济总量中所占份额不断扩大。特别是金砖五国经济发展异军突起，五国经济总量已占到全球经济的约20%，对全球经济增长的贡献率更是超过了50%，新兴市场国家政治经济地位的显著上升，原有的秩序安排显然已经不能适应新时期的发展。这些新兴经济体普遍呼吁重建新的国际金融秩序，提升新兴经济体及发展中国家的知情权、话语权和规则制定权，使得其利益得到充分体现。

第二重冲击是全球治理理念达成共识，以及治理框架带来的冲击。自20世纪70年代以来，随着国际资本流动逐步活跃，主要国家的商业银行纷纷在海外设立分支机构，拉开人类历史上的大规模金融和经济全球化序幕。在此背景下，国际金融创新不断，金融联系更趋紧密，促使全球金融治理体系的逐步形成。巴塞尔银行业监督委员会、国际清算银行、国际货币基金组织等组织平台发挥越来越重要的治理作用，金融危机的国际救助机制逐步成熟，使得国际金融话语权、规则制定权等权力相对分散局面出现。全球治理理念和框架体系对美国主导的国际金融秩序带来挑战和冲击。

第三重冲击是遭受金融危机的冲击。1975 年之后的 30 多年时间里，国际金融体系动荡不安，先后发生了拉美债务危机（80 年代）、英镑危机（1992 年）、墨西哥比索危机（1994 年）、东南亚金融危机（1997—1998 年）、阿根廷金融危机（2001 年）等地区性金融危机，直至 2008 年从美国起源的全球金融危机。东南亚金融危机促成国际社会产生了改革国际金融治理机制，特别是美国主导的 IMF 治理体系 "第一波" 浪潮。2008 年美国金融危机的爆发，则彻底宣告了 G7 的失灵，推动国际金融治理机制向 "G20 时代" 过渡①。正是在这种背景下，美国主导的国际金融秩序正遭受重大挑战。

## （二）国际金融秩序急需调整

自布雷顿森林体系建立以来，尤其是自布雷顿森林体系解体和牙买加体系形成之后，国际货币金融秩序的改革始终是一个至关重要的国际议程，核心问题就是改革现行国际货币金融秩序中的美元本位制，通过国际储备货币的多元化以约束美元霸权，通过国际银行体系的多样化以完善国际金融秩序并促进所有国家平等参与国际金融事务。但是，迄今为止，国际社会寻求改革美元本位制的努力收效甚微，美元仍然是最重

---

① 七国集团（Group of Seven，G7）是八国集团（Group-8，G8）的前身，成员国包括加拿大、法国、德国、意大利、日本、英国和美国。20 世纪 70 年代初，在第一次石油危机重创西方国家经济后，在法国倡议下，1975 年 11 月，美、日、英、法、德、意六大工业国成立了六国集团，此后，加拿大在次年加入，七国集团（简称 G7）就此诞生。1997 年俄罗斯的加入使得 G7 转变为 G8。20 国集团（G20）是一个国际经济合作论坛组织，于 1999 年 9 月 25 日由八国集团（G8）的财长在华盛顿宣布成立，属于布雷顿森林体系框架内非正式对话的一种机制，由原八国集团以及其余 12 个重要经济体组成。自 2008 年由美国引发全球金融危机使得金融体系成为全球的焦点，发达国家开始举行 20 国集团首脑会议，扩大各个国家的发言权，取代之前的八国首脑会议或 20 国集团财长会议。20 国集团的成员包括：美、日、英、法、德、意、加、俄、欧盟、澳大利亚、韩国、中国、南非、巴西、印度、印度尼西亚、阿根廷、墨西哥、沙特阿拉伯、土耳其。G20 的国民生产总值约占全世界的 90%，人口占世界总人口的 2/3，贸易占世界的 80%（包括欧盟内部贸易）。

要的国际货币，美元本位制则成为美国主导国际货币金融秩序、维护美元霸权地位的重要手段。

2007年美国发生次贷危机，进而演化成全球金融危机，给全球金融和经济带来巨大创伤，很多国家直到现在仍然没能走出衰退阴影。这次危机的一个直接后果就是进一步弱化了美元的国际货币地位，削弱了美国利用美元支配和影响世界经济的杠杆作用，主要体现为①：

第一，次贷危机使美国金融业受到沉重打击。根据2005年7月英国《银行家》杂志发布的"全球1000家大银行最新排位"，美国银行有197家入围；前10家中美国占有3家，前25家中占有5家。这197家美国银行的税前利润达到1515亿美元，占到1000家银行利润总额的27.9%，核心资本回报率为26.3%，远远高于1000家银行平均19.86%的水平。花旗银行已经连续7年名列全球第一。但在此次危机中，美国许多银行以及与房贷相关的金融机构或面临着倒闭的风险，或出现巨额亏损，包括美国花旗银行在内的大银行也严重亏损。华尔街五大投资银行全部轰然倒下。

第二，危机前后，美元贬值趋势明显，其作为国际储备货币的吸引力正逐步下降。欧元已成为各国官方外汇储备中备受青睐的币种，这必将进一步提升欧元的国际地位，直接冲击美元霸权。国际货币基金组织公布的官方外汇储备数据显示，截至2008年第一季度末，全球共有4.3万亿美元的外汇储备，其中美元外汇储备占62.9%，低于2007年第四季度末的63.9%及2007年同期的65.1%。欧元外汇储备比例则增至26.5%，高于2007年第四季度末的26.1%及2007年同期的25.1%②。

第三，国际金融领域以美元为中心的"游戏规则"面临挑战。国

---

① 潘锐：《美国次贷危机的成因及其对国际金融秩序的影响》，《东北亚论坛》2009年第1期，第3~11页。

② 数据来自 IMF：Currency Composition of Official Foreign Exchange Reserves（COFER），http：//www.imf.org/external/index.htm。

际货币基金组织和世界银行是当今国际金融体系两个最主要的载体，并与世界贸易组织共同构成了国际金融和经贸体制。自创建以来，这两个组织的主导权就掌握在美国手中。国际货币基金组织和世界银行都是按照出资的多少来决定投票权的，美国认缴资本最多，其投票权所占比例也就最高，美国因而成为国际货币金融体系中唯一拥有最终否决权的国家。可以说，任何事情只要美国不同意，就无法办成。次贷危机使美国金融业受到了重大打击，加之美元的持续贬值，美国很难继续保持在国际货币基金组织和世界银行中的绝对优势。世界银行前行长佐利克曾提出，发展中国家在世界银行的份额应该提高到50%。2010年4月，世界银行发展委员会春季会议通过了发达国家向发展中国家转移投票权的改革方案，中低收入国家的份额从44.06%提高至47.19%，其中中国在世行的投票权从目前的2.77%提高到4.42%，成为世界银行第三大股东国，仅次于美国和日本。国际货币基金组织也多次就其份额和投票权进行改革，考虑从发达国家转移一部分份额，或者增加一部分份额给新兴经济体，扩大其话语权。到2016年，包括中国在内的发展中国家份额和投票权均有所提高（见表7-5）。

表7-5　世界银行和国际货币基金组织份额与投票权前十国家①

| 世界银行投票权前十国家 | | | | IMF计算的份额占比前十国家 | | |
|---|---|---|---|---|---|---|
| 排名 | 国家 | 改革后（2010） | 改革前（2008） | 国家 | 2016年 | 2008年 |
| 1 | 美国 | 15.85% | 15.85% | 美国 | 17.398% | 17.076% |
| 2 | 日本 | 6.84% | 7.62% | 日本 | 6.461% | 6.119% |
| 3 | 中国 | 4.42% | 2.77% | 中国 | 6.390% | 3.719% |
| 4 | 德国 | 4.00% | 4.35% | 德国 | 5.583% | 5.979% |

————————

① 数据来源：世界银行数据来自新浪财经 http：//finance. sina. com. cn/focus/shgdg_2010/，国际货币基金组织数据来自 IMF：Quota and Governance Publications，http：//www. imf. org/external/np/fin/quotas/pubs/index. htm。

续表

| 世界银行投票权前十国家 | | | IMF 计算的份额占比前十国家 | | |
|---|---|---|---|---|---|
| 5 | 法国 | 3.75% | 4.17% | 法国 | 4.225% | 4.936% |
| 5 | 英国 | 3.75% | 4.17% | 英国 | 4.225% | 4.936% |
| 7 | 印度 | 2.91% | 2.77% | 意大利 | 3.159% | 3.243% |
| 8 | 俄罗斯 | 2.77% | 2.77% | 印度 | 2.749% | 1.911% |
| 8 | 沙特 | 2.77% | 2.77% | 俄罗斯 | 2.705% | 2.733% |
| 10 | 意大利 | 2.64% | 2.71% | 巴西 | 2.315% | 1.396% |

2008 年 11 月，欧盟在布鲁塞尔举行非正式会议，推出国际金融新秩序蓝图，提出新的国际金融体系应建立在四大共同原则之上，即：

（1）消除监管"死角"，任何金融机构、金融市场和金融领域都必须受到适当而充分的监管，以往监管松懈的信用评级机构、对冲基金和所谓避税天堂首当其冲。

（2）提高金融市场透明度和问责机制，新的国际金融体系必须建立在可问责和透明的基础上，主张通过一个更加全面的信息系统来确保金融交易透明，彻底改变助长冒险行为的安排，尤其是企业高管薪酬政策，并修改会计准则，以确保它们不会在经济增长时催生投机泡沫，在经济下滑时又促使形势恶化。

（3）加强风险评估和预警机制，新的国际金融体系必须能够对风险进行评估，并建立预警系统，以避免危机重演。欧盟表示，相关国家应在监管大型国际金融集团时相互协调，可通过设立一个由各国监管机构代表组成的联席机构。

（4）扩大国际货币基金组织的作用和资金实力，阻止金融危机的重任可由国际货币基金组织承担，国际货币基金组织可在新的国际金融体系中扮演日益重要的角色。

欧盟所力推的国际金融体系改革，被看成是向美国的金融霸权和现行的市场制度发起的挑战。欧洲领导人一直主张，目前金融危机的源头在美国。受制于"特里芬难题"，他们呼吁彻底推倒曾确立美国在世界经济秩序中主导地位的布雷顿森林体系，建立全新的世界经济秩序①。

　　国际金融秩序是现代国际关系的核心内容之一。欧盟对美国霸权的挑战，以及众多新兴经济体的强烈呼吁，对国际金融秩序调整有着积极作用。但是，由于构成美元本位制和霸权地位的机制和支柱没有发生大的变化，同时随着美国经济逐步复苏，国际金融秩序在一定时间内仍然由美国把控。潘英丽教授（2014）指出，当前维持美元的三大支柱：美元计价的石油交易制度，黄金非货币化背景下的浮动汇率制度与国际资本流动所形成的"美元供给自动创造需求的机制"，以及美国无可比拟的军事霸权，特别是美国的综合实力尚无国家可以挑战，美国主导的国际金融秩序短时间内不可更改②。

　　当然，包括美国在内，世界各国已经认识到原有的国际金融秩序还有待完善。例如，在全球金融监管、国际贸易合作、打击恐怖主义金融体系等方面，美国也提出一些有利于自己的主张。第五章中介绍全球金融监管与区域金融合作情况，实际上就是金融危机后对国际金融秩序的调整和改革。近两年来，推动国际金融秩序改革成为 G20 成员国的重要任务之一。G20 成员国推动国际金融秩序改革的重点在于，推动解决自金融危机以来国际货币体系以及国际货币基金组织、世界银行集团等机构治理机制暴露出来的新问题，其中，重要的工作就是推动落实国际货币基金组织改革方案。

## 二、国际货币体系的缺陷与改革

　　国际金融秩序面临挑战，调整和改革的呼声不断出现，其实质是试

　　① 漆彤：《国际金融秩序改革——欧盟、美国与新经济体之间的博弈》，《中国欧洲学会欧洲法律研究会 2008 年年会论文集》，第 177~181 页。
　　② 潘英丽等著：《国际货币体系未来变革与人民币国际化》（上卷），上海：格致出版社、上海人民出版社 2014 年版，第 94~110 页。

图消散美国霸权地位、分享国际金融利益。目前，改革已经在全球金融监管、国际货币基金组织份额等方面达成部分共识，也取得一定成效。特别值得关注的是，包括 IMF 份额在内的国际货币体系方面的改革，实际上就对美国主导的国际金融秩序形成挑战。

## （一）国际货币体系的演变及缺陷①

国际货币体系（International Currency System）也称为国际货币制度，指在国际经济关系中，为满足国际间各类交易的需要，各国政府对货币在国际间的职能作用及其他相关国际货币金融问题所指定的协定、规则和建立的相关组织机构的总和。

确定一种货币体系的类型主要依据三条标准：①货币体系的基础即本位币是什么；②参与国际流通、支付和交换媒介的主要货币是什么；③主要流通、支付和充当交换媒介的货币与本位币的关系是什么，包括双方之间的比价如何确定，价格是否在法律上固定以及相互之间在多大程度上可以自由兑换。综合以上标准，国际货币体系可划分为国际金本位制的自发国际货币体系、国际"黄金—美元"本位制的布雷顿森林体系、国际美元本位制的牙买加体系（有的学者称"后布雷顿森林体系"）三个主要发展阶段。每一阶段的形成和发展都与所处时代的经济、政治、军事等众多因素相关，并都存在着一定缺陷。

1. 金本位制：自发的国际货币体系

真正意义上的国际货币体系是从国际金本位制的自发国际货币体系开始的。大约形成于 19 世纪 70 年代，到 1914 年第一次世界大战时被中断；战争结束后大多数国家再次回到金本位，但是因发生大萧条，到 1930 年英镑与黄金脱钩宣告国际金本位终结。它并不是国际协议的结果，而是交易制度、交易习惯和国内法缓慢发展起来的结果，反映的是

---

① 本节主要参考：pamela 的博客：http：//blog. sina. com. cn/s/blog _ 5bf24a700100csus. html。人大经管论坛：http：//bbs. pinggu. org/thread-3117576-1-1. html，http：//bbs. pinggu. org/thread-3067530-1-1. html。

英国在世界经济和国际贸易中的支配地位。

金本位制的形成具有它的历史和经济背景。一是英国世界第一强国地位的形成。17 世纪发生的欧洲大陆战争引发对军需物资的大量需求，同时引发大量难民逃往海峡对面的英国。英国人抓住机会利用这些劳动力和他们带来的技术，打下了扎实的工业基础，发展了军事力量，赢得了其后 100 多年的征战欧亚美的国际战争，最终于 18 世纪后期成为国际政治格局上无可比拟的世界强国，并且通过工业革命，于 19 世纪中叶成为全球第一个经济霸权国家。二是由于认识到黄金比白银更适于远距离、大规模的国际贸易，英国率先通过法令规定英镑的黄金含量，正式采用金本位制度①。以伦敦和英镑为中心的国际贸易和支付网络覆盖全球，英镑凭借英国在国际贸易和金融方面的霸权地位成为国际间最主要的结算手段，甚至成为某些国家的储备货币。三是当时的各主要资本主义强国先后实行了金本位制。由于当时银价暴跌引发大量的套利行为，造成银本位、金银复本位货币制度的混乱，影响了发达国家国际贸易和国际信贷的发展，德国、美国、法国、荷兰、俄国、日本等国或是出于自愿或是迫于形势先后确立金本位制，以法令规定本国货币的含金量。在这种背景下，各国的金本位制在各国经济、政治力量对比的基础上逐步国际化，通过各国货币的法定含金量确定了货币关系，自发形成了国际货币体系。

金本位制国际货币体系的运行机制体现出自动、自发特征。第一，本位机制。金本位制下的基本规则是：①黄金是国际货币，各国货币规定含金量并作为兑换基础；②国内货币供应量受黄金储备制约；③黄金自由铸造、自由兑换、自由进出口。第二，汇率安排机制。金本位制下的汇率安排机制是典型的固定汇率制，自发安排，市场自动调节，汇率波动以法定平价为基础，按照供求关系上下波动，但是波动限度受黄金

---

① 英国于 1717 年固定了英镑与黄金的固定价格，1 盎司黄金 = 3 英镑 17 先令 10.5 便士，一直维持到 1931 年。1816 年，英国制定了《金本位制度法案》，率先采用金本位制度。

输送点限制。第三，储备机制。黄金是主要国际储备货币，在运行中英镑事实上发挥了同等作用，成为使用最广泛的贸易结算工具，进而成为各国中央银行国际货币储备的一部分或者全部。第四，国际收支调节机制。国际收支按照物价铸币流动机制自动调节，逆差国货币供应下降，物价水平下降，提高了本国商品国际竞争力，进口减少而出口增加，直至国际收支达到均衡；反之亦然。

金本位制的内在矛盾及其瓦解。金本位制的内在矛盾主要有三点：一是黄金作为一种自然资源，生产和供应具有不稳定性，一方面使得其价格动荡，动摇了其作为稳健货币制度的基础，另一方面不能适应世界经济和贸易快速增长的需要。二是对外平衡与国内经济稳定的矛盾，一国国际收支不平衡时必须付出通货膨胀或经济紧缩的代价，影响国内的经济福利。三是金本位制的运行缺乏国际监督和保障机制，仅仅依靠各国自发承认国内经济服从对外平衡的运行规则。金本位制的最基本问题是，黄金的供给不能满足经济增长的需要，从而造成周期性通货紧缩。这些局限性注定了在主要资本主义国家发展的不平衡性加剧、根本矛盾爆发后金本位制的解体。第一次世界大战是这种矛盾的总爆发，黄金被参战国集中用于购买军火，并停止自由输出和银行券兑现，从而最终导致金本位制的崩溃。1931 年和 1933 年英国、美国先后被迫废除金本位制，最终宣告这一货币体系的结束。

2. "黄金—美元"本位制：布雷顿森林体系

在第二次世界大战还没有结束的时候，同盟国即着手拟定战后的经济重建计划，希望能够避免两次大战之间那种混乱的世界经济秩序。1944 年 7 月，在美英的推动下，44 个同盟国的代表出席在美国新罕布什尔州布雷顿森林召开的"联合国货币金融会议"，商讨重建国际货币制度，在这次会议上通过了《国际货币基金组织协定》，因此被称为布雷顿森林国际货币体系。直至 1971 年，美国总统尼克松宣布美元停止兑换黄金而解体。布雷顿森林国际货币体系是一种国际协定安排，反映的是美国的政治经济霸权。

布雷顿森林国际货币体系形成的背景。一是当时的国际经济环境需要一个稳定的国际货币秩序。两次世界大战和 1929—1933 年的世界经济危机，使得国际货币金融关系极度混乱和动荡，国际间的贸易、货币金融以及国际经济合作发生了困难。战后各国为了恢复和发展经济，迫切需要一种统一的、稳定的、有效运行的国际货币秩序，为国际贸易和经济发展提供基本条件。二是美国凭借综合政治经济实力取得国际金融领域的主导权。两次世界大战使得远离战争中心的美国获得发展契机，成为战争军需和战后恢复的唯一的商品、资金供应国；与之相反，英国经济在战争中遭到极大破坏而迅速衰落。实力对比的悬殊使得英国虽不情愿但不得不把新的国际货币制度的创立权交给美国。

布雷顿森林体系的运行机制。第一，本位机制。规定美元—黄金官价（1 美元等于 0.888671 克黄金），参加国政府和中央银行可按照官价将持有的美元向美国政府兑换黄金；参加国货币与美元挂钩，以美元的含金量为平价确定兑换率或者直接规定比价。第二，汇率安排机制。实行"可调节的钉住汇率安排机制"，各参加国货币按比价直接钉住美元，汇率一经确定不能随意更改，汇率波动上下限各为 1%，各国货币当局有义务维持波动界限；参加国汇率变动接受国际货币基金组织统一安排和监督，国际收支出现根本性不平衡时，可要求变更汇率，幅度为 10% 以内的自行调整，幅度超过 10% 的需经国际货币基金组织批准。第三，货币储备机制。以黄金为基础的美元成为主要国际储备货币，美国保证提供用于国际储备和国际支付的美元，保证各国按官价向美国兑换黄金；国际货币基金组织创设特别提款权来补充黄金、美元作为国际货币储备。第四，国际支付调节机制。参加国发生暂时性支付危机时可按在国际货币基金组织的份额以贷款方式向国际货币基金组织借款，以平衡其国际收支；每年借款不得超过其份额的 25%，累计借款不得超过 125%。

从以上内容可以看出，布雷顿森林体系实际上是一个以美元为中心的体系，美元的命运左右着该体系的命运。布雷顿森林国际货币体系的缺陷主要有：一是美元对外负债增长快于美国黄金储备增长，造成美元兑换黄金的金本位规则无法执行。随着世界经济增长，美国要保证参加国不断增加的对美元储备的需求，同时要面临黄金因为生产因素供应不足的困境，这使得美国陷入两难困境。二是固定汇率刚性和参加国国际收支调节的不对称性。为了维持汇率波动幅度，参加国无论顺差还是逆差都必须积累一定量的美元储备，特别是逆差国要牺牲其国内经济目标，然而美国却例外，它还可以通过输出美元弥补逆差，这种不对称性造成了各国利益矛盾。这些缺陷伴随着美国经济相对衰落暴露出来，美元危机频频爆发，货币体系运行的前提和规则均遭到破坏。

伴随着美国国际收支的变化，美元经历了"美元荒"（各国都缺少美元）——"美元泛滥"（美元大量外流导致各国手持美元数量激增）——"美元危机"（各国对美元缺乏信心及至大量抛售美元）的演变。1971 年，为阻止各国政府继续向美国以美元兑换黄金，美国总统尼克松宣布实施"新经济政策"，单方面终止布雷顿森林会议上同意各国政府按官价向美国政府以美元兑换黄金的承诺，并加征 10% 的进口关税。为报复美国，其他国家也纷纷撕毁与美国保持规定汇率的协议。至此，布雷顿森林体系宣告垮台。

3. 美元本位制：牙买加体系

布雷顿森林体系解体后，主要西方国家货币开始自由浮动。1973 年，石油危机爆发，西方经济陷入混乱，浮动汇率制国家却在衰退和混乱中表现良好。1975 年西方六国在首次首脑会议上纷纷表示接受现实，放弃重建固定汇率的尝试，决定建立一个新的国际货币体系。国际货币基金组织曾于 1972 年 7 月成立一个专门委员会，具体研究国际货币制度的改革问题。委员会于 1974 的 6 月提出一份《国际货币体系改革纲要》，对黄金、汇率、储备资产、国际收支调节等问题提出了一些原则性的建议，为以后的货币改革奠定了基础。直至 1976 年 1 月，国际货币基金组织理事会"国际货币制度临时委员会"在牙买加首都金斯敦举行会议，讨论国际货币基金协定的条款，经过激烈的争论，达成了

《牙买加协议》；同年 4 月，国际货币基金组织理事会通过了《IMF 协定第二修正案》，从而形成了新的国际货币体系，史称"牙买加体系"。

牙买加体系的运行机制。第一，本位机制。牙买加体系的本位机制是国际美元制，美元与黄金脱钩，黄金不再是平价基础；美元是国际货币体系中心货币，同时国际货币多样化，各主要工业化国家直接将货币钉住美元；各国不再就黄金问题对国际货币基金组织履行义务。第二，汇率安排机制。各国根据情况自由做出汇率安排，汇率体系容纳单独浮动、联合浮动、钉住某一货币等混合安排。第三，国际储备机制。美元是最重要的国际储备货币，日元、马克（后来的欧元）、黄金、国际货币基金组织特别提款权作为补充。第四，国际收支调节机制。参加国可以通过基金组织贷款、汇率机制、利率机制、国际间政策协调、国际金融市场融资等多种方式调解国际收支平衡。

牙买加体系的局限性在于：第一，本位机制受美国经济和美元信用影响，基础不稳定、不牢固。美国经济自 20 世纪 70 年代以来实力相对削弱，国际收支出现大量逆差，美元币值发生变动，导致了各国特别是主要工业化国家的现实利益矛盾，不利于世界经济健康发展。第二，汇率体系不稳定，多种汇率制度并存加剧了汇率体系运行的复杂性，汇率波动和汇率战不断爆发，助长了国际金融投机活动，金融危机风险大增，国际贸易的发展受到影响。第三，国际收支调节机制在多样化的同时也暴露出不健全的一面，比如汇率调节机制受出口商品弹性限制，商业银行的逐利性竞争导致贷款约束放松并造成发展中国家的外债积累。

纵观国际货币体系 100 多年来的演变历史，实质上是国际货币形态和汇率制度的变化过程。国际货币形态更替反映了经济霸权力量转移和世界经济格局的变化。汇率制度变化既反映出世界各国对于稳定货币秩序的渴求，也反映出各国特别是大国之间利益矛盾的不可调和性。这样的矛盾还将在未来的国际货币体系演变中持续下去，未来的国际货币体系是当时世界政治经济实力和权力利益较量的结果。

### (二) 国际货币体系改革主张

牙买加体系的矛盾和缺陷在 2008 年全球金融危机爆发后进一步显露出来。很多学者在探寻这次危机发生的根本性原因时，均认为是以美元为本位、单极霸权的国际货币体系造成的。例如，诺贝尔经济学奖获得者罗伯特·蒙代尔在 2008 年 12 月 14 日南京举行的"2008 国际金融市场分析年会"上就指出，金融危机是由浮动的货币兑换率造成的，国际货币体系应该进行调整①。原中国进出口银行行长李若谷先生也指出，不合理的国际货币体系使金融危机危及全球经济。他指出此次金融危机暴露了现行国际货币体系存在的一系列严重弊端，首先是作为储备货币的美元，其发行不受任何限制，实际上是一种"信用"本位。美国几乎可以无约束地向世界倾销其货币，但其偿还却因为汇率的"浮动"而得不到保障。其次是在现行国际货币体系中中小国家缺乏平等的参与权和决策权，仍是建立在少数发达国家利益基础上的制度安排。美国在利用货币特权向其他国家征收铸币税的同时，又借助金融创新将风险扩散到全球，使全球为美国的危机买单，其他国家只能被动接受。最后是调节机制的局限性。IMF 作为世界中央银行，资本不足、权威不够、投票权和结构设计不合理，使美国具有否决权；而欧洲作为一个整体，其投票权不仅大于包括美国在内的所有成员，实际上也握有否决权。这样就使得 IMF 不可能通过任何不利于美、欧利益的决议，而且也使 IMF 对美欧几乎不具备监督和约束的能力②。

同时，金融危机发生后，美、欧、日等国际货币发行国持续实施量化宽松等非常规货币政策，促使国际货币体系不稳定的问题日益突出。同时，新兴及发展中经济体经济总量占全球经济已接近半壁江山，发达

---

① 蒙代尔：《全球金融危机核心判断与国际货币体系调整》，2008 年 12 月 14 日，搜狐财经网 http：//business.sohu.com/08gjjrfx/。

② 李若谷：《全球金融危机与国际货币体系改革重构》，《金融时报》2008 年 8 月 14 日，第 5 版。

大国主导国际货币体系及秩序制度都缺乏代表性。例如，国际金融危机发生后，从 2009 年开始到 2012 年美国连续推出四轮货币量化宽松政策，之后又在 2013 年末宣布出台缩减量化宽松政策；在此过程中，美国的货币政策触发了全球大宗商品价格和金融资产的大幅波动，也引发了"热钱"在新兴市场国家的大进大出，对这些国家造成显著的负面影响。美国货币政策的多变性，与其作为世界本位币国家的地位越来越不相称，这也是当前国际货币体系面临的根本性挑战之一。中评社社评就指出，美元主导的国际货币体系在危机期间放大了不稳定性，使得全球失衡的扩大、汇率的不稳定以及美元作为储备货币的信心下降①。

危机前的根本性缺陷，以及危机后的应对问题，都反映国际货币体系改革到了刻不容缓的程度。联合国、二十国集团、各国智库、国际经济学家等，都对国际货币体系改革问题进行了深入探讨。例如，2008 年成立的联合国关于国际货币金融体系改革的专家委员会（the Commission of Experts of the President of the UN General Assembly on Reforms of the International Monetary and Financial System，简称斯蒂格利茨委员会）报告指出，当前的国际货币体系改革应解决三个问题：第一，储备资产的积累必须与储备货币发行国的经常账户赤字相分离；第二，对经常账户盈余国必须有所约束（凯恩斯提出的清算同盟的核心理念）；第三，应该提供一个比美元更加稳定的国际价值储存载体②。

国际货币体系改革主要集中在三个方面，一是储备货币改革问题，即在全球经济中充当最主要储备货币（即事实上的本位币）是什么？二是 IMF 改革问题，即关于 IMF 角色与作用问题。三是国际监管问题，即如何发挥国际货币体系的监测监管功能。下面对这三个方面的改革主张加以总结。

---

① 中评社社评：《需要建立新的全球储备货币体系》，2011 年 6 月 23 日，http：//www.chinareviewnews.com。

② 斯蒂格利茨报告：《后危机时代的国际货币与金融体系改革》，北京：新华出版社 2011 年版。

1. 关于储备货币改革问题

关于储备货币改革问题，主要方案有：① 美国经济学家库珀1984年建议"国际权力机构发行一种用于国际贸易的特殊的，各国执行独立、统一的货币政策，这才是稳定汇率的唯一方法"（即单一货币方案）。② 中国人民银行行长周小川2009年3月提出"从特别提款权入手建立超主权货币"主张（即超主权货币方案），2009年9月斯蒂格利茨委员会发表《改革国际货币与金融体系》报告，呼吁建立一个"全球储备银行"或者经过必要改革后的现有机构IMF来发行和管理一种称之为国际货币证书（IICs）的全球储备货币。③ 2011年5月，中国人民银行副行长、国家外汇管理局局长易刚提出"特别提款权篮子货币调整方案"①。

上述三个方案中，周小川提出创设一种超主权储备货币来替代美元，得到俄罗斯、巴西等新兴市场大国政府的支持，超主权储备货币成为一个热门话题，斯蒂格利茨报告的方案被认为是对其的一个回应。

所谓超主权储备货币（Super-sovereign Reserve Currency），是指由一个超越主权国家的货币管理机构发行的用于国际范围内计价尺度、交换媒介与储藏手段的货币。它与现今事实上的美元本位不同，美国利用美元的世界本位币地位，往往用宽松的货币政策来为其经常项目赤字融资，在很大程度上导致了国际收支严重失衡，但却把国际收支失衡的责任全部推给了顺差国；而随着持续的经常账户逆差造成美国对外债务的累积，最终市场会对美元汇率产生怀疑，从而造成投资者最终不愿意继续对美国提供融资，由此发生的美国国内危机将最终削弱美元作为储备货币的基础。周小川的"用超主权储备货币来充当全球储备货币"，一来可以从根本上克服广义"特里芬难题"，即将储

---

① 姚大庆：《国际货币：地位分析和体系改革》，上海：上海社会科学院出版社2015年版，第178~191页。

备货币的发行与任何国家的经常账户逆差脱离开来；二来可以避免储备货币发行国国内货币政策对全球经济造成的不利局面；三来可以在铸币税的分享与使用方面兼顾全球公平，因此是一种理想的改革方案。

正如一些学者指出，建立超主权货币主导的国际货币体系可能只是理想目标，而不一定是现实选择①。在当今事实上美元本位秩序下建立超主权储备货币显得比较困难，因此，一个最现实的方法是大量增加对特别提款权（Special Drawing Right，SDR）的发行与使用。周小川（2009）也认为，SDR 具有成长为超主权储备货币的特征与潜力，因此应特别考虑充分发挥 SDR 的作用，着力推动 SDR 的更加广泛的分配，以及拓宽 SDR 的使用范围。他建议：① 建立起 SDR 与其他货币之间的清算关系。改变当前 SDR 只能用于政府或国际组织之间国际结算的现状，使其能成为国际贸易和金融交易公认的支付手段。② 积极推动在国际贸易、大宗商品定价、投资和企业记账中使用 SDR 计价，有效减少因使用主权储备货币计价而造成的资产价格波动和相关风险。③ 积极推动创立 SDR 计值的资产，增强其吸引力。④ 进一步完善 SDR 的定值和发行方式。SDR 定值的篮子货币范围应扩大到世界主要经济大国，也可将 GDP 作为权重考虑因素之一。此外，为进一步提升市场对其币值的信心，SDR 的发行也可从人为计算币值向以实际资产支持的方式转变。⑤由基金组织集中管理成员国的部分储备，不仅有利于增强国际社会应对危机、维护国际货币金融体系稳定的能力，更是加强 SDR 作用的有力手段②。

周小川的论说引发国际社会对 SDR 充当全球储备货币的关注。从理论上说，用 SDR 来充当全球储备货币具有以下一些优点：第一，

---

① 管涛：《国际货币体系改革有始无终极最优解？——从 N-1 问题看超主权储备货币的发展前景》，《国际经济评论》2015 年第 4 期，第 26~34 页。

② 周小川：《关于改革国际货币体系的思考》，2009 年 3 月 23 日，中国人民银行网站 http：//www.pbc.gov.cn/，或《中国金融》2009 年第 7 期，第 8~9 页。

SDR 的定价基础是一篮子货币，因此 SDR 的汇率（或国际购买力）与其他国信用货币相比更加稳定；第二，SDR 的发行是 IMF 根据世界经济的增长需求来自主制定的，与任何国家的经常账户赤字无关，因此就克服了储备货币发行国国内政策与全球范围对储备货币需求之间的冲突；第三，IMF 通过发行 SDR 而征收的全球铸币税可以更多地用于全球减贫或全球范围内公共产品的供给，从而增强全球经济增长的公平性与可持续性。然而，要成长为一种真正的全球储备货币，SDR 还有很长的路要走。

首先，IMF 的定值货币篮子仅由四种货币构成，不能充分反映全球经济增长的相对格局。为了让 IMF 的定值货币篮子更具代表性，至少应该将中国的人民币、俄罗斯的卢布、印度的卢比、巴西的雷亚尔等新兴市场大国的货币包含进来。其次，目前 IMF 仅适用于 IMF 成员国之间，以及 IMF 成员国与 IMF 之间的清算。为提高 SDR 的吸引力，必须扩大 SDR 的适用范围。再次，必须扩大 SDR 的发行规模。最后，SDR 成长为全球储备货币的一大前提是 SDR 的发行与管理机构 IMF 必须具有更广泛的代表性与合法性，这意味着 IMF 必须充分改革其治理机制与运行效率。

一些学者提出，与继续由美元充当全球储备货币，以及在 SDR 的基础上创建超主权储备货币相比，更加现实与更加合理的国际货币体系演进方向，可能是国际储备货币的多极化（张明，2010；潘英丽，2014）①。这是因为：第一，历史经验显示，国际货币体系的演变是长期而渐进的过程。美元全面取代英镑的国际货币地位，至少花了半个世纪的时间。因此，美元衰落的过程是长期的，而超主权储备货币的诞生

---

① 张明：《国际货币体系改革：背景、原因、措施及中国的参与》，《国际经济评论》2010 年第 1 期，第 114-134 页。潘英丽等著：《国际货币体系未来变革与人民币国际化》（中卷），上海：格致出版社、上海人民出版社 2014 年版，第 123~137 页。

也必然是一个市场演进的过程、而非政策驱动的过程。更现实的情景是，在美元逐渐衰落的过程中，欧元以及亚洲货币开始逐渐成长为能够与美元分庭抗礼的竞争对手。第二，经济基础决定上层建筑。国际货币体系的多极化趋势，与世界经济的多极化趋势尤其是区域化趋势是相符的。第三，与美元本位制相比，多极化的国际货币体系具有一个重要优势，后者重新引入了约束储备货币发行的纪律。

多极储备货币相互竞争的格局给储备货币发行带来了新的约束机制，这有助于提高国际货币体系的可持续性，降低潜在货币危机的爆发以及限制潜在的资产价格波动。事实上，2008 年全球金融危机后，国际储备多元化成为一个趋势，欧元、英镑、日元，以及人民币的国际储备比重有所增加，美元比重有所下降。相信随着欧洲经济复苏，人民币国际化，多元化国际储备格局将更加明显，将进一步推动国际货币体系改革。

2. 关于 IMF 改革问题

国际货币基金组织是当今国际货币体系中的核心金融机构。在美元本位制下，国际货币基金组织有两大核心职能：一是向出现国际收支问题的成员国提供短期融资安排；二是对成员国宏观经济实施连续监测。但是在 1997—1998 年东南亚金融危机中，IMF 的两大核心职能均没有体现出来。一方面，IMF 没有能够对危机爆发进行提前预警，在危机爆发后的反应也较为迟钝；另一方面，作为提供贷款的前提，IMF 的条件性（Conditionality）过于僵化与千篇一律，即要求借款者实施紧缩性财政货币政策以改善国际收支逆差，提高未来的偿债能力。当借款者宏观经济已经面临紧缩压力时，遵循 IMF 的贷款条件无异于雪上加霜。因此，有关人士对 IMF 的合法性和有效性存在较多质疑，主要集中在以下四个方面[1]：

---

① 张明：《国际货币体系改革：背景、原因、措施及中国的参与》，《国际经济评论》2010 年第 1 期，第 114~134 页。

第一，IMF 的治理结构（Governance），即 IMF 的份额（Quota）与投票权问题。

IMF 目前的治理结构如图 7-3 所示：

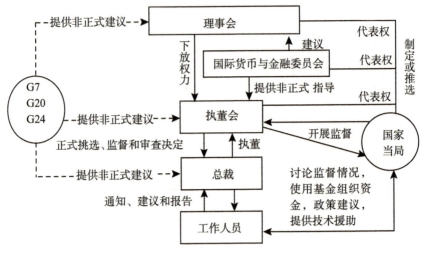

图 7-3　IMF 的治理结构图

IMF 的治理结构核心是份额与投票权问题，因为一个成员国的份额与成员国以下权利义务密切相关：

①成员国向 IMF 的缴款金额；

②成员国能够获得的 IMF 分配的特别提款权数量；

③成员国能够向 IMF 借款的规模；

④成员国拥有的投票权。

目前最大的两个问题，一是新兴市场国家的份额与投票权与新兴市场国家在世界经济中的比重严重不符，金砖国家在 IMF 中的投票权比重明显低于这些经济体在世界经济中的比重，其中以中国最为显著；相比之下，欧洲国家在 IMF 中的投票权普遍高于这些经济体在世界经济中的份额（见表 7-6）。二是最贫穷国家在 IMF 中的声音过于微弱①。

表7-6　主要国家或地区在 IMF 中的份额及在世界经济中的比重之比较②

| 国家或地区 | 在 IMF 中占的投票权（%） | 占 2008 年全球 GDP 的比值（%） |
| --- | --- | --- |
| 美国 | 17.1 | 20.4 |
| 日本 | 6.1 | 6.3 |
| **金砖四国** | **9.7** | **22.3** |
| 中国 | 3.7 | 11.3 |
| 俄罗斯 | 2.7 | 3.3 |
| 巴西 | 1.4 | 2.8 |
| 印度 | 1.9 | 4.9 |
| **欧盟七国** | **24.9** | **16.6** |
| 德国 | 6.0 | 4.2 |
| 法国 | 4.9 | 3.0 |
| 英国 | 4.9 | 3.1 |
| 意大利 | 3.2 | 2.6 |
| 荷兰 | 2.4 | 1.0 |
| 比利时 | 2.1 | 0.5 |
| 西班牙 | 1.4 | 2.1 |
| **欧盟其余 20 个成员国** | **7.4** | **5.3** |

注：以上 GDP 数据经过购买力平价法调整。

第二，IMF 的监测（Surveilance）职能。监测是指 IMF 负责对成员

① 李向阳：《国际金融危机与国际贸易、国际金融秩序的发展方向》，《经济研究》2009 年第 11 期，第 47～54 页。
② 资料来源：《华尔街日报》中文版，2009-09-04，http：//cn.wsj.com/gb/20090904/bus143537.asp? source＝newsletter。

国的宏观经济运行情况进行跟踪，在第四条款下定期对成员国的宏观经济状况提供评估报告，并以该报告作为是否对成员国提供贷款的评估标准。IMF 的监测功能对于维护各国宏观经济稳定以及 IMF 贷款质量而言至关重要。但目前 IMF 的监测功能存在两个重要缺陷：其一，IMF 的监测过于偏重双边监测——IMF 工作人员对各国宏观经济的监测，而忽视了多边监测——将世界经济与全球金融市场作为整体进行监测，以提前发现并应对全球系统性风险；其二，IMF 的监测对于不向 IMF 借款的国家没有任何约束力，尤其是对发达国家没有约束力。有些时候，发达国家甚至可以向 IMF 施压，反对 IMF 发布对自己不利的宏观经济监测报告。

第三，IMF 的贷款（Lending）职能。IMF 在贷款方面存在的主要问题是：其一，成员国获得的贷款规模有限，且 IMF 发放贷款的时间周期过长；其二，IMF 贷款具有严苛而僵化的条件，通常要求借款国实施从紧的财政货币政策以改善国际收支，这种"药方"往往会进一步恶化危机国的经济金融状况，加深危机的负面影响。这也是近年来新兴市场国家和发展中国家不太愿意向 IMF 借款的根本原因之一。

第四，IMF 的可动用资源（Resources）。一方面，IMF 可用于贷款的资源仅为 2500 亿美元左右，该资源规模难以应对全球系统性危机的融资需求；另一方面，由于近些年来向 IMF 申请的贷款规模越来越小，造成贷款利息收入显著下降，IMF 目前面临无法平衡自身财务预算的困境。

3. 关于国际监管问题

2007 年美国发生次贷危机进而演化为全球金融危机，不仅暴露了美国自由市场主义金融监管架构与理念存在缺陷，还暴露全球金融缺乏一个系统的跨境金融监管体系。

就美国金融框架来看，主要缺陷是"多重多头"的分业监管不力，导致金融市场行为得不到有效监管。美国金融监管体系初建于 20 世纪 30 年代大萧条时期，是根据 1933 年颁布的《格拉斯·斯蒂格尔法案》

而建构的分业监管架构；而美国金融市场是依据 20 世纪 90 年代末颁布的《金融服务现代化法案》建立的，两者存在三对矛盾："监管重叠"与"监管缺位"、推诿扯皮与相互牵制、混业经营与分业监管。这样就出现：①分业监管体系难以准确监控混业经营金融机构的跨行业操作；②多头监管体系在对金融机构的监管重叠处反而留下了监管真空；③对具有系统重要性的金融机构缺乏更加严格以及更具针对性的监管措施，对某些类型的金融机构（例如对冲基金）缺乏最基本的信息披露与监管；④新巴塞尔资本协议下的资本充足率、在险价值（Value At Risk，VAR）的资产负债管理方式、以市定价（Mark to Market）的会计记账方式均具有相当程度的顺周期性（Pro-cycality），从而容易放大金融市场波动对金融机构资产负债表与盈利的影响；⑤无论是金融机构的风险管理部门还是监管机构都低估了尾端风险的系统破坏性，监管部门忽视了对于金融机构资产负债的评估与监测。这种监管体系的结果是，市场经济的基础（道德与信用）和前提（规制与监管）都不存在，或至少没有发挥应有的效用。从金融监管理念看，美国金融部门和市场奉行的是自由主义、最低政府干预以及最大程度竞争的理念，致使很多金融产品、金融行为得不到有效监管。美国金融监管不力，最终也影响到与之相连的全球金融体系，因此，美国次贷危机演化成全球金融危机。

就全球金融监管体系来看，IMF（2009）认为其缺陷有四①：

第一，缺乏对系统性风险的监测机制。针对系统性风险的金融脆弱性可能源自以下因素：未预料到的事件、糟糕的政策、错误的汇率、信贷驱动的资产繁荣、外部失衡或者模糊了重大趋势的数据缺陷等。为了追踪全球范围内的金融脆弱性，需要重新安排监测体系，以保证能够及时给决策者提供危机预警以及对策建议。

---

① IMF: Initial Lessons of the Crisis for the Global Architecture and the IMF, Prepared by the Strategy, Policy and Review Department, February 18, 2009。张明：《国际货币体系改革：背景、原因、措施及中国的参与》，《国际经济评论》2010 年第 1 期，第 114~134 页。

第二，缺乏针对系统性风险的宏观审慎政策的国际协调。这涉及管理集体决策的各种安排，包括 IMF、金融稳定委员会、七国集团、二十国集团等。

第三，缺乏金融监管的跨境安排，需要开发一些跨境监管机制来避免金融机构的监管套利（Regulatory Arbitrage）。

第四，缺乏提供充足流动性支持以及为外部调整提供充足融资的国际机制。

事实上，当今金融活动越来越体现全球化特征，以往的金融监管主要侧重于国别性的，二者之间存在根本性矛盾，主要表现在以下三个方面①：

一是国别化的全球金融监管越来越无力应对日益全球化的金融活动所产生的负外部性，比如对跨境场外市场的监管就比较薄弱，这也可以看成是全球层面的宏观审慎监管缺失。金融危机发生以来，很多国家都成立了专门的宏观审慎监管机构以应对复杂的、跨部门的系统性风险，但从全球来看，跨国家的、跨司法管辖区的系统性金融风险仍然没有得到宏观审慎监管的庇护。

二是国别化的金融监管很难有效监管全球性的金融机构。它们可以在不同司法管辖区进行监管套利，并且结构复杂，母国监管者往往缺乏足够的专业技术和充分的信息来正确地理解其庞大且复杂的业务和风险状况，只能依靠金融机构本身的风险模型进行监管，大大影响了监管的效果。而东道国监管者更可能只对处于其管辖区内的业务部分才有所了解。危机以后，一系列改革已经展开，特别是金融稳定委员会（FSB）所做的工作卓有成效，但统一监管框架的落实仍然需要持续的努力，统一监管更是任重而道远。

三是金融监管本身也存在负外部性。在国别化的监管条件下，各国

---

① 上海发展研究基金会全球金融治理课题组：《全球金融治理：挑战、目标和改革——关于 2016 年 G20 峰会议题的研究报告》，《国际经济评论》2016 年第 3 期，第 26~40 页。

监管者之间往往存在沟通不畅、利益冲突等问题。有研究表明，多数监管者仍更多地追求短期利益，使得国际金融监管中的"囚徒困境"问题始终存在。

此外，全球化金融机构和金融活动的负外部性与国别性金融监管的负外部性在某些地方可能出现相互叠加的情况。因此，全球金融监管体系的重建极为迫切。

一些国际经济组织、政府、金融机构、学者均提出新时期下构建一个全球统一的、完整的且具有前瞻性的、能动的全球金融监管体系。这一体系既包括宏观层面的审慎监管框架，也包括微观层面的监管制度设计。具体建议可以参见第五章论述。

### （三）金融危机后国际货币体系改革的进展

2008 年以来，国际社会不断努力推进国际货币体系的改革，总体态势是在既有体系上进行"修补式"改革。从目前来看，完全推翻以美元霸权为基础的"后布雷顿森林体系"（或牙买加体系），回到金本位或者构建一个全新体系，都是不现实的。因此，国际社会最主要行动是围绕前述国际储备货币、IMF、全球金融监管这三个方面进行改革，并尝试进行全球治理方面的合作与协调。

1. 多元化国际储备货币格局正缓慢成型

现今国际货币体系的核心特征之一是事实上的美元本位制。美元在国际储备、国际贸易结算、大宗水平定价、资本融资活动等方面处于霸主地位。虽然解决不了广义"特里芬难题"，但各国仍然唯美元为本位，开展国际经济活动。周小川等提出的超主权货币、斯蒂格利茨等提出的全球储备货币等主张，只是国际储备货币改革中的一个方向，比较现实的是在已有 SDR 上做文章。同时，在国际市场自由选择，以及主要货币大国综合实力竞争的情形下，多种货币作为国际储备货币，将是未来一段时间国际储备货币问题改革的主旋律。

综合来看，目前国际储备货币改革已经有两大成效：一是多元化储备货币格局开始显现，二是 SDR 货币篮子改革初见成效。

多元化储备货币格局的形成是一个市场选择的必然结果。正如第六章关于全球外汇储备构成的论述，目前，国际储备中的主要货币有美元、欧元、日元、英镑等，美元占比有所下降，其他货币有所上升。潘英丽教授（2014）指出，从中长期看，美元霸权将趋于消散，其背后的推动因素：一是世界经济格局将发生大的变化，美国的经济实力将不足以支撑美元霸权；二是美元主导的现行国际货币体系的内在缺陷日益充分暴露出来，新兴大国的崛起将给国际社会提供更多选择，并成为推进多极化国际货币体系形成的重要力量①。

特别提款权（SDR）虽然不是国际储备货币，但鉴于它在国际货币体系中的地位，因此其货币篮子构成对于其价值稳定性、国际货币体系稳定非常关键。发展特别提款权（SDR）成为中国等新兴国家在 G20 峰会机制下倡导推动的重要内容。2015 年 11 月底，国际货币基金组织总裁拉加德宣布，将人民币纳入特别提款权篮子，2016 年 10 月 1 日正式生效，人民币成为第一个被纳入 SDR 篮子的新兴市场国家货币，人民币将与美元、欧元、英镑、日元四种货币共同构成 SDR 篮子货币，此举有望促进 SDR 的稳定性及助推人民币国际化进程，未来将增强美元等国际货币之间的竞争性，有助于促进国际货币体系的稳定性。

多极货币和 SDR 共同发挥作用的国际储备货币格局正缓慢成型，为国际储备货币改革迈出最重要一步。

2. IMF 份额、贷款及融资等方面改革取得初步成效

2008 年金融危机发生后，国际社会取得的共识之一是 IMF 必须是国际货币体系改革的重点，各种国际金融会议均围绕此议题展开争论和较量。目前，IMF 改革取得的成效有三个：

---

① 潘英丽等著：《国际货币体系未来变革与人民币国际化》（上卷），上海：格致出版社、上海人民出版社 2014 年版，第 102～110 页。

一是 IMF 份额改革增加了新兴市场国家的份额，增加基本投票权在总投票权中的比重以扩大最贫穷国家的发言权。

2008 年 4 月，IMF 执行董事会通过了一项在治理结构改革方面影响深远的新决议，其主要内容包括：① 同意采纳新的份额分配公式①；② 在新决议的基础上，对 54 个国家进行第二轮特别增资；③ 将基本投票权扩大三倍，以增强欠发达国家的话语权②；④ 在 IMF 执行董事会中给非洲国家增加两个董事席位；⑤ IMF 在未来将每 5 年对份额与投票权审议一次。2009 年 9 月 4 日至 5 日在英国伦敦召开的 20 国集团财长与央行行长会议再度敦促，期待着 2008 年国际金融机构治理改革方案的迅速实施，并在 2011 年 1 月之前对 IMF 的配额进行新的审查。作为改革的一部分，新兴经济体和发展中经济体包括最贫穷国家的发言权和代表权必须得到大幅提高，以反映世界经济的变化③。

2010 年 11 月，在完成第 14 次份额总检查的基础上，IMF 执行董事

---

① 国际货币基金组织成立之初的份额计算公式综合考虑了成员国的国民收入 $Y$（1940 年）、黄金与美元的余额 $R$（1943 年 7 月 1 日）、平均进口额 $M$（1934—1938 年间平均值）、出口变化额 $V$（1934—1938 年间最大值），以及平均出口额 $X$（1934—1938 年间平均值）占国民收入的比例等因素，计算公式为：Quota = $(0.02Y+0.05R+0.10M+0.10V) \times \left(1+\dfrac{X}{Y}\right)$。新公式包含 4 个变量（国内生产总值 $Y$、开放度 $O$、出口可变性 $V$ 和国际储备 $R$），另有一个压缩系数 $K$，将公式取 0.95 次幂，各国的计算份额比例（CQS）为：CQS = $(0.5Y+0.3O+0.15V+0.05R)^k$。新公式提高了 GDP 的比重（50%），但储备权重较低，开放度指标中包括经常项目开支。这里的 GDP 是以市场汇率计算的 GDP（权重为 60%）和以购买力平价（PPP）计算的 GDP（权重为 40%）的混合变量。

② 国际货币基金组织成员国的投票权分基本投票权和份额投票权。各国的基本投票权均为 250 票；份额投票权由其拥有的份额决定，每 10 万 SDR 可增加 1 票。以中国为例，2009 年中国份额为 809010 万 SDR，占总份额的 3.72%，折合 80901 份投票权，占总投票权的 3.66%。虽然份额是 IMF 投票权的基本决定因素，但各国影响力还取决于 IMF 投票规则。具体规则可参见姚大庆：《国际货币：地位分析和体系改革》，上海：上海社会科学院出版社 2015 年版，第 200~204 页。

③ 张明：《国际货币体系改革：背景、原因、措施及中国的参与》，《国际经济评论》2010 年第 1 期，第 114~134 页。

会在 2008 年通过的改革方案基础上进一步进行份额和治理改革，主要目标有①：①将份额增加一倍至约 4768 亿 SDR（约合 7729 亿美元），超过 6% 的份额转移到新兴市场和发展中国家。②IMF 执行董事会完全由选举产生，欧洲发达国家总体上减少两个代表席位，进一步放宽任命第二副执董的条件以增加多国选区的代表性②。2015 年 12 月，美国国会终于通过了国际货币基金组织 2010 年份额和治理改革（Quota and Governance Reforms，即第 14 次份额总检查）。至此，新兴市场在 IMF 中的话语权将大幅上升，中国也一跃成为 IMF 第三大份额国，仅次于美国和日本，投票权也相应有所扩大。

2016 年 1 月国际货币基金组织宣布，《董事会改革修正案》已从今年 1 月 26 日开始生效，约 6% 的份额将向有活力的新兴市场和发展中国家转移，中国份额占比从 3.996% 升至 6.390%，排名从第六位跃居第三位，仅次于美国和日本。中国、巴西、印度和俄罗斯 4 个新兴经济体跻身 IMF 股东行列前十名。该方案生效后，IMF 的 SDR 货币储备规模也从原来的 2385 亿美元翻番至 4770 亿美元。这是国际货币基金组织份额和治理结构改革的重要里程碑，推动了国际货币基金组织核心资源的增加及治理结构的完善。

二是通过了对 IMF 的贷款职能的改革。

---

① 羌建新：《国际货币金融体系变革与中国》，北京：中国发展出版社 2015 年版，第 141~146 页。

② 国际货币基金组织的行政工作并非由各成员国直接投票决定，而是先选举出一个由 24 名执行理事组成的执行董事会负责 IMF 的日常事务。5 个拥有份额最多的国家（美、日、德、法、英）可以分别指定 1 名执行董事，其余 19 名分 19 个选区分别选举出来，其中中国、沙特和俄罗斯作为单独选区，实际上也可以指定自己的执行董事，其余 16 名执行董事由选举产生。2008 年决议特别规定，由至少 19 个成员国组成的选区可以任命第二副执董。鉴于副执董亦可出席执董会并协助执董工作，这一新规定无疑有助于那些成员国数量较多的多国选区（如非洲）代表在议事过程中发出更多声音。2010 年决议对执董会的构成情况和产生方式进行了更具实质意义的改革，其中放宽任命第二副执董的条件为 7 个或 7 个以上的国家组成的选区。

2009 年 4 月 20 国集团伦敦峰会召开之前，IMF 执董会通过了对 IMF 贷款职能进行系统性改革的方案。该方案的核心思路是对处于不同经济形势以及不同外部环境下的成员国提供更大规模以及更加量体裁衣式的贷款。具体措施包括：第一，对贷款的条件性（Conditionality）进行了改革，使得贷款条件性更加符合不同成员国各自政策与经济基本面的基本状况。IMF 改革贷款条件性的前提是更多地依赖事先的资格审核而非传统的事后条件性约束。第二，推出了新的贷款机制——弹性贷款机制（Flexible Credit Line，FCL），该机制用来为具有非常健全的经济基础与政策的成员国提供较大规模的快捷贷款。该贷款机制的弹性具体表现在：规模没有上限、还本付息的时间较长（3.25 年至 5 年）、对贷款延期没有限制，以及既可以用于审慎性需求，也可以用于实际的国际收支需求。第三，增强了备用协定（Stand-By Arrangements，SBA）。对于那些不符合弹性贷款机制的成员国而言，IMF 的贷款改革也增强了相应的灵活性。这些国家可以将备用协定作为一种常规的借款窗口。这种贷款协定也会充分考虑各国的特殊国情，同时也能根据一国政策与外部环境的情况决定是否提前支付。第四，将贷款限额提高了一倍。在新的机制下，成员国能够获得的年度贷款以及累计贷款的额度分别为份额的2 倍与 6 倍。第五，为了吸引更多成员国从基金借款，基金简化了贷款的成本结构与到期日结构。第六，取消了一些不太常用的贷款协议，例如补充性储备协议、补充性融资协议，以及短期流动性协议等。第七，改革了针对低收入国家的贷款协议，它将会显著增强 IMF 提供减让性短期贷款与紧急融资的能力，至少会将 IMF 对低收入国家提供减让性贷款的能力提高一倍①。

三是改革融资工具、扩大融资规模。

IMF 通过不断改革融资工具，以满足成员国的融资需求。主要体现

---

① 张明：《国际货币体系改革：背景、原因、措施及中国的参与》，《国际经济评论》2010 年第 1 期，第 114~134 页。

在：①2009 年设立"灵活信贷额度"（Flexible Credit Line，FCL），用以满足那些具有强健政策框架和稳健经济表现的国家对于防范和化解危机的融资需求。②2010 年设立"预防性信贷额度"（Precautionary Credit Line，PCL），用以帮助那些政策健全但可能不符合"灵活信贷额度"要求的成员国。③2010 年设立"减贫与增长信托"（Poverty Reduction and Growth Trust），用以取代原有的向低收入国家提供贷款的机制。④2011 年设立"预防性和流动性额度"（Precautionary and Liquidity Line，PLL），用以取代 2010 年设立的"预防性信贷额度"。⑤2011 年设立"快速融资工具"（Rapid Financing Instrument，RFI），用以取代过去的紧急援助，满足各种紧迫的国际收支需要。⑥2012 年改革"中期贷款"（EFF），将中期贷款期限延长到 4 年，使用范围扩展到面临较大融资需求的较发达国家①。

同时，IMF 对成员国融资所需的资金设法进行满足。传统上而言，成员国缴纳的份额是 IMF 最主要的融资来源。然而，当 IMF 的资金不能满足成员国贷款需要时，IMF 的基金条款（Article of Agreement）也允许 IMF 通过一般资源账户（General Resources Account，GRA）进行借款。在 2009 年 4 月召开的 20 国集团伦敦峰会上，成员国就 IMF 的融资问题达成如下三项共识：第一，同意立即向 IMF 增资 2500 亿美元，并最终将 IMF 的可贷资金规模提高到 7500 亿美元；第二，建议 IMF 分配 2500 亿美元的 SDR 以增加全球范围内的流动性，并提高欠发达国家应对国际金融动荡的能力；第三，建议 IMF 通过销售黄金筹集 60 亿美元资金，用来为贫穷国家提供额外融资。

2009 年 9 月 2 日，IMF 宣布，中国央行将购买价值 500 亿美元（320 亿 SDR）的以 SDR 计价的 IMF 债券，此外巴西和俄罗斯也有意购买 100 亿美元的 IMF 债券。发行以 SDR 计价的债券在 IMF 的历史

---

① 羌建新：《国际货币金融体系变革与中国》，北京：中国发展出版社 2015 年版，第 147~152 页。

上尚属首次，这既能为 IMF 成员国提供一种新的多元化投资工具，也能够增加 IMF 的可支配信贷资源，从而提高 IMF 应对全球金融危机以及促进全球经济复苏的能力。2012 年 6 月 18 日，20 国集团（G20）领导人第七次峰会在墨西哥洛斯卡沃斯开幕。一些主要新兴市场国家公布了对 IMF 增资的计划细节，贡献总额接近 900 亿美元，以推动大约 4560 亿美元的总增资承诺。其中，俄罗斯、印度、巴西三国分别为 IMF 注资 100 亿美元，中国注资 430 亿美元，南非注资 200 亿美元。这些较为充足的融资资源，为 IMF 救助危机成员国有了资金保障。

3. 在全球金融监管方面取得一定共识

在 2009 年 4 月召开的 20 国集团伦敦峰会上，针对全球范围内缺乏跨境金融监管的协调实施平台的问题，成员国就加强跨国金融监管达成的共识如下①：

第一，将金融稳定论坛（FSF）扩展为金融稳定委员会（FSB），将所有 20 国集团成员以及西班牙和欧盟包括进来。赋予金融稳定委员会更强的制度基础以及促进金融稳定的更宽泛职能。

第二，FSB 将会评估金融体系中的脆弱性，识别和监督针对脆弱性的行动方案，促进金融监管当局之间的协调以及信息交换。

第三，FSB 将会制定纲要，支持跨国监管机构（Supervisory Colleges）的建立，并支持实施跨境危机管理的灵活方案。

第四，FSB 将与 IMF 进行合作，以建立针对宏观经济与金融风险累积的早期联合预警机制，并在必要时候采取针对性行动。

第五，增强审慎监管（prudential regulations），特别是与资本充足率、激励机制和国际标准相关的审慎监管。

第六，同意将所有具有系统重要性的机构、市场以及金融工具

① 羌建新：《国际货币金融体系变革与中国》，北京：中国发展出版社 2015 年版，第 147~152 页。

（包括对冲基金）都纳入适当的监管体系。

可以看到，金融危机后全球金融监管的框架和内容都发生了改变。从框架来看，变化有三个方面：一是 G20 取代 G8 成为全球治理的新平台，二是金融稳定委员会（FSB）取代金融稳定论坛（FSF）成为全球金融监管制度制定和协调的机构，三是巴塞尔委员会的成员同样扩充至 G20 全部成员，并将重要的国际金融中心所在地新加坡和中国香港也纳入成员之中。

从全球金融监管内容看，有三大变化：一是国际银行业监管达成《巴塞尔协议Ⅲ》。2010 年 9 月 12 日巴塞尔委员会的 27 个成员国和地区的中央银行代表就加强银行业监管达成新的《巴塞尔协议Ⅲ》，在资本充足率、流动性监管、杆杆率监管等方面大幅提高了监管力度。二是扩大监管范围，强化对影子银行以及场外市场衍生品的监管。《巴塞尔协议Ⅲ》对所有的衍生工具（包括信用衍生产品）都采用新协议规定的方法计算其风险暴露程度，并纳入资本监管框架。三是强化对系统重要性金融机构的监管，解决"大而不到"的问题。四是构建宏观审慎监管框架，强调宏观审慎监管与微观审慎监管相结合。

与此同时，主要发达经济体从提高金融监管工具的前瞻性、建设更具"超机构性"的金融监管架构、进一步拓展金融监管涵盖范围等方面进行了大幅度的金融监管改革，例如美国于 2010 年 7 月 15 日通过自大萧条以来最严峻的金融监管改革法案《多德—弗兰克法案》；2010 年 9 月 2 日，欧盟成员国财政部长通过了《泛欧金融监管改革法案》，构建了一套全新的泛欧金融监管体系，它对 G20 创建全球金融监管体系或者其他区域性金融监管体系构建将具有借鉴意义。国际清算银行、巴塞尔银行监管委员会、金融稳定委员会等国际监管机构和各国的监管机构除加强协调，按时完成现有的监管体系改革计划，保证各国执行一致的监管水平外，针对挑战，还提出一些监管改革计划和倡议，如重新设计央行的金融稳定职能，提高保险监管标准等①。这些改革计划和倡议，将对全球金融监管体系和国际金融格局产生一定影响。

4. 在全球金融治理方面做出较大努力

全球金融治理一直被认为是国际货币体系改革的一个方向。金融危机之后，2009年4月的20国集团伦敦峰会可以被看成新兴经济体参与全球治理的转折点，是对既往世界体系内不同类型国家经济实力与全球治理话语权失衡的积极矫正。近年来，20国集团峰会相继召开，均聚焦全球金融发展问题，取得较多共识和成果。前述关于IMF的份额改革、贷款及融资改革，以及监管框架改革均是历次峰会取得的重要成果。

除了G20峰会形成的一种全球协同治理的机制以外，区域金融合作也取得一定成效。例如2009年2月在泰国普吉岛举行的特别财长会议上，各国财长决定加快《清迈倡议》多边化进程，将外汇储备基金规模扩大至1200亿美元；2009年5月在印尼巴厘岛举行的10+3财长会上，各国财长就储备库出资份额分配、出资结构、贷款额度、决策机制等主要要素达成一致；2010年第13届东盟+3财长会议发表联合声明，正式建立一个储备池（亚洲外汇储备库），总量为1200亿美元，2012年5月第15次会议提高到2400亿美元②。再例如，金砖国家也在双边本币结算、信贷、货币互换、建立金砖国家开发银行等方面开展金融合作③，为发展中国家推动国际货币体系改革、建立公正合理的全球金融治理体系进行具体实践。

---

① 胡再勇：《国际金融监管体系改革的成就及最新进展》，《银行家》2014年第10期，第79~82页。

② 潘英丽等著：《国际货币体系未来变革与人民币国际化》（中卷），上海：格致出版社、上海人民出版社2014年版，第190~194页。

③ 姚大庆：《国际货币：地位分析和体系改革》，上海：上海社会科学院出版社2015年版，第256~259页。

## （四）未来进一步改革的方向

关于国际货币体系改革未来的方向，众多学者和机构均提出多个方案，具体可参见潘英丽教授主编的《国际货币体系未来变革与人民币国际化》（中卷）。这里主要介绍包括中国一些学者在内提出的国际货币互换方向①。

国际货币互换在为缓解国际金融机构的短期融资压力，抑制金融危机的跨境传染，降低各国央行积累外汇储备的必要性，以及强化互换货币的国际地位等方面起着较为明显的作用。特别是以美联储为核心的货币互换网络显著改善了全球美元融资市场的流动性紧张，从而有助于维持市场稳定。其改革方向的优点包括：第一，属于存量改革而非增量改革，因此面临的阻力较小；第二，新增的双边美元互换机制能够在紧急时刻提供必要的国际流动性，从而能够缓解危机爆发时的紧张情绪②。

美国等国家和地区的货币互换成效受到世界关注。法尔希（Farhi）于 2011 年倡议创建全球货币互换联盟，其核心思想是将危机期间签署的各种临时性双边货币互换制度化与永久化，并演化为以 IMF 为核心的星型多边互换结构。该倡议具有改善金融危机期间的流动性短缺、降低各国积累外汇储备的压力、抑制金融杠杆与投机性泡沫、缓解国际收

---

① 货币互换（Currency Swap）是指两个主体在一段时间内交换两种不同货币的行为。一个典型的货币互换包括三个阶段：第一，在合同启动时，两个主体交换特定数量的两种货币；第二，在合同存续期间，两个主体向对方支付与互换资金相关的利息；第三，在合同到期时，两个主体反方向交换相同数量的两种货币。货币互换可以分为商业性货币互换与央行流动性货币互换两大类。商业性货币互换的目的通常为控制汇率风险或降低融资成本，而央行流动性货币互换的目的通常为稳定外汇市场或获得流动性支持。最早的央行间货币互换可追溯至 20 世纪 60 年代十国集团创建的互惠性货币互换协议。

② 张明、徐奇渊、杨盼盼：《改革国际货币体系，难度不小》，《人民日报》2014 年 4 月 2 日，或新华网 http：//news. xinhuanet. com/2014-04/02/c_126343575. htm。

支失衡等优点。学者们认为，全球货币互换联盟无论在动荡时期还是平静时期，提供国与接受国都能从中获益；同时，因为它是在承认 IMF 与当前各类区域性货币安排的基础上，通过正式制度将全球各种类型的流动性提供机构连接起来，这种渐进式改革倡议容易获得各方认同，因此更具现实性与可操作性。但是，一些学者也承认，目前阶段这一倡议并未得到美国认同，同时它也面临不能从根本上克服"特里芬难题"、可能固化美元地位而抑制其他货币的国际化、IMF 治理结构改革困难、IMF 与区域性金融机构的合作存在障碍等问题。因此，这一倡议只是国际货币体系改革的一个潜在方向①。

中国一直重视国际货币体系改革。今后一段时间，中国还将延续历届 G20 峰会对国际金融秩序的改革方向，继续倡导推动国际货币体系改革及国际货币基金组织、世界银行集团的治理机制改革。一方面，在国际货币体系改革方面将重点推动 SDR 的使用，推动各成员国发布以 SDR 作为外汇储备、国际收支和国际投资头寸数据，倡导发行 SDR 债券等。另一方面，推动国际货币基金组织尽快完成第 15 次份额总检查，通过份额调整提高有活力的经济体的份额占比，充分反映新兴经济体在世界经济中的相对地位，进一步加强全球金融安全网建设，维护国际金融稳定②。

---

① 张明：《全球货币互换：现状、功能及国际货币体系改革的潜在方向》，《国际经济评论》2012 年第 6 期，第 65~88 页。

② 陈建奇：《二十国集团与国际金融秩序改革》，《光明日报》2016 年 8 月 24 日，第 12 版。

# 后　记

　　进入新世纪以来，国际金融领域大事件不断发生，对中国和世界的经济、社会发展均产生了深刻影响。例如，今年2月美国新一届政府指责中国"操纵人民币汇率"，对国际货币基金组织等国际经济组织施加压力，以图从金融、贸易等多领域制裁中国。这些大事件，在教科书中难以找到相关的理论解释，以及前因后果的分析。一段时间以来，国内外"国际金融学"教材大大滞后于现实世界，以致教学中学生不明所以、老师多费口舌。因此，紧扣当下热点，梳理国际金融大事件的来龙去脉，从理论上予以综合分析，就显得极为必要。本书即是在这样背景下完成编写的。

　　编写完本书，恰逢新学期开始，学生和老师们开始新的学习征程。我希望，这本书的出版对本科生、硕士生的开放宏观经济学和金融学类课程学习有所补益。本书的编写还得到硕士生戴奇远（第三章）、陈蓓蓓（第四章）的协助，她们收集了丰富的材料，参与相关章节的编写。本书中引用了一些学者观点，以及相关媒体和官方网站资料，并作了简要评价，来不及与之沟通，不当之处敬请谅解。在此，感谢这些专家和媒体及时、新颖的观点，没有他们，我们理解国际金融大事件将更加困难。同时，感谢中南民族大学教务处专业建设项目和社科处科研基金项目的资金支持，以及武汉大学出版社和聂勇军编辑对本书出版的大力支持。

**陈全功**

**2017年2月25日于南湖畔**